Rolf Hoffmann
Die Suche nach den Türen unserer Zeit

Mauer Verlag
Wilfried Kriese
72108 Rottenburg a/N
Buchgestaltung: Wilfried Kriese
Titelbild: Privat
2011
ISBN 978-3-86812- 242-8

www.mauerverlag.de

Inhalt

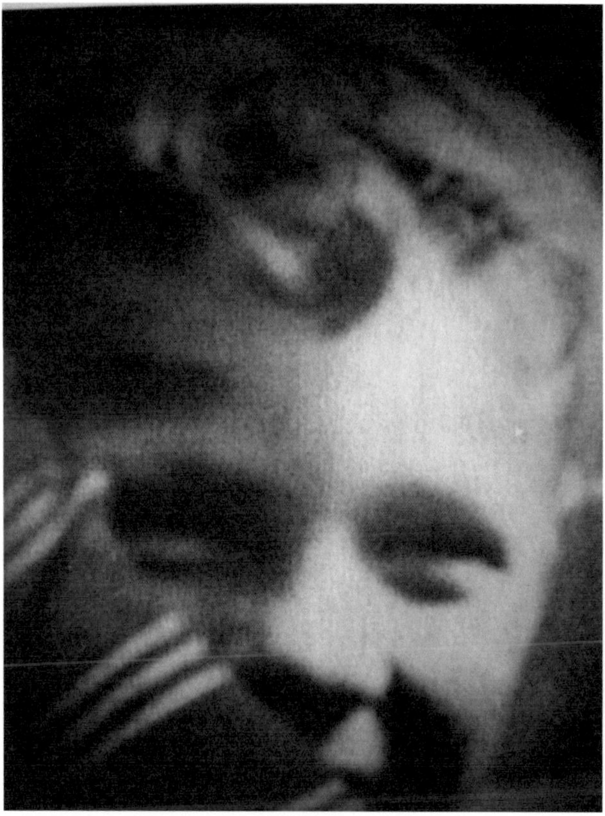

R. H. Im ursprünglichen Sein…

Die Suche nach den Türen unserer Zeit
denn da wo man nicht für immer bleiben kann –
fängt die große Suche nach einem anderen Dasein an

Da ich schon immer wissen wollte, wo ich mich eigentlich befinde, habe ich mich mit diesem Buch mal so richtig auf die Suche gemacht.
Dass ich dabei so weit kommen würde, wusste ich natürlich nicht. Denn erst während des Schreibens stellte sich ein Finden nach dem Anderen ein.
Hiermit möchte ich mich ganz besonders bei meinem Freund bedanken, mit dem ich mich ja lange genug in diesem Buch unterhalten habe.
Wobei er seine Anwesenheit nur in meinen Gedanken verbrachte, ich ihn aber erlebte, als wenn es ihn wirklich gibt.
Ich merkte ganz genau, wenn er sich so wie ich freute, wenn es dann mit unserer Suche weiter ging, weil wir wieder einmal etwas gemeinsam gefunden hatten.
Ich hoffe, dass ich ihn vielleicht mal so richtig in den Arm nehmen kann.
Hoffentlich kann ich ihn auch ganz umschließen,
wenn er sich mir gegenüber stellt.
Er ist nämlich für mich so groß,
wie die ganze Welt…

Rolf Hoffmann

Während des Schreibens fiel mir auf:
Unsere Zeit funktioniert ja nicht nur als Weihnachtsmann
sie kommt auch mit einem Hut
und einer Augenklappe bei uns an…

Weiterhin:.

Ich bin bei meiner Suche – ohne irgend welche Vorlagen, sondern nur mit eigenen Gedankenkombinationen – zu Ergebnissen gekommen, die schon – mit unter vor tausenden von Jahren – von Sehern und Propheten gesagt worden sind.
Ich bin total überrascht von der Genauigkeit mit dem ihre Aussagen – mit den meinigen Resultaten übereinstimmen. Man könnte fast annehmen, ich hätte mich mit den Sehern und Propheten schon mal unterhalten… Aber so lange gibt es mich ja noch nicht…

Textvergleiche befinden sich im Anhang

Der Anfang

Was macht er denn da?
Warum schaut mein Freund die Türen so an?
Er prüft, wie sie auf- und zugehen und umfasst ganz fest ihre Klinken.
»Was machst du da?«, fragte ich ihn.
Er sagte:
»Ich sehe das jetzt mit dem Auf- und Zumachen ganz anders. Nicht nur die Türen sind so dran.«
»Wieso, wer denn noch?«
»Es ist die Zeit – sie macht es nicht anders.«
Ich fragte mich, ob er denn damit etwas anfangen könne; mit dieser Erkenntnis. Wusste ich doch, dass er sich schon immer mit ungewöhnlichen Dingen beschäftigen konnte.
Als wenn er meine Gedanken lesen konnte, sagte er mir:
»Ich bin den Geheimnissen der Türen auf der Spur. Die Zeit hat sich mit ihnen hier bei uns versteckt.«
»Du meinst, die Zeit besteht aus verwandelten Türen?«
»Ja, ich werde sie suchen, um zu wissen, wo sie sich befinden; ich glaube, ich kann mit ihnen die Zeit verstehen. Machst du mit?«
»Natürlich«, antwortete ich. Auf diesen Weg wollte ich meinen besten Freund unbedingt begleiten. Wir kannten uns schon von Kindheit an. Wir hatten viel zusammen gemacht – und so sollte es auch bleiben.

Die Suche nach den Türen unserer Zeit

Mein Freund sagte mir:
»Wenn du irgendwann einmal eine verschlossene Tür findest, klingele. Und wenn die Tür alleine, also ohne eine Klingel ist, dann klopfe sie vorsichtig an.«
Er stand schon vor der Tür und wartete auf mich. Er ersparte

mir damit die schrecklichen Türbenutzungen wie das Klingeln und Klopfen.
Ich fragte meinen Freund: »Gibt es eigentlich auch Türen ohne Klingeln und Klopfen?«
»Ganz bestimmt«, sagte er, »es könnte welche geben, die brauchen nur einen Ruf von dir, mit dem sie dich dann rein lassen können.«
»So könnte es sein! Wer da kommt, bleibt nicht draußen und allein, kommt ohne anzuklopfen, nur mit seiner Stimme herein!«, reimten wir. Und wussten, dass es mit den Türen unterschiedliche Möglichkeiten des Eintreffens geben kann.
»So ist das«, murmelte ich laut vor mich hin, »fängt ja gut an, unsere Suche.« Wir beide hatten schon viele Türen hinter uns gelassen. Wir trafen uns immer wieder, um nach den Türen zu suchen, mit denen sich unsere Zeit eröffnen – oder auch verschließen – kann.
Mein Freund verriet mir, dass er schon lange auf dem Weg zu dem Geheimnis der Türen war. Und ich merkte, dass er die Türen nicht nur materiell, sondern mit seinem ganzen inneren Ich suchen wollte, um ihr Geheimnis in unserer Zeit zu ergründen.
Ich wusste, dass er schon mehr sah, als ich mir denken konnte. Er hatte diese Suche zu den Türen andauernd bei sich. Ich fühlte es immer wieder, wenn wir uns trafen. Hoffte doch jetzt auch ich, sie – die Türen unserer Zeit – unbedingt finden zu können

Unsere Kindheit

»**W**as macht unser Wochenendtrip? Wir wollten doch zusammen in unsere Kindheit fahren! Du weißt doch, dahin wo wir aufgewachsen sind.«
»Ins Land unserer ersten Türen?«
»Na klar!«, sagte ich.

Nach einer langen Fahrt sahen wir uns gemeinsam am Wochenende unsere damalige Umgebung an. »Siehst du da hinten den Baum? Wollen wir mal nachschauen, ob wir bei ihm das Eingeritzte noch sehen können?«
Stimmt ja, dachte ich. Wir hatten – mit ungefähr zehn Jahren – große Kerben in den Baum geschnitzt. Wir konnten uns damals nicht vorstellen, dass die Zeit vergeht.
Aber an dem Baum war nichts mehr zu erkennen.
»Doch, hier ist noch was!«, rief mein Freund und zeigte auf eine Stelle. Tatsächlich, da war es! Und wir sahen ein Stück von unserer vergangenen Kindheit wieder.
Wir hatten damals etwas in den Baum geritzt, weil wir uns nicht vorstellen konnten, erwachsen zu werden. Und wir wollten es uns erst dann wieder anschauen, wenn wir doch davon erwischt worden sind.
Jetzt war es so weit. Wir guckten uns an und wussten: So ist es eben mit dem Leben.
Und es zog uns in die Suche zu den Türen…

Der versperrte Nebel

»**A**lle Planeten entstehen aus einem Nebel.«
»Aus was für einem Nebel?«, fragte ich.
»Komm, ich zeig es dir.«
Es war eine sternenklare Nacht. Wir standen auf dem Balkon meines Freundes und schauten durch ein Fernrohr in den Himmel.
»Hier ist ein Nebel!«, rief mein Freund, »schau ihn dir an.«
Und tatsächlich sah ich am Himmel einen spiralförmigen Lichtnebel. Er leuchtete so, als bestände er nur aus buntem Licht.
Mein Freund sagte: »Der Lichtnebel nennt sich Galaxie.
Er ist der Stoff, aus dem unsere Sonne, alle Sterne und Planeten entstehen. An bestimmten Stellen wickelt er sich auf – wird kugelig – und es entstehen Sterne und Planeten daraus.«

»Stimmt ja!«, rief ich erstaunt.
Und mein Freund erzählte weiter: »Wenn sich der schöne bunte Lichtnebel also aufgewickelt hat, gibt es ihn als Sterne.
Unsere Sonne ist auch ein Stern; sie gehört natürlich mit dazu. Und wenn sich der Lichtnebel noch fester als bei den Sternen aufwickelt, und zwar so fest, dass er nicht mehr von selber leuchten kann, nennen wir ihn Planet. Und ein Planet ist auch unsere Erde.«
»Dann ist unsere Erde ganz fest aufgewickelter Lichtnebel der nicht mehr von selber leuchten kann?«, fragte ich.
»Ja, schau her!«, rief mein Freund.
Er griff in einen auf dem Balkon stehenden Blumenkasten und holte eine Handvoll Erde und einen Stein aus ihm heraus. Er sagte: »Fass doch mal an was ich hier in meiner Hand habe!« Und schüttete deren Inhalt in meine Hände.
Ich ließ die Blumenerde durch die eine Hand rieseln und umfasste mit der anderen Hand, ganz fest einen sich darin befindenden Stein.
Ich fragte erstaunt: »Und das soll früher mal ein Lichtnebel gewesen sein?«
»Ja«, sagte mein Freund.
Ich griff noch einmal in die dunkle, nasse, matschige Blumenerde – und wunderte mich zutiefst darüber, was aus dem schönen farbigen Nebel hier bei uns geworden ist.
Ich sagte zu meinem Freund: »Das ist ja eigentlich nicht zu fassen, dass aus so einem Nebel die Erde entstanden ist.«
»Aber was hat der ehemalige bunte Lichtnebel mit unseren Türen zu tun?«, fragte ich weiter.
Mein Freund sagte: »Wenn sich ein Lichtnebel versperrt – also ganz fest aufgewickelt hat, wirkt er wie eine verschlossene Tür.«
»Oha!«, rief ich. Und freute mich bei meinem nächsten Dampfsaunabesuch, dass ich da ganz einfach – durch den vorhandenen Nebel – hindurchgehen konnte…

Das Hinfallen

Mein Freund erklärte mir weiter, dass sich mit der Verdichtung des Nebels eine anziehende Kraft einstellt und dass mit dieser Kraft das Hinfallen entsteht.

»Meinst du mit der Kraft, die dann im aufgewickelten Nebel entsteht, die Schwerkraft?«

»Ja, so kann man diese Kraft auch nennen«, sagte mein Freund, und er reimte:

»Je mehr Verfestigung in einem Lichtnebel entsteht
umso größer wird auch die Kraft
mit der es auf ihm abwärts geht«

»Oha!«, rief ich. »So entsteht also das Hinfallen auf einem ehemaligen bunten Lichtnebel!«

»Ja«, sagte mein Freund und erzählte weiter:

»Aber vielleicht ist unser Nebel, wenn er sich so dicht macht, dass er zu Stein geworden ist – und uns damit alle fallen lassen kann – auch einer, der gestrauchelt ist. Und wahrscheinlich können wir nur deswegen auf ihm so kräftig niedersinken, weil er – in seinem festen versperrten Zustand – selbst ein Hingefallener ist!«

Ich konnte mich nicht zurückhalten und fragte: »Soll das heißen, dass das Feste – also unsere Materie – wie ein ins Stolpern geratener Lichtnebel ist, der sich während des Stolperns als Kugel auffängt und dann sein eigenes danieder gesunkenes Dasein an uns weitergibt?«

»So könnte es sein«, sagte mein Freund.

»Hat das etwas mit den Türen zu tun?«, fragte ich.

»Ja, wir wollen doch wissen, woher sie kommen. Und was sie tun, wenn sie dann bei uns sind – wir sie in der Zeit gefunden haben sollten.«

Längst hatte mein Freund mich mit auf die Reise zu der Suche genommen.

Irgendetwas hatte sich auch in mir eröffnet, ich konnte es nicht mehr zuschlagen.

»Es häuft sich ein Gedanke nach dem anderen in mir zu der Suche an«, sagte ich zu meinem Freund.

»Das könnte schon eine Klinke von den Türen sein«, meinte mein Freund.

»Und dann hat sie auch noch ein Schloss mit einem Schlüsselloch, Angeln, eine Schwelle und sogar Flügel; da gibt es ja noch jede Menge zu finden«, murmelte ich vor mich hin…

Der Erzengel

»**W**ie kommst du darauf, dass sich der Erzengel in den Bergen versteckt hat?«

Mein Freund erzählte mir:

»Er muss sich in den Bergen versteckt haben, dort befinden sich doch seine Adern!«

»Ach so, du meinst das Erz in dem Berg. Es hat dort seine

Adern. Aber wie kommst du darauf, dass es die Adern eines Engels, also die des Erzengels sind?«
»Weil er unser Dasein leichter werden lassen kann, er uns – wie ein Engel – bei der Fortbewegung hilft.«
Mein Freund erzählte weiter: »Ich dachte immer, ein Engel ist ein ganz offenes, freies Wesen – er fliegt hier bei uns herum: seine Flügel schwingen wie die einer aufgemachten Tür.«
»Aber so ist es ja nicht mit ihm. Wenn wir nämlich seine Hilfe brauchen – uns mit ihm leichter bewegen wollen – müssen wir erst einmal ein Stück von ihm ausgraben«, überlegte mein Freund laut weiter.
»Wie ausgraben?«, fragte ich.
Mein Freund erklärte mir: »Das geht so: Erst einmal müssen wir Kumpel sein.
Dann graben wir uns einen Stollen, und wenn wir einen Stollen gegraben haben, müssen wir immer wieder in ihn hinein – also in den Berg hinab fahren.
Dort hauen wir die Adern des Erzengels, um dann das Abgehauene – von unten nach oben – an den Tag zu bringen.
Dort schmelzen und formen wir es – und können dann einsteigen in ein Stück Engel – also dem herauf geholten, von seinen Adern abgehauenen Erz.«
»Wie können wir denn in den Engel einsteigen?«, fragte ich.
»Na, wenn aus dem, was wir aus seinen Adern heraus gebrochen haben, ein Auto entstanden ist.«
Und mein Freund erzählte weiter: »Dann fliegt der Engel zwar noch nicht, aber dafür geht es mit seinen Kotflügeln schon mal voran.«
»Oha!«, rief ich erstaunt. Und ergänzte meinen Freund: »Und wenn er noch ein bisschen Öl zu trinken bekommt, geht es mit ihm ab – wie geschmiert.«
»So ist das also, wenn wir die Hilfe eines Engels in Anspruch nehmen, obwohl er noch eingegraben ist!«, überlegte ich laut weiter.
Und wir erkannten:

Erz – wenn wir es aus der Erde geholt haben,
möchte jeder einen Engel daraus –
auch wenn er erst einmal nur Kotflügel hat.
»Sind unsere Türen auch Engel?«, fragte ich weiter.
»Kann sein«, sagte mein Freund. »Aber noch fliegen Türen nicht von alleine. Sie machen mit ihren Flügeln erst einmal nur auf oder zu.«

Die Enten

Beim Schlittschuhlaufen sahen wir an einem Wasserloch Enten. Der große Teich hatte sich für sie auf diese kleine Wasserstelle reduziert.
»Eigentlich können die Enten gar nicht verstehen, dass ihr Teich auf einmal so klein geworden ist«, sagte mein Freund.
»Wieso?«, fragte ich.
»Das Wasser verschließt sich – geht also für sie zu – und zwar immer dann, wenn sie eiskalte Füße kriegen.«
»Stimmt«, sagte ich. »Wenn es kalt wird, entfernt sich das Wasser von den Enten – es wird zugemacht – wie mit einer sich schließenden Tür. Mit zunehmender Kälte wird aus dem Wasser eine sich versperrende Tür..«
Sofort waren wir in unsere Suche geraten:
»Ich weiß nicht«, sagte mein Freund, »ob die Enten an einem Wasserloch einfach nur merken, warum sie nicht mehr ins Schwimmen kommen oder fühlen: Wer hat hier alles zugemacht, wer verschließt hier unsere offene Tür?«
Auch bei ihnen gibt es dann eine Suche, wenn das Wasser sie nicht mehr rein lässt: Denn Suchen ist, wenn man da sein muss, wo man nicht bleiben kann – wussten wir.
Mein Freund sagte: »Die Kälte ist das Umdrehen des Schlüssels und das feste Wasser eine verriegelte Tür.«
Waren das einige Stücke unserer Türen?
Wenn das Eis die Enten nicht mehr in ihr Wasser kommen lässt? Wie mit einer zugemachten Tür?

Der Kühler

»**A**ndauernd verfolgen mich die Türen, weil ich weiß, sie sind in der Zeit versteckt. Ich kann an nichts anderes mehr denken. Den ganzen Tag beschäftigen sie mich«, sagte ich zu meinem Freund.
Er sagte: »Versuch doch einfach abzuschalten, sonst macht die Suche keinen Spaß. Abschalten, ist die Gedanken ausschalten und wenn sie dann weg sind, gibt es nur noch die Gefühle.«
»Du meinst, ohne Gedanken lebt es sich dann besser? Wenn die Gefühle von ihnen befreit sind?«
»Ja, die Gefühle können von ihnen nicht mehr eingeengt, angerührt, aufgestachelt werden. Ohne sie gibt es dann mehr Ruhe.«
»Allerdings«, fuhr mein Freund fort, »können die Gedanken auch als Gefühlskühler funktionieren. Es lassen sich die erhitzten Gefühle in ihnen abkühlen, entspannen.«
»Wie meinst du das mit dem Gefühlskühler?«, fragte ich.
»Wenn sich die Gefühle in die Gedanken begeben, können sie, wie Wasser in einem Autokühler, ihre Temperatur regeln – sich zum Beispiel auch abkühlen lassen.«
»Das würde ja bedeuten: Je mehr Gedanken, umso mehr Temperaturen gibt es dann, die die Gefühle aufsuchen können.«
»Ja«, sagte mein Freund. »Eigentlich müsste es ja auch heißen, wenn es jemandem von uns zu heiß geworden ist – er also durchbrennt: Ich habe meine Temperaturregler verloren. Aber man sagt: Ich habe den Verstand verloren – und meint damit: Die Gedanken waren weg.«

Die Wochentage

»**D**u sagtest doch, es gibt da noch eine Regel, die man anwenden kann, damit es bei unserer Suche nicht so heiß wird – man

die Pausen einhalten – und damit cool bleiben kann. Wie war das? Was könnte man da noch für eine Regel nehmen?«
»Ach ja«, sagte mein Freund, »es gibt da eine Regel: es sind die einzelnen Wochentage. Für jeden Wochentag nimmt man einen Finger und hat somit die Regeln an der Hand.«

»Was, die Wochentage und die Finger als Richtlinie für unseren Arbeitsrhythmus?«

»Ja«, sagte mein Freund, »das geht, schau es dir an.« Dann hob er die Hand und sagte: »Wir fangen mit dem Daumen an.«

»Du stellst dir eine Aufgabe – machst dich auf – nimmst dir also was vor – peilst etwas über den Daumen an: als Finger der Daumen; als Wochentag: der Montag.

Dann machst du dich auf, zeigst dahin, zeigst dorthin – machst dich also auf den Weg – arbeitest. Setzt das, was du dir vorgenommen hast, in die Tat um – kämpfst um etwas; bist am Dienen: der Zeigefinger: als Wochentag: der Dienstag.

Das, was du mit der dir gestellten Aufgabe durch das auf den Weg machen – dem Kämpfen und Dienen – eingebracht hast, sammelt sich – häuft sich an – lässt sich ernten: Der Mittelfinger, als Wochentag: der Mittwoch.

Das Eingebrachte – die Ernte – unterbringen – verstauen – sich mit ihr vertraut machen: der Ringfinger, als Wochentag: der Donnerstag.

Alles, was man gemacht hat, dann unwichtig, kleiner – popplig werden lassen können: der kleine Finger – als Wochentag: Freitag. «

»So«, sagte mein Freund, »und jetzt geht es weiter mit der ganzen Hand.«

Er legte seine Hand mit der Innenseite auf die Stirn – verbeugte sich grüßend und sagte: Alles was gemacht worden ist, vergeistigen, also als Gedanken ansammeln: der Sonnabend.«

Dann legte er seine Hand aufs Herz und sagte:
»Die Gedanken in die Gefühle versenken – eintauchen lassen können – man empfindet – fühlt noch einmal alles nach: der Sonntag.

Dann hebt man den Daumen und fängt wieder von vorne an: Montag.«
»Oha«, sagte ich, »und mit diesem Rhythmus findest du die Türen?«
»Na klar!«, rief mein Freund.
Na dann... Ich dachte an seine Vergleiche: Wochentage, Fingerreihe; hoffentlich ist das ein Stück von dem Weg unserer Suche. Hoffentlich können wir in diesem Takt unsere Türen finden.

Die Schlösser

»**D**ie Türen waren einst die größte Weiterentwicklung der Höhle.«
»Du meinst, die erste Villa war eine Höhle mit Tür?«
»Ja, da waren nicht nur Holz und Zweige vor den Eingang gewälzt, sondern über eine Angel konnte es sich schon schwenken lassen.«
»Ja, die Türangel war schon damals der Hit«, sagte ich.
»Und wer hat das Schloss erfunden?«
»Welches Schloss?«
»Na, die Dinger, in denen man einen Schlüssel drehen kann und sie damit verschließt.«
»Ach, das waren die ersten Diebe. Sie haben anderen Leuten etwas weggenommen, und damit die es sich nicht zurückholen können, haben sie ihren Eingang versperrt.«

Aha, die Leute konnten sich dann von dem Schloss ein noch viel größeres Schloss besorgen. In dem sie sogar wohnen konnten, stellten wir fest. Es gab auf einmal überall Türen mit Schlössern daran.
»Eigentlich ist es komisch, dass die Schlüssel damals so einen langen Bart hatten«, sagte ich zu meinem Freund.
»Stimmt ja«, sagte er, »heute ist der Bart ab; so etwas gibt es bei ihnen nicht mehr. Dafür sind sie jetzt zackig. Und zackige Schlüssel gehorchen besser.«
»Hat das etwas mit unserer Suche zu tun?«, fragte ich mich.
»Vielleicht geht es den Schlüsseln so wie der Zeit: Man sagt ja zu einer alten Sache – die trägt so einen Bart.«
Und ich streckte meinen Arm weit aus und zeigte es meinem Freund. Der sagte: »Sie sind jetzt aber wie wegrasiert.«
»Das hört sich ja an: Wie beim Barte des Schlüssels!«, rief ich. Aber auch an die Propheten, dachten wir. Und hatten wir schon ein Stück von unseren Türen entdeckt? Es waren jetzt auch meine geworden: diese Türen mit ihren Schlössern, Angeln, Klinken, Flügeln, Schwellen und Knauf daran.
Ich sagte zu meinem Freund: »Wenn die Tür einen Knauf hat, dann ist das eine verstümmelte Klinke.«
»Wieso verstümmelt?«
»Na, wenn du eine Verschlossenheit ausklinken willst, dann fasst du bei ihnen ins Leere.«
Und wir waren froh, dass die meisten Türen eine Klinke hatten und damit nicht nur ihren Durchlass besser begreifbar machen konnten…

Die Sonne

Im Urlaub saßen wir am Strand. Ich sah, wie mein Freund die untergehende Sonne beobachtete.
»Zu einer Tür gehört doch auch Licht«, sagte mein Freund.

»Wie ist das eigentlich, wenn die Sonne auf- oder untergeht?«, fragte ich.
»Sie macht eigentlich nur eine Tür auf und zu.«
»Du meinst, dass die immer leuchtende Sonne nur deswegen auf- und untergehen kann, weil sie die Erde wie eine Tür benutzt?«
»Ja, die Sonne benutzt die Erde als Tür«, sagte mein Freund.
»Die Erde als Drehtür?«, fragte ich weiter.
»Ja«, sagte mein Freund, »die Erde ist eine Drehtür«.
»Aber woher hat sie den Dreh für auf und zu?«
»Der Dreh ist ihr Schwingen – damit macht doch auch eine Tür ihr Dasein auf und zu…«
Und wir beobachteten argwöhnisch den Horizont, mit dem die Sonne ihr Licht hier bei uns aus- und anmachen – auf- und zugehen lassen konnte.
Ich sagte: »Eigentlich ist es ja gemein, dass die Sonne da so einfach verschwindet.«
»Sie kommt ja wieder.«
»Ja, aber erst einmal ist sie weg.«
»Dafür leuchten dann die Sterne und der Mond, wenn die Sonne verschwunden ist; mit dieser Beleuchtung kann man tiefer in den Himmel schauen«, sagte mein Freund.
Ich überlegte laut weiter: »Der Mond ist von der Erde aus gesehen genauso groß wie die Sonne. Aber er ist milder. Und darum leuchtet er die Sterne nicht weg. Überdeckt also nicht das Sternenlicht. «

Beleuchtung

Wieder faszinierte uns die Beleuchtung der Erde: Also wird am Tage die Erde von der Sonne beleuchtet und in der Nacht von dem Mond und den Sternen. Und mein Freund fuhr fort: »Das sind 24 Stunden Beleuchtung, Beleuchtungseinheiten mit einer großen Bedeutung.«

»Was denn für eine?«
»Na, wenn man die Weite des Tages nicht hat, kann man die Weite der Nacht, also der Sterne, nicht verstehen.«
»Das liegt an der Helligkeit der Beleuchtung«, erklärte mein Freund mir weiter, »wenn ich in den Tag schaue, wird meine Umgebung so hell ausgeleuchtet, dass ich sie meterweise erfassen kann. Wenn die Sonne dann verschwindet, ist die grelle – meterweise – Ausleuchtung weg, und man kann mit dieser erlernten Weite die Entfernung der Sterne besser verstehen.«
»Du meinst, erst mit einer grellen Ausleuchtung des Tages kann man die Weite der Sterne verstehen? Sie als „immer weiter weg" damit sehen?«
»Ja«, sagte mein Freund. Und er reimte:
»Kann man in seinen Gedanken
ein kurzes Maß – also viel Nähe sehen –
können die Augen damit
mehr Weite erspähen«
Oha, dachte ich und schaute mir ganz genau den hellen Tag an, um in der Nacht mit ihm noch mehr die Weite des Himmels verstehen zu können.

Alles halb - bieren

Das muss ich jetzt erst einmal verarbeiten, mit den Entfernungen des Lichts, dachte ich mir und lenkte das Gespräch in Richtung eines anderen Lichtes, genannt: Bitte ein Helles.
Nachdem wir einen kräftigen Schluck genommen hatten, fragte ich meinen Freund, warum er keine kleinen Biere, sondern immer nur „Halbe" trinkt.
»Weil ich damit die Schwerkraft halbieren kann«, sagte er.
»Wieso die Schwerkraft halbieren?«
»Na, wenn ein Kilo mich mit 1000 Gramm zum Erdmittelpunkt zieht, sind es danach nur noch 500 Gramm.«
»Hast du das nachgemessen?«

»Brauche ich nicht, weil das reine Gefühlssache ist.«
Was er mit seiner Schwerkraft so alles anstellen kann, dachte ich mir und fing auch an sie zu hal - bieren.
Hat das etwa auch was mit den Türen zu tun? Das Schwere nur halb so groß machen? Ganz bestimmt, dachte ich.

Gedanken einsammeln

»**D**ass sich durch die Umwelt in mir Gedanken bilden – ich sie in der äußeren Welt einsammeln muss – macht mir immer noch zu schaffen; so richtig verstehe ich das nicht.«
»Das ist doch ganz einfach: Du setzt dich abends in eine Ecke und gehst in dem, was du aus dem zurückliegenden Tag eingesammelt hast, noch einmal spazieren.«
»Ach so, wenn ich durch den Tag gehe, sammele ich automatisch meine Gedanken ein. Und wenn ich mich an den Tag erinnere, gehe ich noch einmal in ihm spazieren.«
»Ja, nur dass du das jetzt innen machen kannst, weil er nicht mehr zum Aufsammeln draußen vor dir liegt, sondern sich dann in dir befindet.«
»Ach so!«, rief ich, »dann brauche ich ja, wenn ich den Tag Innen durchgehe, keine Muskelkraft mehr!«
»Nein, du kannst sitzen bleiben, wenn du ihn durchgehst.«
»Stimmt ja, wenn er in mir ist, ist seine Schwerkraft weg; ich kann ihn wie ein Vogel überfliegen.«
»Ja, er ist nicht mehr so anziehend«, sagte mein Freund.

Und ich wunderte mich, wie leicht ein Tag werden kann, wenn er eigentlich keiner mehr ist.

Sein Vater und die Kreuzung

Wir hatten unseren Urlaub beendet. Sofort dachten wir an die Türen.

»Dein Vater ist doch Fahrlehrer. Irgendwie hatte sein Beruf auch was mit den Türen der Zeit zu tun. Wie war das? Du hast mir erzählt, dass es da für ihn ein Erlebnis gab, das ihn unheimlich beeindruckt hat. Was für ein Erlebnis war das?«

»Ach ja«, sagte mein Freund. Und fing an zu erzählen:

»Also, mein Vater hatte einen Fahrschüler. Und er hatte dem Fahrschüler, da es nur ein kleiner Ort war, schon viele hundert Mal die einzige Kreuzung in diesem Ort gezeigt – hatte sie also mit ihm schon sehr oft überfahren.«

»Ja, und?«, fragte ich, »und dann?«

»Da kam es für meinen Vater zu einem besonderen, ihn stark prägenden Erlebnis: Obwohl mein Vater schon einige hundert Mal mit seinem Fahrschüler auf dieser Kreuzung gewesen war, fragte der Fahrschüler plötzlich meinen Vater, warum er denn mit ihm noch nie da lang gefahren sei. Der Fahrschüler rief: »Ich habe das hier noch nie gesehen – ich bin hier zum ersten Mal!«

Erst dachte mein Vater, sein Fahrschüler wolle ihn auf die Schippe nehmen – aber dann wurde ihm klar: Von dem Bewusstsein seines Fahrschülers her gesehen war es für seinen Fahrschüler wirklich das erste Mal, dass er an dieser Kreuzung war.

Und da wusste mein Vater, dass seine Fahrschüler etwas sehr oft sehen müssen, damit es das, was sie gesehen haben, wirklich bei ihnen gibt.«

»Oh Mann!«, rief ich, »die Fahrschüler müssen sich also etwas unheimlich oft anschauen, damit sie sich merken können, dass es da was gibt?«

»Ja, meinem Vater wurde klar: Erst mit über tausend Mal gesehen, gibt es nur einmal erkannt.«

»Hat diese Erkenntnis etwas mit unseren Türen zu tun?«

»Ja«, sagte mein Freund, »du weißt doch, wenn etwas zu ist, ist es fest. Wenn du eine Wolke nicht mehr durchgehen kannst, ist sie so fest geworden, dass sie wie verschlossen ist.
Alles, was wir hier haben – was es hier bei uns gibt – stammt von einer Lichtwolke ab. Und die Kreuzung, die mein Vater mit seinem Fahrschüler mehrere hundert Mal durchfahren hat, ist jetzt keine Lichtwolke mehr, sondern so fest, dass sie sogar zu Stein geworden ist. Und darüber freut sich mein Vater.«
»Warum freut sich denn dein Vater darüber, dass die Kreuzung steinig geworden ist?«
»Na, überlege doch mal, wenn die Kreuzung nicht so fest wäre, sondern wabbelig, nebelig wie damals, als alles noch nicht so fest gewesen ist – dann würde der Fahrschüler noch viel länger brauchen, um die Kreuzung wieder zu erkennen.«
»Stimmt ja! Wenn die Kreuzung noch aus einer Wolke bestehen würde, dann wäre sie nicht so fest und beständig. Das, was man von ihr gesehen hat, würde sich sofort wieder verformen. Die Fahrschüler würden die Kreuzung bei der nächsten Anfahrt nicht erkennen – ein Wiedersehen gäbe es mit ihr dann nicht.«
Und wir waren froh, dass sein Vater Kreuzungen aus Stein hatte, damit die Ausbildung seiner Fahrschüler nicht noch länger dauern würde. Und die Wolken so fest geworden sind, dass keiner von seinen Fahrschülern bei ihnen durchfallen kann, waren wir uns einig.

Ein Himmel für die Gefühle

»**D**u sagtest doch mal zu mir: Die Gedanken sind der Himmel für die Gefühle. Kannst du mir das noch einmal erklären?«
»Ja, die Gefühle können sich in die Gedankenbilder erheben, und in ihnen wie in einem Bilderbuch spazieren gehen.«
Ich fragte:» Wenn nicht so viele Bilder da sind, haben dann die Gefühle keinen Ausgang – finden keinen Halt im eigenen Himmel?«

»Ja, du musst dir dann ein paar Bilder nach Hause holen. «
»Wie geht das Bilder, nach Hause holen?«
»Na, du gehst durch den Tag und nimmst das, woran du vorbeigegangen bist, als Gedankenbilder mit.«
»Und wenn ich mir dann ein paar Bilder eingesammelt –sozusagen an den eigenen Himmel geklebt habe – kann ich mit meinen Gefühlen in sie eintauchen; also am eigenen Himmel mit den Gefühlen unterwegs sein?«
»Ja, so einfach ist das. «
Und ich ging bei meinem nächsten Spaziergang schneller, damit ich mir mehr Bilder für meinen eigenen Himmel einsammeln konnte.
»Und was hat das mit den Türen zu tun? «
»Das weiß ich noch nicht; aber man muss eben an alles denken.«
Und Denken ist, mit den Gefühlen in den inneren Bildern spazieren zu gehen, wusste jetzt auch ich…

Das Licht nach hinten tragen

»**W**eil wir Menschen von dem Weltraum abstammen, besser gesagt: eigentlich aus Weltraum sind, sind wir nicht nur mit all seinen Formen, sondern auch mit seinen Lichtgestaltungen verwandt. Und das sieht man ganz besonders unserer Erde an.«
»Die Beleuchtung der Erde ist mit uns verwandt?«, fragte ich verwundert.
»Ja«, sagte mein Freund, »wenn du dir die Nachtseite der Erde ansiehst, dann siehst du, das so, wie unsere Gedanken zugenommen haben, es auf ihrer Nachtseite auch heller geworden ist.«
»Man kann an der Nachtseite der Erde ablesen, wie hell es in uns Menschen durch die Zunahme der Gedanken geworden ist?«, fragte ich.

»Ja«, sagte mein Freund und reimte:
»So wie unsere Gedanken zugenommen haben
konnten wir auch das Licht auf der Erde
von vorne nach hinten übertragen«

Ich rief: »Stimmt ja! Je heller wir durch unsere Gedanken geworden sind, umso heller wurde es auch auf der Nacht- also Rückseite der Erde.«
»Hat die Erde dann eigentlich mit dem übertragenen Licht auch Gedanken bekommen?«, fragte ich weiter.
»Könnte sein, allerdings gibt es da einen Unterschied: Das Licht auf der Rückseite der Erde kann man sehen – unser rückwärtiges Licht sieht man nicht; aber dafür können wir es hören.«
»Mit unserem rückwärtigen Licht meinst du unsere Gedanken?«
»Ja!«
»Und wie hört man dieses Licht?«
»Na, wenn du mir was erzählst, dann siehst du dein Gedankenlicht – denn ohne das Gedankenlicht, geht ein Erzählen nicht!«
»Stimmt ja«, sagte ich. »Wenn mir einer was von seinen Gedanken erzählt, höre ich ja, was er gerade in diesem Licht sehen kann.«
Und ich dachte: Schade, dass das die Erde nicht kann…
Und ich versuchte mir noch einmal die Erde wie einen Kopf vorzustellen: vorn die Tagseite als ihr Gesicht – und hinten die Nachtseite als ihren, noch vor zweitausend Jahren ganz finsteren Hinterkopf.
Gehört das mit zu den Türen der Zeit?, fragten wir uns.
Zwei Seiten zu haben, in denen man von einer hellen Seite, das Licht auf eine dunkle Seite übertragen – und dort alles hell werden lassen kann?

Das Reifen

»**L**ass uns doch in den Urlaub fliegen.«
Gute Idee... wir saßen im Flugzeug.
»Na«, sagte ich zu meinem Freund, »jetzt hat der Erzengel keine Kotflügel mehr, sondern nur Flügel...«
»Ja«, sagte mein Freund und blickte aus dem Fenster. Er sah die Erde weit unter sich…
Er dachte laut: »Setzt der Vogel dann zur Landung an, geht es mit der Luft wieder anders voran.«

Und wir reimten:
»Ist ein Reifen prall gefüllt
und musterhaft profiliert
spurt es anders weiter
wenn er mit dem richtigen Druck
aus der Luft den Boden berührt«

Innen und außen

Wieder ging es bei uns um die Türen.
Wir überlegten uns: Warum gibt es überhaupt eine Tür?
Mein Freund überlegte laut: »Mit einer Tür, kann ein weites Gehen – mit Auf und Zu – als ein aufgeteilter Weg bestehen.«
Wir überlegten weiter, dass man mit einer Tür auch eine bewegliche Verbindung zwischen Innen und Außen entstehen lassen kann.
Ist vor der Tür oder hinter ihr unser Sein? Und kann man sich erst mit einer Tür so eine Frage stellen?
Warum kann sich eigentlich überhaupt jemand in die Frage stellen? Und weiß man, ob ein Er sich erfragen lässt? Oder ist es eine Sie? Mit dem sich das Suchende verkleidet – oder daraus sogar bestehen kann?

»Es muss eine Sie und ein Er sein«, sagte mein Freund, »denn es gibt doch: Die Tür und der Tor.«

Platon

»Wer ist eigentlich Platon gewesen?«
»Der, mit dem Höhlengleichnis«, sagte mein Freund.

»Wieso Höhlengleichnis?«
Und mein Freund legte los: »Also, da sitzen Menschen in einer Höhle und von hinten erscheint das Licht. Sie, die Leute, sind gefesselt und sehen den Einfall des Lichtes nicht. Sie können sich nicht umdrehen – sie können nur die Schatten, die ihre Anwesenheit vor dem Licht verursacht, an der Wand erkennen.
Sie wissen nichts von dem Licht, weil sie es ja nicht sehen können und denken, die Schatten sind alles was es gibt, also ihr ganzes Leben aus ihnen besteht.«
»Und die Öffnung hinter ihnen, da, wo das Licht herkommt, sehen sie nicht! Ihre eigenen Schatten sehen sie an der Wand und denken, das ist alles, was es vom Licht gibt?«
»Ja«, sagte mein Freund. »Dass die Schatten vom Licht erzeugt werden, wissen sie nicht.« Uns wurde klar: Der Schatten wird uns noch sehr beschäftigen…

Wieder in der Höhle…

Im Urlaub kletterten wir in den Bergen herum, wir hatten das Klettern als Sport entdeckt.
»Lass uns doch eine Pause machen!«, rief mein Freund, »ich sehe da eine Höhle.«
Wir kletterten in die Höhle, und weil sie nicht lang war, sahen wir in der tief stehenden Sonne unsere Schatten an der Wand.

Und wie aus einem Mund riefen wir: »Das Höhlengleichnis.«
»Sollen wir jetzt nach dem Klettern musizieren?«
»Na klar«, sagte mein Freund und er spielte auf seiner Maultrommel eine unbekannte Melodie. Wir sahen unsere Schattenspiele an der Wand und ließen die Erinnerung an Platon mitklingen.

Die verlorene Kindheit

»**W**ie alt fühlst du dich?«, fragte ich meinen Freund.
»Du weißt doch, dass man als wirklicher Mensch nicht älter werden kann.«
»Wie meinst du das? Nicht älter werden können?«
»Es gibt kein Alter, sondern nur einen Zustand, in dem sich alle Menschen befinden, und der müsste eigentlich immer jung sein. Egal wie lange sie hier auf der Erde sind. Nehmen wir doch mal ein Gummiband als Beispiel dafür.«
Und mein Freund holte ein Gummiband aus der Hosentasche und legte es auf den Tisch.
»Fass es mal an.«
Ich fasste es an – befühlte es von allen Seiten – und wunderte mich über meinen Freund, wusste ich doch nicht, was das bedeuten sollte.
Da nahm mir mein Freund das Gummiband aus den Händen und sagte: »Schau mal, wenn ich das Gummiband jetzt auseinander ziehe, verspannt es sich. Es wird länger, also eigentlich größer.«
Und ich sah, wie er das Gummiband immer weiter auseinander zog.
Nachdem er das Gummiband ganz weit auseinander gezogen hatte, sagte er zu mir: »Fass es noch einmal an.«
Ich fasste es an und merkte, wie fest und hart es geworden war.

War es doch vor dem Auseinanderziehen viel weicher; es hatte sich ganz zart und knautschelig angefühlt, als es sich noch ungezogen auf dem Tisch liegend befand.
Ich fragte: »Was hat das zu bedeuten? Was hat das Auseinanderziehen des Gummis mit dem Alter zu tun?«
»Uns geht es so wie dem Gummiband!«
»Was, du meinst, den Menschen ergeht es auch so wie diesem Gummi?«
»Ja.«
»Die Zeit zieht die Menschen auseinander; sie werden länger – werden also größer – sie verspannen sich – ihre Kindheit ist weg.«
»Sie haben dann mit der Verspannung nur noch alt in sich?«, fragte ich weiter.
»Ja«, sagte mein Freund.
Und er reimte:
»Jung war der Originalzustand
und der ist völlig entspannt
so wie bei einen losgelassenem Gummiband.«

Und wir wussten, auf der Suche nach den Türen mussten wir öfters mal ungezogen sein, um flexibel bleiben zu können.
Denn feste, harte, angespannte Gummibänder lassen sich nirgendwo mehr hineinziehen.
Wir können ab und zu mal so sein wie die Erwachsenen, aber müssen so bleiben wie die Kinder. Waren wir uns einig.
Und mein Freund reimte:
»Ist alles hart und brüchig wie aus Stein,
muss da die Kindheit verloren gegangen sein«

Wieder in der Höhle

»**W**eißt du noch, als wir in der Höhle standen und das Höhlengleichnis von Platon erlebten?«

Ich wusste, die Suche war in ihm, sie ließ ihn nicht los. »Ja«, sagte ich und mein Freund erzählte weiter:
»Als die Schatten an der Höhlenwand das Gleichnis von unserem Leben auf diesem Felsen wieder geben konnten?«
»Ach ja! Die Schatten werfen die Leute selber an die Wand und denken: Sie sind aus Licht.«
»Aber das Licht hat durch eine Festigkeit seine Vermittlung verdunkelt.«
»Ja«, sagte mein Freund. »Es hat sich in seiner Helligkeit schattig gemacht.«
Wir wussten nicht, ob unsere Gedanken zu dem Geheimnis der Türen führen würden. Aber, wir nahmen uns vor: Es geht weiter…

Wenig und mehr

Auf der Arbeit sagte mein Chef zu mir: »Wo sind sie denn eigentlich mit ihren Gedanken?«
»Bei den Türen der Zeit, mein Freund und ich suchen sie.«
»Ihr sucht die Türen der Zeit? Wir haben hier doch bei uns genug Türen – wie viele wollt ihr denn noch finden?«
»Wir suchen nicht nur die Türen hier bei uns, sondern es sollen alle Türen sein.«
»Alle Türen sucht ihr? Wie viel sollen das denn sein?«
»So viel, dass das, was wir von ihnen gefunden haben, auch wirklich alles ist.«
»Was ist denn Alles?«
»Etwas, wovon man weder zu viel noch zu wenig haben kann«, sagte ich.
Mein Chef sagte: »Wenn Alles das ist, von dem man weder zu viel noch zu wenig haben kann, kommt das mit ihrem Lohn aber nicht hin.« Und er grübelte laut weiter: »Wenn ich ihnen nämlich dann etwas gebe, wenn sie gerade Alles haben, dann macht ja das, was ich ihnen gebe, ihr Alles wieder weg – weil es

ja damit mehr geworden ist und somit bei ihnen ja kein Alles mehr sein kann!«

»Ja, das stimmt«, sagte ich, »ein Alles muss nicht unbedingt das Meiste sein – denn mit mehr oder weniger – ist das Alles ja kein Alles, weil es im Allen so etwas nicht gibt.«

»Ach, so ist das!«, rief mein Chef.

Ich merkte: Er war auch auf der Suche…

Das Erz

Wir waren mit dem Auto unterwegs. Ich sagte zu meinem Freund, dass das Erz kein Engel sein kann.

»Weißt du noch, als wir uns erzählten, dass der Erzengel sich in der Erde versteckt haben muss? Weil seine Adern sich dort befinden. Wir bauen doch aus seinen Adern unsere Autos.

Und die Autos sind tonnenschwer. Engel sind doch leicht wie eine Feder.«

»Sie federn doch!

Das Auto fängt mit dem Leichter werden doch schon an.«

»Tatsächlich!«, rief ich.

»Es schaukelt schon von ganz alleine hin und her.«

Dann streichelte ich dem Engel die Kotflügel und rief:

»Oh Schitt! Der Kleine hat sich wieder mal eingemacht. Und ab, in die Waschanlage mit dir.«

Die Namen und das Erz davor

»**S**ag mal, es gibt doch Leute, die ihren Namen mit dem Erz zusätzlich benennen.«

»Ja«, sagte mein Freund. »Sie wollen sich damit eine bestimmte Festigkeit geben. Denk doch mal an einen nicht so beständigen Stoff, zum Beispiel das Holz und setze das mal anstelle von Erz als einen Namenszusatz davor...«

Ich setzte Holz vor die Berufsbezeichnung „Bischof". Und wusste: Ohne das Erz geht es auch da nicht…
»Mein Freund sagte: »Auch das gehört mit zu unseren Türen.«

In der Höhle

Wir waren erschöpft und ließen uns nach langem Klettern in der Höhle niedersinken, in der damals das Gleichnis geschah. Wieder warfen wir in der tief stehenden Abendsonne unsere Schatten an die Wand. Wir merkten dabei, was mit Platon damals geschah.
Und was ihn und uns heute so aufgewühlt hat.
Nachdem wir auf dem Gipfel waren, landeten wir in der Höhle. Mein Freund wäre beinahe abgestürzt.
Da, wo er seinen Haken in die Wand gehauen hatte, war der Fels heraus gebrochen.
Ich überlegte laut in der Höhle: »Wie gut, dass der Fels dich trotzdem noch festgehalten hat, sonst wärst du hier einfach nur so vorbei gefallen, anstatt sie mit mir zu betreten.«
»Ja, du weißt doch, die Steine sind hart gewordenes Licht, damit man es nicht nur besteigen, sondern sich auch an ihm festhalten kann.«
»Ja, wenn das Licht dann einen Berg bildet, hat es auch einen Gipfel, damit man wahrscheinlich beim Klettern mehr sehen, eine Übersicht bekommen kann.«
»Du meinst: Übersicht ist auf dem Berg und ohne sie befindet man sich noch vor ihm? Man hat also den Berg noch nicht hinter sich gebracht – ist noch nicht über ihn hinweg gekommen?«
»Ja«, sagte mein Freund.
»Ach, du meinst, wenn man vor einem Berg steht, glaubt man nur, dass man ihn bezwingen kann. Aber wenn man dann oben ist, glaubt man es nicht mehr, weil man es sieht?«

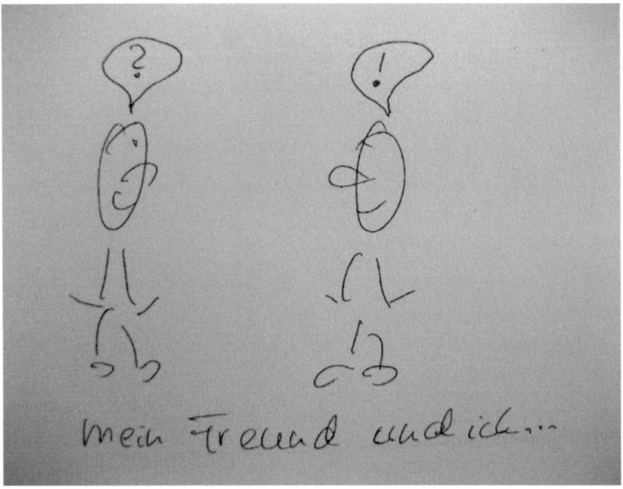

Das Licht des Verstehens

»Woher kommt denn eigentlich in unserer Welt das Licht, das auch ein Licht ist – aber uns nicht nur einmal, sondern noch einmal erhellt?«
»Vielleicht von der Materie, die als aufgewickelter Zustand des Lichtnebels, das Licht des Verstehens in uns erzeugt?«
»So eine Helligkeit könnte es sein!«, riefen wir beide wie aus einem Mund. »Das könnte das eigentliche Licht, im Licht sein.«
»Dann gibt es die Helligkeit des Lichts noch einmal als hell, wenn man etwas verstanden hat?«, fragte ich meinen Freund.
»Ja, man sagt ja auch: Jetzt ist mir ein Licht aufgegangen. Auch wenn es da, wo es sich befindet – ganz dunkel ist.«
Und wir wussten, dass das Licht zweimal aufgehen kann: einmal, wenn es leuchtet – und dann noch einmal, wenn es als Verstehen erscheint…

»Das war es erst einmal! Komm, wir klettern nach unten ins Tal.«
»Also dahin, wo der Berg Fuß gefasst hat.«
»Und du hättest ihm beinahe zu Füßen gelegen.«
»Ja, aber die Sache hatte einen Haken.«
Sind wir denn unseren Türen näher gekommen oder wedeln sie uns mit ihren Flügeln nur scheinheilig zu?
Haben sie eine so dicke Schwelle, dass sie unser Verstehen nicht durchlassen wollen?
Oder braucht ihr Entschlüsseln einen Bart, um sie zu öffnen?
»Ab morgen nicht mehr rasieren?«
»Nein«, sagte mein Freund, »sie haben jetzt doch schon Lichtschranken – mit Bart da durch, brauchst du also nicht.«

Muskeln machen vor der Zeit

»**K**ann es sein, dass das Licht nur deswegen so hart sein kann, weil es vor dem Anfang der Zeit Muskeln machen gelernt hat?«
»Was, du meinst, alles was bei uns hart ist, sind die gestählten Muskeln des Lichts?«
»Kann sein.«
»Oh Mann!
Und wie lange halten die Muskeln das schon aus?«
»Bestimmt schon seit dem Urknall«, sagte mein Freund.
»Oh, ist das anstrengend!«, riefen wir beide wie aus einem Mund und merkten, dass es keine Steine gibt, sondern nur vor unserer Zeit erzeugte Muskeln, die dort gelernt haben, sich unheimlich lange anspannen zu können.
Ich fing an, den Stein tröstend zu streicheln.
»Lass ihn in Ruhe, der entspannt sich selber.«
»Woher weißt du das?«
»Das sehe ich, wenn er mit Wasser in Berührung kommt. Es heißt doch: Steter Tropfen holt den Stein.«

»Du meinst, höhlt den Stein?«
»Ja, man kann aber auch holen zu dem Höhlen sagen.«
»Stimmt ja«, sagte ich, »denn da, wo der Stein dann nicht mehr ist, hat ihn das Wasser ja abgeholt. Man kann auch höhlen zu dem Holen sagen, weil ja beides dasselbe ist.«
»Und wenn er dann ganz und gar im Wasser ist, entspannt er sich wieder – seine Muskeln lockern sich«, dachte mein Freund laut weiter. Das mit dem „steten Tropfen" hatte ich auch schon gehört, aber ich wusste nicht, dass das Wasser mit ihm Muskeln abholen – sie in die Entspannung zurückbringen kann...

Mein Freund sagte: »Lass den Stein in Ruhe, der entspannt sich selber.«
»Woher weißt du das?«
»Das sehe ich, wenn er mit Wasser in Berührung kommt. Es heißt doch: Steter Tropfen holt den Stein.«
»Du meinst, höhlt den Stein?«
»Ja, man kann aber auch holen zu dem Höhlen sagen.«
»Stimmt ja«, sagte ich, »denn da, wo der Stein dann nicht mehr ist, hat ihn das Wasser ja abgeholt.

Man kann auch höhlen zu dem Holen sagen, wenn er im Wasser – also wieder flüssig geworden ist...«

Der Stein

»**S**ag mal«, fragte ich meinen Freund,
»ist der Atomkern die Zelle, in der das Licht als Gefangener herumsitzt?«
»Ja, sagte mein Freund, »es hat gelernt, sich so stark zu machen, dass es sich mit seiner eigenen Stärke selbst gefangen genommen hat und da jetzt einsitzt.«
»Dann gibt es ja keine Kernspaltung, sondern nur das aus dem Gefängnis herausgelassene Licht?«
»Ja«, sagte mein Freund. »Aber wir dürfen es nicht befreien – es muss sich selbst aus der Gefangenschaft herauslassen.«
»Wann ist das?«
»Das müsste das Licht eigentlich selber am besten wissen. Vielleicht hat es sich irgendwo Kerben gemacht.«

Und er reimte:

»An den Kerben kann das Licht dann sehen
wann wird es endlich wieder in die Freiheit gehen«

Wir schauten einen Stein an und wussten, dass sich das Licht – mit seinen eigenen Muskeln – angekettet hat…
Und wir ritzten auch ein paar Furchen in den Stein –
wir wollten dem Licht damit zu verstehen geben:
Jetzt bist du mit deinem Eingeritzten –
also mit dem, was sich auf deinem Kerbholz befindet –
nicht mehr allein.
Mein Freund überlegte laut weiter:
»Es gibt doch auch die ganz kleinen Muskeln.«
»Welche denn?«, fragte ich.

»Die ganz kleinen Steine, den Sand. Er ist wahrscheinlich wie eine erste Befreiung des Lichts, ohne dass es sich sofort in die Freiheit begibt – also die Zelle fluchtartig verlässt: Das ganze Gefängnis explodiert.«
»Du meinst, wenn sich das Licht ganz und gar in die Freiheit begibt, muss es explodieren?«
»Nein, vielleicht nur Gitter zersägen.«
Und er legte eine Feile neben den Stein, den wir gerade verlassen wollten.
»Meinst du, wenn du eine Feile neben den Stein legst, ist das wie eine Türklinke für das Licht? Bist du davon überzeugt, dass das Licht weiß, dass du weißt, dass es gefangen ist?«
»Kann sein, dass es das Licht weiß.
Aber ich weiß natürlich nicht, was das Licht weiß, von dem was ich wissen könnte.«

Junges und altes Licht

»**D**u weißt doch, dass sich das Licht (der Lichtnebel) bei uns unheimlich hart gemacht hat! Es hat sich doch mit seinen harten Muskeln selbst gefangen genommen, damit unsere Zeit steinfest sein kann«, sagte mein Freund.
»Und wenn etwas so hart wie Stein geworden ist, hat es seine Jugend verloren«, überlegte er laut weiter.
»Du meinst, wenn das Licht sich versteinert, ist es alt geworden? Und wenn es sich dann nicht mehr so versteifen muss, kann es wieder jugendlich sein?«
»Ja, als das Licht noch nicht so hart gewesen ist, war es nur jung, ohne alt! Es hatte damals, bevor es sich in die Gefangenschaft begeben hat, nur jung in sich!«
Und ich wusste, dass der Stein alt gewordenes Licht ist und warum das Licht seine Jugend verloren hat.
»Und die Sonne, ist sie noch junges Licht?«

»Ja, mit ihr hat sich Licht nicht so hart gemacht – es hat als Sonne ein bisschen Jugend von sich übrig gelassen.«
»Du meinst, die Sonne ist wie ein junger Wärter vor dem Gefängnis, in dem das von der eigenen Festigkeit gefangen genommene Licht als Stein sitzt?«
»Ja, die Sonne muss als frei gebliebenes Licht die dunkle Gefangenschaft des Lichtes anleuchten.«
»Wieso muss es das gefangene Licht anleuchten?«
»Na, weil es so fest gefangen ist, dass es nicht von selber leuchten kann.«
»Du meinst, das Licht ist freiwillig in die Gefangenschaft gegangen, damit es sich über das frei gebliebene Licht – die Sonne – anleuchten lassen kann?«
»Ja«, erst dann kann es sich als Hell und Dunkel bei uns erscheinen lassen.«
Und mir wurde klar: Dass das eingeschlossene Licht zusammen mit dem nicht eingeschlossenen Licht, nur so, einem was dämmern lassen kann…

Das als Stein in die Gefangenschaft gegangene Licht…

Schatten an der Wand

Wir standen vor der Höhle, es war Winter, wir hatten wieder diesen Aufstieg gewagt. Wir wollten das Höhlengleichnis noch einmal in der tief stehenden Sonne erleben.

Wieder sahen wir unseren Schatten an der Wand; hatten wir doch hinter uns das Licht.
Und wir ahnten, dass die Höhle ein Geheimnis ist, mit dem sich das gefangene Licht verraten könnte.
Platon hatte zwar ein paar hundert Jahre vor uns gelebt, aber jetzt, in diesem Augenblick, war er unser Begleiter.
Er hatte auch einen Schritt zur Befreiung des Lichtes getan, wusste er doch, dass der Schatten auf der Höhlenwand nur ein Schatten und nicht das Licht ist.
Und das ein Schatten nur dann entsteht, wenn das Licht sich eingesperrt hat – sich sozusagen im eigenem Knast befinden kann.
Und waren wir jetzt in unserer Suche dem Geheimnis der Türen näher gekommen? Mit dem eingesperrten Licht und dem Schatten, den es ja nur dann von sich werfen kann?

Diese Türen müssen wir suchen – egal wo sie sich befinden – waren wir uns wieder mal einig…

Alle Türen finden

»**A**lso, eigentlich finde ich es komisch, dass wir uns oft nicht verstehen, obwohl wir alle von einem Licht abstammen. Wir bekämpfen uns, bringen uns um und denken, das wäre besser für uns.«
»Vielleicht sind wir zu viele?«
»Ja, wir lassen von den Menschen nur das bei uns eintreten, was wir uns von ihnen vorstellen können, aber nicht das, was sie ganz und gar sind…«
»Ja«, sagte ich, »wir wollen möglichst wenig von ihnen verstehen, weil sie dann leichter einzuordnen sind.«
Mein Freund gab mir den Rat, alle zu verstehen.
»Wir suchen doch auch alle Türen, nicht nur eine oder zwei.«

Wie kann man sich dicht machen, wenn man nur eine Tür gefunden – also verstanden – hat?, fragten wir uns.
Wir wollten alle verstehen! Entschlossen uns also für mehr Türen.
»Vielleicht«, sagte mein Freund, »vielleicht gibt es nicht mehr, sondern nur einige, die alles in sich haben?«
»Kann sein«, sagte ich, »eine Tür gibt es ja immer öfter, wenn sie mit ihren Flügeln winkt. Mit jedem Auf und Zu, wird eine Tür zweimal mehr.«
»Oh, Alter, das kann ja lange dauern, bis bei ihnen dann Alles – alles ist.«

Der freie Sturz

Wieder standen wir in der Höhle; sahen unsere Schatten an der Wand und fielen – völlig ermüdet – nieder.
Im Traum versuchte ich aus der Höhle herauszugehen, konnte aber keinen Ausgang finden! Doch da wies der Traum auf meinen Schatten, der sich immer noch an der Höhlenwand befand.
Ich ging auf ihn zu und merkte, dass ich hindurchgehen konnte...
Und da es mein Schatten war, passte ich genau hindurch und kam ins Freie.
Die Nacht war tief dunkel.
Ich sah sie unter mir am Berg anliegen...
Die dunkle Rückseite der Erde war leer geworden,
ihre Schwärze war aus Raum,
sie hatte keine Materie mehr…
Sofort stürzte ich mich auf sie!
Mein Fall fand keinen Aufprall. Die Rückseite der Erde war eine andere geworden!
Ich konnte sie durchdringen, sie hielt mich nicht mehr auf!
Am Morgen schreckte ich hoch.

Und da die Sonne schon schien, tat sie ihr Werk und warf meinen Schatten – ich sah ihn schon wieder an der Wand.
Ich eilte auf ihn zu und wollte ihn, wie in meinem Traum, durchdringen…
Mein Freund schreckte hoch und rief:
»Was machst du da, mit deinem Schatten?«
Ich sagte: »Ich möchte ihn durchdringen. Ich habe geträumt, ich kann durch ihn hindurchgehen, obwohl er sich auf einer Felswand befand!« Und jetzt wurde uns klar: Das Höhlengleichnis wird kompliziert! Und mein Freund murmelte: »Platon stehe uns bei.«

Die Lichtung

Es gibt doch den Spruch:
»Man sieht den Wald vor lauter Bäumen nicht. Wie kommt das?«, fragte ich meinen Freund.
»Ach ja«, sagte er, »der Spruch müsste eigentlich heißen: Ohne Lichtung, sieht man den Wald vor Bäumen nicht.
Denn erst wenn man mal aus einem Wald heraus – auf eine Lichtung gekommen ist – kann man erkennen, wo die Bäume sind. Und weiß wo sich das Licht befindet.«
Und er überlegte laut weiter:
»Ich würde dir raten, dich auf keinem Fall von jemand anleuchten zu lassen, der die Bäume noch für das Licht hält…«
Das könnte einem doch viel zu wehtun! Waren wir uns einig.

Das finstere Weitergehen

»**D**a gibt es doch noch einen Spruch mit dem Wald:
Je dunkler der Wald ist, umso schneller will man laufen.«

»Ja«, sagte mein Freund. »In der Finsternis bekommt man Angst – versucht von ihr weg zu rennen.«
»Man kommt aber von ihr nicht weg, wenn sich die Finsternis überall befindet.«
»Ja, je dunkler es wird, umso langsamer muss man dann werden – auch wenn man unbedingt weglaufen will.«
Und mein Freund reimte:
»Wenn es mal dunkel wird
– nicht nur im Wald –
ist die Helligkeit entronnen.
Man muss ganz langsam werden,
um an der Stämmigkeit vorbeizukommen«
Und wir reimten:
»Also da, wo man eine Situation nicht so richtig erkennen kann
ist tasten
und nicht das Hasten dran…«

Das gefangene Licht

Wir saßen im Flugzeug. Mein Freund schaute aus dem Fenster und sagte: »Jetzt landen wir.«
Das Wetter war super! Wir waren im Urlaub.
Am Strand sahen wir die Wellen auf uns zukommen.
Das Meer hatte uns im Bann. Die Weite des Meeres ließ auch unsere Gedanken fließen.
Wir wollten die Türen erst einmal baden gehen lassen.
»Denkst du trotzdem an die Türen?«, fragte ich.
Mein Freund sagte nichts und ließ nur den Sand durch seine Hände rieseln.
Ich überlegte: War das ein Stück von unseren Türen?
Dieser ehemals harte Stein als Sand?
War das eine sich öffnende Tür, wenn sich die Härte des Steines entfernt? Und hatte mein Freund wieder eine Feile neben dem großen Felsen abgelegt?

Aber er murmelte: »Die Türen bleiben unsere Suche, auch wenn ich dem Licht eine Säge gebe.«
Aber ich wusste ganz genau, es war eine Feile, die er neben dem Felsen abgelegt hatte.
Hoffte er darauf, dass sich das Licht aus dem Stein befreien würde?
Sollte es uns damit von der Suche erlösen?
War mein Freund feige geworden?
»Nein«, sagte er mir, als hätte er meine Gedanken gelesen.
»Wir haben uns aufgemacht, das Geheimnis der Türen zu finden. Erst, wenn wir alle Türen gefunden haben, können wir unser Aufmachen schließen.«
Und ich ahnte, er hatte schon eine Tür.

Der Stein

»**H**eute hast du versprochen, mir das mit der Zeit noch einmal zu erklären »Na gut«, sagte mein Freund und fing an zu erzählen:
»Zeit ist Anwesenheit; es gibt sie in unterschiedlicher Präsenz.«
»Wie? Präsenz?«
»Na, wenn du sehr empfindlich bist, berührt sie dich leicht, und wenn du nicht so empfindlich bist, ein bisschen schwerer.«
»Wie meinst du das: schwerer, leichter, mit dem Berühren?«
»Ganz einfach gesagt: Am Tage berührt sie dich mit der Härte des Tages, und wenn du träumst, nur mit Licht.«
»Stimmt ja! In den Träumen gibt es auch Steine, aber dort sind sie aus Licht.«
»Ja«, sagte mein Freund. »Eigentlich gibt es zwei Welten – die eine mit viel Stein und die andere aus reinem Licht.«
»Du meinst, eine von diesen beiden Welten ist aus reinem Licht, sogar die Steine – also so, wie es in meinen Träumen ist?
Du sagtest doch mal zu mir, wenn man einen Stein in die Träume wirft, macht man aus ihnen eine andere Wirklichkeit.«

»Ja, Reinwerfen im Sinne des Versteinerns.«
»Du meinst, wenn man Träume oder Märchen versteinert, werden sie so eine Wirklichkeit, wie die uns jetzt umgebene Welt?
»Ja«, sagte mein Freund.

Die versteinerten Welten

»**D**u sagtest doch, es gibt unterschiedlich starke WIRKLICHKEITSWELTEN, weil diese Welten mit viel oder wenig Stein ausgefüllt worden sind?«, fragte ich meinen Freund.
»Ja, das sind Welten, die sich in verschiedenen Härtezuständen befinden.
Du weißt doch, wenn man einen Stein in ein Märchen wirft, wird aus dem Märchen eine harte Wirklichkeit.
Und wenn aus einem Märchen eine steinerne – also harte – Wirklichkeit wird, ist es kein Märchen mehr.«
»Dann müssten ja Welten mit der Zunahme des Steins, immer weniger märchenhaft sein!
Du meinst also, eine Welt hat sich in viele unterschiedliche Welten – also in Welten mit viel und wenig Märchen – aufgeteilt?«
»Ja«, sagte mein Freund. »Sie halten sich in unterschiedlicher Dichte für uns bereit.«
Und er reimte:
»An der Festigkeit einer Welt kannst du sehen,
wie stark dort ist,
das märchenhafte Geschehen…«

Feste Türen

»**M**ensch!«, rief ich.
»Dass mit der Festigkeit erinnert mich an unsere Türen! Denn

je dichter etwas ist, umso fester – verschlossener – wird es – wie eine zugehende Tür.«
»Nicht nur das!«, reif mein Freund.
»Wenn sich etwas verhärtet, lichtundurchlässig wird, kann ein Schatten entstehen. Und je dichter das Harte ist, desto schwärzer ist der Schatten, den es dann bilden kann.«
Und er fuhr fort: »Je weniger Dichte es hat, umso heller können die Schatten werden!«
»So, wie die Schatten dann heller werden, nimmt doch auch die Festigkeit ab. Ist das Abnehmen der Festigkeit wie eine aufgehende Tür?«
»Ja«, sagte mein Freund.
Und wieder konnte er sich einen Reim daraus machen:
»Und wenn es irgendwann einmal weicher
– und damit durchscheinender – wird im Stein
stellt sich die Dunkelheit –
und damit auch der Schatten –
etwas milder ein.
»Dann ist eine Festigkeit der Stein. Und das ist der erste Schatten im Licht?«
»Ja, der Stein ist der erste Schatten im Licht – und erst, wenn der Stein einen Schatten wirft, gibt es den zweiten...«
»Oha!«, rief ich. »Dann gibt es einen ersten Schatten.
Und ein Schatten, der von dem ersten Schatten geworfen wird, ist dann der zweite…
Dann ist eine Höhlenwand der erste Schatten, und wenn sie einen Schatten wirft, gibt es den zweiten.«
Ich dachte laut weiter:
»Und wenn sich jemand in einer Höhle befindet, sitzt er ja im ersten Schatten – mitten drin!
Und ein Schatten auf der Höhlenwand, ist der zweite Schatten – weil er einer von dem ersten ist...«
»Nicht nur das!«, rief mein Freund und reimte:

In einem Schatten zu stehen -
ist in einer mehr oder weniger starken Dunkelheit -
das Licht von außen zu sehen…«
»Platon stehe uns bei! Dachten wir schon wieder.

Besinnen

Wir waren in einem Dom.
Mein Freund sagte, das gehört mit zu der Suche, die Ausstrahlung einer Kirche zu erleben, die Ruhe aus ihr innen aufzunehmen, auf unserer Suche bei sich zu haben.
Mein Freund schrieb in diesem Dom regelmäßig ein paar Verse in ein Buch, welches zu diesem Zweck dort auslag. Zu bestimmten Themen konnte man dort seine Meinung aufschreiben. Während mein Freund gerade dabei war, sich in dem Buch zu verewigen, schaute ich mir das Motto an, zu dem man sich äußern konnte. Dort stand: Welchen Sinn hat das Besinnen?
Mein Freund schrieb: Der Sinn ist die Ernte und Besinnen die Arbeit dazu.
»Du weißt doch: Im Rhythmus der sieben Tage sich besinnen, damit irgendwann einmal aus ihnen nur ein Sinn, also der Sonntag entstehen kann«, sagte er mir.
»Ja, das mit den sieben Tagen ist unsere alte Bauernregel, wir versuchen doch auch damit, unsere Türen zu finden.
Dann sind die Wochentage ein natürlicher Ablauf?«
»Ja, das ist unabhängig von den Tagen: Ihr Rhythmus ist es. Deswegen soll man zum Beispiel einen Sonntag heiligen.
Heiligen müsste dann sein, Ruhe zu haben, um die Gedanken in die Gefühle eintauchen zu können – in ihnen einen Sinn zu finden.«
»Und die Türen – haben sie auch einen Tag, um sich zu besinnen?«
»Kann sein«, sagte mein Freund. »Vielleicht wenn sie gerade zu sind…«

Der Bremsweg

»Wie war das mit dem Bremsweg?«, fragte ich meinen Freund.
»Er wächst im Quadrat zur Geschwindigkeit.
Das heißt, wenn ich die Geschwindigkeit eines Autos verdoppele, wird die Masse des Autos – also seine Aufprallwucht – viermal mehr. Wenn ein Auto angenommen hundert Kilometer pro Stunde fährt, hat es statt einer ca. achtzig Tonnen Aufprallwucht in sich angesammelt. Und die müssen langsam wieder abgebaut werden. Darum ist der Bremsweg auch so lang. Denn wenn die im Auto angesammelten Geschwindigkeitstonnen zu schnell abgebaut werden, sagt man Unfall dazu!«
»Mann«, entfuhr es mir, »warum werden die Autos so wuchtig schwer?«
»Das liegt an der Dichte des Nebels. Du weißt doch, je fester er wird, umso schwerer ist alles bei ihm. Und das hängt damit zusammen…«
»Aber die Fahrschüler könnten sich – wenn der Nebel zu locker wäre – nicht so gut merken, wo sie gewesen sind und bräuchten dann viel länger für ihre Ausbildung«, dachte mein Freund laut weiter.
»Stimmt ja«, sagte ich.
Und dachte daran, dass ja der Vater meines Freundes den festen Nebel für seine Fahrschüler brauchte…
»Aber was hat das mit unseren Türen zu tun? Klappt es mit ihnen besser, wenn sie so fest sind?«
Mein Freund fuhr fort: »Das mit dem Klappen klappt auf jeden Fall besser, wenn der Nebel ganz dicht ist.
Daher kommt wahrscheinlich auch der Witz mit der Himmelstür.«
»Welcher Witz?«, fragte ich.
»Jemand bittet um Einlass an der Himmelstür.
Er kommt aber nicht herein.
Und weißt du warum?
Anstatt zu rufen, hat er nur geklopft; und weil eine Wolkentür sehr weich ist, hörte das natürlich keiner.«

»Stimmt ja! Das mit dem Klopfen klappt ja nur bei uns – weil man doch nur an festen Türen hören kann: Da klopft einer an.«

Die Steine des Himmels

»**D**a fällt mir noch was zu ein!«, rief mein Freund mir zu.
Ich setzte mich zu ihm und hörte gespannt, dass die Wolken die Steine des Himmels sind.
»Die Wolken sind die Steine des Himmels?«, fragte ich gespannt.
»Ja!«, sagte mein Freund und erklärte mir weiter:
»Weil es im Himmel nur Frieden gibt, muss ja alles auch aus Frieden sein. Dazu gehören natürlich auch die Steine. Darum bestehen sie dort aus Wolken.«
»Logisch!«, rief ich. »Wenn die Steine so weich wie eine Wolke sind, kann ich ruhig jemanden mit ihnen bewerfen – es tut ja nicht mehr weh!«
»Ja«, sagte mein Freund. »Je weniger dir etwas weh tut, das ich dir zuwerfe, desto mehr kannst du dich darüber freuen, umso friedlicher geht es dann auch zu.«
»Stimmt ja, wenn ich nämlich jetzt einen Stein an den Kopf bekomme, habe ich keinen Frieden, weil er ja nicht aus Wolke ist.«
»Ja«, sagte mein Freund und rief: »Jetzt weiß ich, warum bei uns Steine auch Kopfsteinpflaster heißen!«
»Ja? Und warum?«
»Wer einen von diesen Steinen an den Kopf bekommt, braucht dort ein Pflaster. Und darum heißen Steine auch Kopfsteinpflaster.«
»Genau so ist es!«, rief ich.
Und warf meinem Freund eine Imitation der Himmelssteine – also ein Stück Watte zu. Mein Freund freute sich maßlos darüber und reimte:

»Wirst du einen Himmelsstein gegen deinen Bruder oder einen anderen erheben
brauchen sie kein Pflaster mehr
und bleiben
ganz egal wohin du sie auch triffst -
auf jeden Fall am Leben«

Und ich erkannte wieder einmal: Alles was sich reimt, ist mit Wahrheit „umseimt"...

Erinnern ohne Verstand

»**D**u wolltest mir doch an einer Tafel, das mit dem Erinnern ohne Verstand erklären«, bat ich meinen Freund.
Er nahm ein Stück Kreide und schrieb etwas auf die Tafel. Dann sagte er: »Die Kreide ist der Verstand und der Untergrund, also die Tafel, ist das Gefühl.«
»Aber was hat das mit den Erinnern ohne Verstand zu tun?«, fragte ich.
»Die Kreide auf der Tafel ist dein Verstand und die Tafel dein Gefühl. Wenn die Kreide abgewischt wird, kannst du dich nur noch mit dem Empfinden daran erinnern, was da geschrieben stand.«
»Du meinst, die Kratzer auf der Tafel sind eine Spur von dem, was früher mal als Kreide auf die Tafel aufgetragen wurde. Sie bleiben im Gefühl – nur die Kreide ist weg: Sie war der Verstand?«
»Ja, und wenn wieder was auf die Tafel geschrieben wird, und es mit den Kratzern übereinstimmt, dann merkt man: Das habe ich schon einmal erlebt.«
»Oha!«, Darum kann man sich auch ohne Verstand erinnern?«
»Ja«, sagte mein Freund und reimte:

»Es ist so, als ob man es sieht,
obwohl es nur in Empfindungen geschieht«

Das Riesenrad

Mein Freund und ich saßen im Riesenrad; wir waren ganz oben.
Mein Freund sagte: »Jetzt sehen wir mehr, als die Menschen da unten sehen können.«
Und er sinnierte weiter, dass einige von denen da unten genau so viel sehen können wie wir hier oben, obwohl sie unten sind.
Sie haben die Aussicht in ihren Gedanken mit nach unten genommen.«
»Sind Heilige auch schon oben gewesen?«, fragte ich.
»Du meinst, im Himmel?«
»Ja.«
»Woher sie kommen, weiß ich nicht. Aber wenn sie aus dem Himmel kommen, haben sie in einem viel größeren Riesenrad gesessen, weil sie doch von viel weiter oben gekommen sind. Sie haben auch ihre Erinnerung mit zu uns nach unten genommen; wie wir aus dem kleinen Riesenrad.«
»Es gibt doch zwei Erinnerungen. Du hast mir das an der Tafel in der Fahrschule deines Vaters erklärt.
»Ja«, sagte mein Freund, »darum kann man mit Kratzern fühlen, woher man kommt, wenn die Kreide – also der Verstand – abgewischt worden ist.«
Und er reimte:
»Die Sprache des Gefühls
ist das Empfinden – man kann sie dort auch ohne Kreide als Sprache wieder finden.«

Die erste und zweite Welt

Eine Woche danach – ich hatte über das Dasein der Türen wieder lange nachgedacht – fragte ich meinen Freund:
»Ich habe doch mal von dir etwas von einer ersten und einer zweiten Welt gehört; weißt du es noch? Du sagtest, die erste Welt geht in die zweite über – wie durch eine offene Tür. Wie war das?«
Mein Freund nickte und fing an:
»Wenn ich etwas sehe, habe ich einen Augenblick. Und wenn ich das, was ich gesehen habe, in mir wiedersehen kann, gibt es den damaligen ersten Augenblick als einen zweiten Augenblick.«
»Ja, aber was hat das mit der ersten und zweiten Welt zu tun?«,
Mein Freund überlegte laut weiter:
»Der erste Augenblick ist der äußere Augenblick.
Und der kommt – wenn du ihn gesehen hast – in deine Gedanken und bildet dort einen zweiten Augenblick.«
»Ach so! Dann ist der erste Augenblick die Erste und der zweite Augenblick die Zweite Welt?«
»Ja, man kann auch den ersten Augenblick die äußere Welt und den zweiten Augenblick die innere Welt nennen.«
»Du sagtest, dass einer von diesen beiden Augenblicken für uns viel größer ist als der andere. Welcher ist das?«, fragte ich gespannt.
»Natürlich der innere Augenblick.«
»Und warum?«
»Die äußeren, einzelnen Augenblicke, versammeln sich zu einem Augenblick: Sie fügen sich zusammen. Die Übersicht nimmt also zu, sie wird größer.«
»Dann befindet sich – vom Aufsammeln her gesehen – außen die erste und innen die zweite Welt!
Du sagtest auch, dass bereits draußen in der ersten Welt, sich schon unsere innere – also die zweite Welt – befinden soll. Wo ist sie da? Wo befindet sie sich denn?«

»Ach ja«, sagte mein Freund, »wenn wir draußen die vielen einzelnen Bilder aus den Tagen in uns eingesammelt, sie dort zusammengesetzt haben, lernen wir mit ihnen eigenständig umzugehen. Dieses eigenständige Umgehen mit den Bildern – geben wir als Dichtung, Film und Schauspiel wieder an die äußere Welt zurück.«

»Du meinst, wenn wir die Zeit von außen aufgenommen – sie nach innen verlagert und dort zusammengefügt haben – lassen wir unsere eigenen neuen Welten entstehen?«

»Ja, wir haben dann die äußere Zeit durch uns hindurch gehen lassen. Man könnte auch sagen, wir haben sie mehr oder weniger verdaut.

Und wenn sie sich – zum Beispiel als Theaterstück – wieder unter uns befindet, ist sie von innen nach außen gewandert; also dahin, wo sie hergekommen ist.

Der Tod, der Kampf, das Leid: alles befindet sich noch in der zweiten Welt. Nur ist ihr Ernst ein anderer geworden: Er wird nur gespielt.«

»Dann ist das, was die zweite Welt, also zum Beispiel das Theaterstück, so spannend macht und einen so schön unterhält, nur dann richtig grausam, wenn es noch vor uns liegt, es noch nicht in uns ist, sich also noch draußen befindet?«

»Ja«, sagte mein Freund. Und lud mich ins Theater ein.

Wir sahen uns das grausame Stück an und wussten:
Selbst wenn man vor Angst bei dieser super grausamen
Vorstellung schielt,
in dieser Zeit ist – Gott sei Dank – alles nur gespielt.

Ich fragte: »Was hat das mit unseren Türen zu tun?
Eine erste Welt und eine zweite Welt?«
Mein Freund überlegte laut:

»Wahrscheinlich können wir nur mit der ersten Welt die zweite Welt erschließen
denn nur mit der ersten Welt
lässt sich die zweite Welt als eröffnet begrüßen«

Boxen mit der Zeit

»**S**o musst du stehen, wenn deine rechte Gerade herausschießt. Der Schlag kommt aus dem Fuß.
Du musst alle Zehen abstützen und diesen Halt, über das Standbein geschmeidig zwischen Rücken und Arme verteilt, auf die Schlaghand bringen.
Diese trifft den Gegner auf sein Kinn, und er fällt entspannt zu Boden.«
Oha, dachte ich, er war wieder beim Training.
»Denkst du auch beim Boxen an unsere Türen?«, fragte ich meinen Freund.
»Manchmal schon...« und er dachte laut weiter: »Die Zeit steht eigentlich mit uns im Ring. Man kann es auch Umlaufbahn nennen.«
»Du meinst, sie boxt mit uns?«, fragte ich und schaute mich ängstlich um.
»Hoffentlich kann man da seine Ecke finden; wenn es mal so richtig hinhaut!«, rief ich laut. »Ja, ganz bestimmt!«, beruhigte mich mein Freund.
»Die Gedanken sind wie ein Sekundant: Man kann sich mit ihnen selbst das Handtuch werfen – sich aus dem Ring begeben – in ihrer Ecke überleben...«
»Man gut, dass es so was gibt!«, gab ich erleichtert von mir und fragte weiter:
»Darf man beim Boxen, wenn man jemanden zum Kampf auffordert, den Handschuh ausziehen und ihn als Fehdehandschuh hinwerfen? Und ohne ihn anfangen zu boxen?«
»Nein«, sagte mein Freund. »Dann boxt man doch mit bloßen Fäusten und das ist viel zu schmerzhaft – weil die Polster weg sind.
Wie kommst du darauf?«
»Ich bin darauf gekommen, weil du sagtest, die Zeit steht mit uns im Ring.«

»Ja, aber was meinst du mit den Handschuhen?«, fragte mein Freund.
Ich überlegte laut:
»Hat sich die Zeit die Handschuhe ausgezogen? Und sie uns wie ein Fehdehandschuh vorgeworfen?«
Mein Freund schaute mich erstaunt an. Und ich zeigte mit meinem bloßen Finger auf einen nackten – wie zu einer Faust geballten – Fels.

Der unfriedliche Raum

»**D**u hast doch gesagt, dass unser Raum unfriedlich ist.«

»Ja«, sagte mein Freund.
»Das habe ich bei den Fischen gesehen.«
»Wie, bei den Fischen gesehen?«
»Na, ich saß vor einem Aquarium und beobachtete die Fische – und zwar so lange, dass ich schon dachte, selbst ein Fisch zu sein.
Auf einmal merkte ich, dass die Fische im Wasser das Wasser nicht als Wasser, sondern so erleben wie wir unseren Raum: also eigentlich als Nichts. Darum ist für die Fische das Wasser das, was für uns der Raum ist.
Und so wie die Fische ihren Raum erleben, so erleben auch wir unseren Raum. Allerdings mit einem kleinen Unterschied: Mir fiel auf, dass der Raum der Fische den Fisch nicht fallen lässt. Der Fisch sinkt in ihm gar weich hernieder.
In unserem Raum besteht eine viel größere Sinkgeschwindigkeit. Darum heißt bei uns das Niedersinken auch Fallen.«
»Du meinst unser Raum ist dadurch, dass er uns so hart fallen lässt, unfriedlich?«
»Ja«, sagte mein Freund, »weil schon ein kleiner Sturz, von der Verletzung her gesehen, sich wie ein kriegerischer Angriff auf den Gestrauchelten auswirken kann.«

»Stimmt ja! Mit mehr Auftrieb hätte unser Raum auch mehr Frieden. Denn auch ein ganz tiefer Sturz in ihm täte einem noch nicht einmal weh!
Hat das was mit unseren Türen zu tun? Wenn der Raum bei den Fischen mehr Frieden in sich hat, als bei uns?«, fragte ich weiter.
»Das weiß ich nicht, aber du weißt doch, bei unserer Suche, muss man an alles denken!«
Und wir wussten, dass das Hinfallen in unserem Raum mehr wehtun kann, als in dem Raum der Fische.
Und wenn wir schwimmen gehen, schwimmen wir eigentlich nicht, sondern besuchen die Fische in ihrem Raum.
Und wenn wir Durst haben, trinken wir ihnen – erst einmal nur ein bisschen – davon weg. Waren wir uns einig…

Untergehen

»**M**it dem Wasser gibt es ja auch das Untergehen«, sinnierte mein Freund weiter.
»Ein Stein versinkt im Wasser und Holz nicht – das liegt an der unterschiedlichen Dichte.«
Und er überlegte laut weiter und reimte:

»Dass ein Stein nur deswegen untergeht
weil ein großer Unterschied in der Festigkeit
zwischen Stein und Wasser besteht«
»Und wenn die Steine und wir aus Holz sein würden,
ist der Auftrieb nicht geraubt
das Untergehen wäre dann wie weggeklaut«
reimten wir beide weiter.

»Muss ja nicht alles aus Holz sein, nur die Dichte müsste es haben. Ja, lockerer sein, waren wir uns einig.
»Dein Vater ist doch froh, dass alles – ganz besonders die

Kreuzungen – aus Stein sind, weil seine Fahrschüler dann viel weniger Stunden brauchen«, sagte ich.
»Stimmt, aber mit einer Holzdichte wäre er wahrscheinlich auch zufrieden, denn dann tun einem die Unfälle nicht mehr so weh.« Wir fragen ihn mal, was er davon hält, wenn es bei uns nur noch holzig und nicht mehr so steinig zugeht; entschlossen wir uns.

Der Eisenvater

Wir fuhren durch die Stadt; über einem Eingang stand:
Eisen- Vater.
»Das ist aber ein komischer Name«, sagte ich zu meinem Freund.
»Ja, das ist ein Schrotthändler der „Vater" mit seinem Nachnamen heißt, und weil er mit Eisen handelt, nennt er sich Eisen-Vater.«
Und mein Freund reimte:

»Wenn sich die Dichte in unserer Welt ändert
und alles, auch das Eisen
so nach und nach weicher wird
und damit in das Anschmiegsame übergeht
in dieser Reihenfolge
aus dem Eisen- Vater
ein Holz- Kind wird
und daraus dann ein Schaumgummi- Enkel
mit süßem Geschmack entsteht«

Unschuldig

»**D**u hast was von einem unschuldigen Stoff erzählt.«
»Ach ja«, sagte mein Freund.

»Wie war das?«

»Also, wenn ein Auto aus Schaumgummi ist, kann es nach einem Unfall die Beulen nicht beibehalten, sie sind sofort wieder weg.

Keiner kann den Unfall nachweisen. Es ist alles so, wie es vor dem Unfall war.

Nur wenn der Aufprall als Beule im Auto bleibt, lässt sich eine Schuld nachweisen.«

»Oh Mann!«, das würde ja heißen, der feste Stoff macht einen schuldig und ein weicher Stoff nicht?«

»Genauso ist es«, rief mein Freund und reimte:

»Wenn alles aus Schaumgummi wäre
auch die Kugeln aller Waffen könnten daraus bestehen
würde nicht nur das Erschießen
sondern auch alles andere
in die Unschuld übergehen…«

Alles was sich reimt, ist mit Wahrheit „umseimt"… erinnerte ich mich mal wieder…

Der Schäferstab

Wir standen in der Kirche, vor einem Heiligen, geschnitzt aus Holz.

Er hielt in der rechten Hand einen Schäferstab.

Der Stab hatte am oberen Ende eine Spirale – so, als wäre er dort aufgewickelt worden.

Mein Freund sagte:

»Guck mal, das sieht so aus wie ein Stern oder ein Planet, der in einem Lichtnebel entsteht.«

Und er führte den Gedanken weiter:

»Wenn man einen geraden Energiestrahl krümmt, so wie das

obere Ende des Schäferstabes, dann wickelt er sich auf – es entsteht ein Stern oder Planet daraus.
Und mit einem so gekrümmten Energiestrahl bildet sich eine Stelle, auf der sich jemand aufhalten kann. Und wenn auf diesem Platz auch noch Gras wächst, können sich die Schäflein darauf weiden lassen.«
»Oha!«, rief ich.
»Dann hält dieser Heilige aus Holz keinen Schäferstab, sondern das Symbol für eine sich so aufwickelnde Grundlage in der Hand.«
»Er ist von der Tätigkeit des großen Schäferstabes – also unserer Welt – wahrscheinlich eine maßstabgerechte Nachbildung«, setzte mein Freund diese Gedanken fort.

Der Schäferstab...

Parallel

Wir hatten einen Mathekurs belegt.
Der Lehrer sprach gerade davon, dass sich die Parallelen in der Unendlichkeit schneiden – also treffen, erklärte mir mein Freund.
»Wieso treffen?«, fragte ich.
»Weil sie dann gleich schnell sind.«
»Wieso gleich schnell?«
»Wenn ein Energiestrahl aufgewickelt wird, bleibt er an einer Stelle stehen.
Der andere – nicht aufgewickelte – fliegt vorbei. Erst wenn der gewickelte seinen Wickel auflöst, trifft er seinen alten Kumpel wieder. Für immer, weil sich keiner mehr von dem andern entfernen kann; weil sie dann gerade und somit gleich schnell…«
»...also beieinander bleibend sind?«, warf ich ein.
»Ja«, sagte mein Freund.
»Von den beiden Energiestrahlen ist der aufgewickelte das Stehen bleiben.
Und das Vorbeifliegen ist der Nichtaufgewickelte, durch eine Krümmung aufgehaltene, in sich Verharrende.«
Oha, dachte ich und wusste:
Sollte es in einer Geraden ein kräftiges Abbiegen geben
wird sie sich aufwickeln –
und somit auf einer Stelle bewegen…

Der Drehpunkt

»**H**at diese Erkenntnis etwas mit den Türen zu tun?«
»Ganz bestimmt«, sagte mein Freund, »du weißt doch, dass der Heilige aus Holz – den wir bei uns im Dom stehen gesehen haben – in der Hand einen Schäferstab hält, der an seinem oberen Ende eine Spirale hat. Und da wo sich eine Spirale befindet, gibt es auch einen Drehpunkt. Und mit einem Drehpunkt wi-

ckelt sich nicht nur der Schäferstab, sondern auch unser ganzes Sonnensystem auf.«

Und mein Freund erzählte weiter:

»Und unsere Türen haben auch einen Drehpunkt, weil sie an einer Angel hängen. Mit dem Drehpunkt machen sie sich auf und zu – und halten sich an ihm fest.«

»An einem Drehpunkt wickelt sich alles auf, was sich als Welt um uns herum befindet – er hält also nicht nur die Türen fest?«, fragte ich.

»Ja, der Drehpunkt hat ja in den bunten Lichtnebel – unserer Galaxie – unsere Planeten aufgewickelt.

Er hat damit den Nebel gekrümmt – aufgewickelt – sozusagen eingefangen – weil er dann nicht unangehalten – also andauernd auseinander fliegen kann«.

Der Dreh

»**V**ielleicht«, sinnierte mein Freund weiter, »ist der Drehpunkt der Anfang der Welt gewesen. Er hat sich aufgemacht, damit er das Licht auffangen kann.

Das könnte so geknallt haben, dass man seinen Eintritt in die Welt einen Urknall nennen kann.«

Wir haben ein neues Geheimnis, wusste ich; und als wenn mein Freund meine Gedanken gehört hätte, fing er an zu nicken und murmelte:

»Der Drehpunkt hat es in sich: Er fängt alles auf und bildet damit Anfang und Ende.«

Weiter reimte mein Freund:

»Erst gab es einen Dreh
dann einen Drall
es wurde alles prall
und dann ging es nicht nur um den Ball«

Mein Freund fragte: »Sind wir jetzt unter die Dichter gegangen?«
Ich fragte meinen Freund: »Wieso heißen denn die Dichter: Dichter?«
»Weil sie innen dichter sind als außen«, meinte er und sprach weiter: »Sie haben die draußen liegende Zeit in sich gesammelt, zusammengefügt, mehr werden lassen, verdichtet.

Das Krumme aufbiegen

Das mit dem Sammeln der Zeit ist eigentlich auch eine Sicht zu vergrößern, sie also gerade biegen – zu verlängern.
»Wie meinst du das?«, fragte ich.
»Wenn du auf einer Kugel lebst, kannst du immer nur bis zum Horizont sehen, da ist die Sicht zu Ende – sie hat sich dort mit dem Horizont begrenzt. Wenn du zum Horizont gehst, siehst du hinter ihm, was du vorher nicht gesehen hast, aber diese Ansicht hat wieder einen Horizont, ist also schon wieder in der Sicht begrenzt.
So kannst du von einem Horizont zu dem anderen Horizont gehen, bis du da ankommst, wo du losgegangen bist – also einmal um eine Kugel herumgelaufen bist.«
Mein Freund überlegte laut weiter:
»Und wenn du um eine Kugel gelaufen bist, hast du das, was durch die Horizonte unterteilt gewesen ist, auf einmal in deinen Gedanken als eine ununterbrochene Ansicht gespeichert.«
Und er reimte:
»Eine Ansicht wird dann durch Horizonte nicht mehr
verdeckt
sie hatte sich hinter ihnen
nur stückweise versteckt…«
»Was draußen von dir weggekrümmt und damit verkürzt vor dir lag, hast du in dir erweitert – zusammengesetzt – sozusagen aufgebogen.«

»Das heißt, dass wir das vor uns liegende, Weggebogene, in uns gerade machen?«
»Ja, du setzt die Horizonte in dir zusammen, es entsteht eine längere Sicht: Du bekommst damit eine größer gewordene Aussicht.«
»Die Ansicht hat dann sozusagen keinen Knick mehr in der Linse!«, ergänzte ich.
Mein Freund nickte und fuhr fort: »Sind wir jetzt unseren Türen näher gekommen? Wenn wir wissen, dass man eine krumme Ansicht mit seinen Gedanken verlängern und damit aufbiegen kann? Wie eine Tür, die sich öffnet und damit eine Weite nicht mehr verschließt?«
»Ja, aber wie viele Türen sind es?«, fragte ich.
»Es ist nicht eine Zahl, sondern das Aufbrechen zu ihnen – und einmal genügt nicht.«
Ist es der Rhythmus der sieben Tage, in dem sie sich versteckt halten? Noch erkannten wir es nicht.
Kann man es überhaupt erfahren? Die Türen zu finden, welche uns den Weg zu der Zeit öffnen können und auch zugleich verschließen?
Ihre Flügel, das Schloss, ihre Schwelle, die Klinken, das Schlüsselloch zum Durchblicken. Das Drehen des Schlüssels, der früher einen Bart getragen hat und jetzt nur noch zackig ist?
»Wir suchen weiter!«, rief mein Freund.

Das Geradeaus

»**W**enn sich jemand ganz schnell bewegen will, muss er eine Krümmung aufbiegen. Denn je schneller er dann wird, umso ungekrümmter – also gerader – ist sein Flug«, sagte mein Freund.
»Das machen doch die Astronauten«, sagte ich, »sie müssen, wenn sie sich von der Erde loslösen wollen, eine Geschwindig-

keit erreichen, mit der ihre Flugbahn möglichst weit aufgebogen wird – sich also einer Geraden nähert.
Dann kommen sie von der Erde frei, und die Schwerkraft ist weg.«
»Das würde ja eigentlich heißen, dass auf einer Geraden alles am Fliegen ist!«, riefen wir wie aus einem Mund.
Und bei dem nächsten Kirchenbesuch schauten wir respektvoll auf den Schäferstab und sahen, wo sich die Kraft befindet, bei ihm am oberen Ende als Schnecke symbolisch dargestellt –
die uns bindet und dann irgendwann einmal,
wenn wir ganz schnell werden können,
davonfliegen lässt.

UFOs

»**W**oher kommen denn eigentlich die UFOs?«
»Du meinst, falls es welche geben sollte?«
»Ja«, sagte ich.
»Die müssten aus einer geraderen Welt sein, darum können sie hier als Lichtobjekte so leicht herum flitzen; weil sie nicht mehr im Verbogenen und deshalb ohne Masse sind.«
Ich ließ mein Blick zum Himmel schweifen und fragte: »Warum schlagen die Lichtobjekte, wenn sie bei uns auftauchen, so kurze Haken, sie bei uns am Himmel sind?«
Mein Freund sagte:
»Stimmt ja, das habe ich in einem Bericht gesehen, der die Bewegungen der Objekte gezeigt hat.
Der Berichterstatter wunderte sich darüber, dass die Lichtobjekte flink umher flitzen konnten.«
»Könnte das was zu bedeuten haben?
Wenn sie an unserem Himmel
Zickzackfliegen?«
»Bestimmt! Sie wollen uns damit wahrscheinlich zeigen,
in welchen Masseverhältnissen sie sich befinden.

Denn, wenn sich bei unseren Masseverhältnissen unsere Flugobjekte so blitzartig bewegen würden, wären die Insassen platt wie eine Flunder:
Keiner von ihnen würde solche Bewegungen überleben.«
Und mein Freund reimte:

»Sind die Bewegungen von Objekten blitzschnell
und gelingt ihnen ein Zickzackkurs ganz leicht
wurde die Materie diesen Fliegern
in einer anderen Masse gereicht«

Die Begrüßung

»**E**instein hatte doch etwas von einem krummen Raum gesagt.«
»Ja«, sagte mein Freund, er sagte: »Der Raum ist gekrümmt.«
»Wie meinte er das: Der Raum ist gekrümmt?«
»Er meinte wahrscheinlich damit, dass sich die Welt gebückt hat.«
»Stimmt ja, dann ist ja alles, was es von ihr gibt, gekrümmt, also auch der Raum…
Aber was will sie damit erreichen, wenn sie sich bückt, also krumm macht?«
Mein Freund überlegte lange und rief plötzlich:
»Man könnte dazu auch sagen: Sie hat sich grüßend verbeugt.«
»Was? Du meinst, die Welt macht einen Diener?«
»Knicks, kann man es auch nennen«, meinte mein Freund.
»Und was will sie damit erreichen?«
»Dass sie uns gegenüber nicht so groß erscheint.«
Und er fuhr fort:
»Wenn du zum Beispiel in einer Tür stehst und füllst sie ganz aus, dann musst du, wenn du jemanden einlassen willst, dich verbeugen, verbiegen, krümmen, also klein, einen Diener ma-

chen, damit er sie durchgehen – an dir vorbeikommen kann.«
»Dieses Kleinmachen ist Begrüßen mit Reinlassen?«
»Ja, und während du an dem Verbeugten – also Gekrümmten, sich in der Tür klein Machenden – vorbei gehst, richtet es sich in dir auf. Wird also wieder gerade: vergrößert sich.«
»Es vergrößert sich wieder? Wird wieder gerade? Wie geht das?«
»Das ist wie bei den Horizonten, wenn du an ihnen vorbei gehst – also von einem zum anderen kommst, setzen sie sich in dir zu einer Ansicht zusammen!
Du weißt doch, erst kannst du nur bis zum Horizont schauen. Aber dann, wenn du zu ihm gehst, siehst du den nächsten Horizont – und wenn du zu allen Horizonten gegangen bist, haben sie sich in dir zusammen gesetzt – wieder aufgerichtet!«
Mein Freund reimte:
»Mit jeder neuen Ansicht verlängert sich in dir das
was du vorher
nur als einen Horizont gesehen hast«
»Stimmt ja!«, rief ich.
»Es verlängert sich dadurch, dass wir in uns behalten, was wir vorher gesehen haben und mit dem, was wir gerade sehen, dort zusammensetzen können.«
Mein Freund sinnierte weiter:
»Die Sicht nimmt zu, macht sich von der Ansicht her gesehen in dir gerade.«
»Richtet sich sozusagen in dir auf?«
»Ja«, sagte er.
Und fuhr fort: »Es richtet sich beim Durchgehen in dir wieder auf: Es streckt sich wieder aus, vergrößert sich – krümmt sich nicht mehr – bückt sich nicht mehr nieder!«
Hatten wir wieder eine Tür gefunden? Wenn es sich in dem Durchschreitenden aufrichtet, in ihm aufmacht, vergrößert?
Die Welt hat sich gebückt – grüßend verbeugt – damit sie sich nacheinander erscheinen lassen kann…

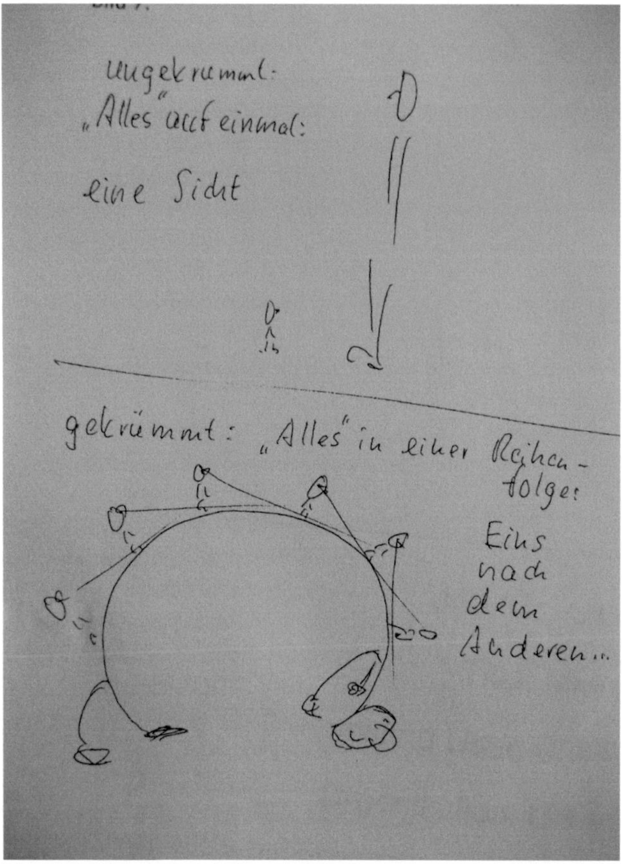

Gesprächsstoff einsammeln

»**N**eulich hast du doch gesagt, wir denken eigentlich nur in Bildern, weil die ganze Welt aus ihnen ist.«
»Ja«, sagte mein Freund, »das war so:

Du gehst eine Straße entlang und wenn du am Ende angekommen bist, frage ich dich, wo du gewesen bist.
Dann gehst du in deinen Gedanken noch einmal die Straße hindurch, verwandelst diese bildliche Umgebung in Worte, und sagst mir, wo du gewesen bist.«
Er fuhr fort: »Du gehst in den von außen aufgenommenen Straßen innen spazieren. So unterhält man sich. Man könnte das Leben mit einer langen Straße vergleichen, in der man beim Erzählen innerlich immer wieder hin und her gehen kann.«
»Dann wird doch die Welt nicht als Welt, sondern als Gesprächsstoff gereicht.«
»Ja, es gibt eigentlich keine Welt, wir laufen in einem Gesprächsstoff hin und her.«
»Welcher eine große Beständigkeit hat, weil er nicht aus Nebel, sondern aus Stein besteht, der ja Nebel war – aber jetzt keiner mehr ist?«, fragte ich.
»Genau so ist es«, sagte hinter uns jemand: Es war der Vater meines Freundes, der sich immer noch darüber freute, dass seine Fahrschüler auf fest gemachtem Nebel fahren. Wir sagten ihm, dass eine Welt aus Holzdichte zwar nicht so fest wie die aus Stein wäre, aber dass dann keiner mehr untergehen könnte.
»Und die Masse wächst nicht so heftig mit der Geschwindigkeit an.«
»Das bedeutet ja eine Menge weniger Aufprallwucht«, schwärmte sein Vater. »Darüber denk ich mal nach!«

In den Bildern spazieren gehen

Später, mein Freund überlegte gerade, dass die Welt eigentlich keine Welt, sondern nur ein Gesprächsstoff ist.
Er dachte laut weiter: »Du kennst doch noch das Beispiel mit der Straße?«
»Ja«, sagte ich, »die Anwesenheit der Straße sammelt sich in dem Betrachter als Bilder.

»Ja«, sagte mein Freund; »und das Aufnehmen der Bilder ist das Gespräch, mit dem sich die Welt mit uns unterhält. Mit dem Einsammeln der Bilder steigert sich unsere Anwesenheit als Gedankengut.«
»Mensch! Dann ist sich durch die Gegend zu bewegen einfach nur Bilder einsammeln, damit man seine Anwesenheit vergrößern kann!
Und wenn man genug davon gefunden hat und mit ihnen gut umgehen kann, nennen sie sich Phantasie. Und Phantasie ist, sich mit der Umgebung so zu unterhalten, wie man es von ihr gelernt hat.«

Undurchsichtige Wände

»**D**u sagtest doch, wir dürfen bei dem Einsammeln unserer Gedankenbilder nicht zu viel von ihnen sehen. Du nahmst als Beispiel wieder eine Straße. Wie war das?«
»Ach so«, und mein Freund fing an zu erzählen: »Wenn du dich in der Straße befindest und schaust beispielsweise die Häuser an, dann kannst du nicht durch die Wände sehen.«
»Warum denn nicht?«, fragte ich.
»Damit sich die Bild- Unterhaltung der Straße bei dir einteilen kann.«
Und er überlegte laut weiter: »Überlege doch mal, du könntest durch alle Wände sehen; es wäre einfach zu viel. So aber siehst du erst einmal die Wand, dann ein Fenster und durch die Tür kannst du dir das Weitere ansehen.«
»Stimmt ja!«, rief ich. »Wenn man durch die Wände schauen könnte, gäbe es keine Unterteilung! Man sähe einfach zu viel!«
»Ja«, sagte mein Freund. »Weil man nicht durch die Wände gucken kann, gibt es eine kleine Ansicht nach der anderen.«
»Damit eine größere in uns entstehen kann?«
»So könnte es sein«, waren wir uns einig.

Und mein Freund reimte:
»Soll eine große Ansicht in dir entstehen
darf man nicht alles
auf einmal sehen...«

Telepathie

»**W**as ist denn eigentlich Telepathie?«, fragten wir uns später. »Wenn wir unsere Gedanken direkt, also ohne Worte, austauschen würden«, sagte mein Freund.
»Du meinst, dass wir dann in unsere Gedanken hineinsehen könnten?«
»Ja«, sagte mein Freund, »aber das geht nicht, dass wir uns in die Gedanken schauen, so ehrlich können wir unter uns noch nicht sein. Deswegen gibt es ja einen Vorhang: Und das ist die Sprache. Mit ihr machen wir den Einblick in unsere Gedanken – mehr oder weniger – auf oder zu.«
»Aber, in die Gedanken der Natur können wir sehen«, überlegte mein Freund laut weiter.«
»Wir können in die Gedanken der Natur sehen? Wie geht das?«, fragte ich.
»Ja, also das ist so«, und mein Freund sinnierte laut weiter: »Wenn wir die äußere Umgebung anschauen, sammelt sich das, was wir von ihr gesehen haben, als Gedanken bei uns an. Und da, wo Gedanken herkommen, müssen ja auch Gedanken sein. Also gehen wir in den Gedanken der Natur spazieren. Oder versuchen manchmal auch, von ihnen weg zu laufen. Aber wie gesagt, wir befinden uns mittendrin in den Gedanken der Natur.«
»Mann, jetzt wird es aber anstrengend!«, rief ich.
Und wir entschlossen uns, die Anziehungskraft unserer Umgebung – da, wo sich die Gedanken der Natur befinden – in unserer Stammkneipe zu Hal – bieren. Na, dann Prost, dachte

ich. Aber ich dachte ja gar nicht, sondern ging in meiner inneren Welt, die ich draußen aufgesammelt hatte, spazieren.

Vergegenwärtigen

Nach der dritten Halbierung überlegten wir uns, was eigentlich Vergangenheit, Gegenwart und Zukunft bedeutet.
»Gegenwart ist der Augenblick...«
»Wie, der Augenblick?«
»Na, nehmen wir doch unsere Straße. Wenn du sie durchgehst, gibt es für dich einen Augenblick nach dem anderen. Und wenn du viele Augenblicke aufgenommen hast, sind sie in dir ein längerer Augenblick. Was für eine Zeit ist das?«
»Gegenwart?«
»Ja, die kleinen Augenblicke sammeln sich in dir zu einem größeren Augenblick an: Er ist deine Gegenwart.. Und da wo deine Gegenwart hergekommen ist – ist dann Vergangenheit geworden.«
»Und was ist dann die Zukunft?«
»Planen mit dem was in dir ist: Sich aus den eingesammelten Augenblicken, eine neue Gegenwart zusammenstellen – also was Eigenes daraus entstehen lassen...«
Und ich sah, wie mein Freund einen riesigen Schluck nahm. So, als wollte er aus kleinen Schlückchen, mit einem Hieb, eine große Gegenwart machen, um dann das ganze Bier in Vergangenheit zu verwandeln, damit es wieder Zukunft werden kann.

Die Masse

»**D**u hast doch gesagt, dass die Masse unseres Planeten die Zeit bei uns böse macht, und wenn sie sich verringert, kehrt der Frieden ein.«
»Ach ja!«, sagte mein Freund und fuhr fort: »Es gibt eine Ge-

schichte, die sagt, dass wir auf der vierten Erde leben; und wenn die fünfte kommt, bringt sie uns den Frieden.«
»Wieso bringt sie den Frieden?«, fragte ich.
»Ja, du weißt doch,
dass ein richtiger Frieden nur dann entsteht
wenn die Masse weniger wird
es mit ihr zu Ende geht«
reimte mein Freund…
Und dachte laut weiter: »Frieden heißt dann, dass sich die Fallgeschwindigkeit so stark reduziert, dass keine Verletzungen mehr bei einem Sturz entstehen. Und so müsste es dann auf der fünften Erde sein.« Und er erzählte weiter:
»Unsere Autos haben ja schon den fünften Gang.«
»Meinst du, das hat was mit der fünften Erde zu tun? Könnte ein Hinweis auf sie sein?«, fragte ich gespannt.
»Kann sein, der fünfte Gang nennt sich doch Energiespargang, und so einen Gang müsste es dann auch auf einer fünften Erde geben«, überlegte mein Freund laut weiter.
»Stimmt ja, eine leichtere Fortbewegung braucht weniger Energie – wir brauchen auch beim Gehen weniger Kraft – leben in einem sparenden Gang.«

Nicht die ganze Hand

Mein Freund sagte: »Wenn man unsere Zeit mit einer Hand vergleicht, dann hat sie nur vier Finger, es fehlt ihr der fünfte Finger an der Hand.«
»Hat das was mit unseren Türen zu tun?«, fragte ich, »ein fehlender Finger an der Zeithand? Wo ist der Finger denn geblieben? Und wie wirkt sich das aus, wenn er bei uns an der Hand der Zeit verloren gegangen ist?«
»Vielleicht ist die Schwerkraft der fehlende Finger; er hält bei uns alles zu«, sagte mein Freund.
Und er fuhr fort:
»Mit dem Überwinden der Schwerkraft müssen wir das Zu-

gehaltene andauernd aufstoßen. Und wenn wir gelernt haben, wie wir leichter durchkommen können, hat uns der fehlende Finger gezeigt, wie das Aufmachen leichter werden kann. Darum muss der fehlende Finger ein fehlender Geist sein, weil wir doch von seinem Zuhalten lernen können, wie es besser vorangeht.«

»Wie kommst du denn darauf?«

»Na, wenn etwas zeigt, wo es hingeht, dann weiß es was, es muss also eine geistige Kraft sein.«

»Oha!«, rief ich, »dann ist die Schwerkraft ein Geist, der uns was lehrt?«

»Ja, und wenn wir alles gelernt haben, hat er uns auch alles gezeigt – dann ist er wieder da – und die Schwere müsste dann weg sein.«

Oha, dachte ich, waren wir den Türen ein Stück näher gerückt? Mit einem Finger, den man erkennen kann, weil er einem was zeigt, obwohl er gar nicht da ist? Und man durch sein Fehlen merkt, dass es ihn gibt.

Gedanken...

»**W**oraus sind unsere Gedanken?«, fragte ich meinen Freund.

»Natürlich aus Licht.«

»Du weißt doch, als ich mir einen Spiegel über den Kopf, in die Richtung meiner Augen gehalten habe, um zu demonstrieren, wie unsere Gedanken sind.«

»Ja, aber wie war das?«

»Ich habe mir einen Spiegel über meinen Kopf gehalten. Und so wie sich die Umgebung in dem über meinem Kopf gehaltenen Spiegel abbildete, genauso spiegelt sie sich im Gehirn ab. Und daraus entstehen unsere Gedanken.«

»Unser Gehirn nimmt die Bilder auf, wie ein blank geputzter Spiegel?«

»Ja«, sagte mein Freund. »Unser Gehirn ist wie ein Spiegel, ob-

wohl es eigenartiger Weise wie eine graue Masse aussieht.«
»Und weißt du«, fuhr er fort, »warum wir nicht merken, dass unser Gehirn wie ein blank geputzter Spiegel funktioniert?«
»Warum?«, fragte ich gespannt.
»Weil wir uns in dem Spiegel befinden. Also, nicht wie gewohnt vor einem Spiegel stehen und unsere Person mit in ihm sehen.«
»Stimmt ja!«, sagte ich. »Wir merken nicht, dass wir uns in einem Spiegel befinden, weil wir nicht vor ihm stehen und alles von außen sehen.«

»Ja«, sagte mein Freund und reimte:
»Und wird das dreidimensionale Geschehen
in dem wir uns ja befinden
Zweidimensional, also platt gemacht
befindet es sich als Bild in einem Spiegel
oder wurde z. B. als ein Foto
an die Wand gebracht«

Wasser in der Höhle

»**Z**u Platons Höhlentheorie fällt mir ein, dass du doch etwas zu dem Inhalt der Höhlen sagtest.«
»Ach, du meinst die Fülle darin«, sagte mein Freund.
»Wie, die Fülle?«
»Also, die Fülle ist die Leere in der Höhle.«
»Ja«, warf ich ein. »Wenn keiner da ist, dann ist die Höhle leer.«
»Nein, diese Leere meine ich nicht, sondern die Leere des Raumes.«
»Wie meinst du das, mit dem leeren Raum, der leer ist und das nicht nur deswegen, weil nichts mehr da ist, sondern weil in ihm noch etwas fehlt?
»Wer fehlt denn da noch?«

»Das Wasser!«
»Was, du meinst, wenn die Höhle mit – angenommen Wasser – gefüllt wäre, dann wäre der Raum nicht so leer; die Höhle somit voller?«
»Ja, genauso ist es.«
»Dann würden wir ja ertrinken?«
»Normalerweise schon, aber der Raum ist weiterhin aus Luft, und benimmt sich so, als wenn er Wasser in sich hat.«
Hatte Platon, als er die Schatten an der Höhlenwand als unser Licht erkannte, nicht an den Anpressdruck gedacht? Durften wir jetzt sein Höhlengleichnis um diesen Wert erweitern…

Die lebendige Tür

»**D**as müssen wir später entscheiden«, sagte mein Freund. »Jetzt muss ich ins Bett.«
»Okay«, sagte ich, »träume schön von mir!« Und dann ging auch ich nach Hause und warf mich aufs Bett.
Ich träumte von einer großen Tür mit vielen Schlössern. Die Tür ging von selber weit auf, und als ich durch sie hindurchgehen wollte, wich sie mir aus. Ganz schnell wollte ich doch durch sie hindurch laufen, aber je schneller ich lief, umso schneller wich sie mir aus – rannte vor mir weg.
Am nächsten Tag erzählte ich meinem Freund von dem Traum.
Er sagte, dass Träume die Tagesspiegelbilder sind, die bunt gemischt in unseren Gedanken auftauchen und mit ihrem Erscheinen Gefühlsaufrührer sind.
»Wie meinst du das mit Gefühlsaufrührer?«
»Na, wenn du am Tag heftige Erlebnisse gehabt hast, dann werden sie in den Träumen zur Nachbearbeitung deiner Gefühle, durch Aufzeigen bestimmter Bilder noch einmal zur allgemeinen Glättung wieder aufgewühlt.«
»Du meinst, die Tür in meinem Traum hat mein Gefühl noch

einmal aufgewühlt, damit es sich glättet und ich sie am nächsten Tag in aller Ruhe weiter suchen kann?«
»Ja«, sagte mein Freund, »so könnte es sein.«
Mir wurde mulmig, als ich daran dachte, dass die Tür nur deswegen in meinen Träumen auftaucht, damit ich sie ruhiger – wenn ich also nicht mehr träume – suchen kann.
Ich sagte zu meinem Freund: »Was ich komisch fand, war, dass die Tür in meinem Traum so abgehauen ist, als wäre sie lebendig.«
Er sagte mir, dass alle Bilder, die wir von außen aufgenommen haben, in uns lebendig werden. Das merkt man ganz besonders beim Träumen.
»Soll das etwa heißen, dass wir das draußen Erstarrte – zum Beispiel die Türen – in uns lebendig werden lassen können?«, fragte ich.
»Ja, das ist eine Auferstehung der Bilder.«
»Warum eine Auferstehung?«
»Sie umgaben dich vorher als Tote, zum Beispiel als Stein, Holz und Eisen. Aber wenn sie sich in dir befinden, fangen sie an – selbst wenn sie einmal aus Stein gewesen sind – zu leben.«
»Dann wird in unserem Inneren alles lebendig? Wenn es draußen noch nicht so ist?«
»Ja«, sagte mein Freund, »so ist das mit den beiden Umgebungen: Die äußere wird erst dann richtig lebendig, wenn aus ihr eine innere geworden ist.«
Was mein Freund so alles aus den Träumen herauslesen kann, dachte ich mir; und versuchte, durch viel Umherschauen, möglichst viele Bilder von außen aufzunehmen, damit ich sie in mir zum Leben erwecken kann.

Auferstehen in die Schrift

»**D**u hast doch neulich, als wir wieder im Dom waren, zu dem

Motto „Auferstehung" etwas in das Buch geschrieben, welches dafür dort ausliegt. Wie war das?«

»Ach so ja, das war:
Auferstehung ist auch,
über die Schulterblätter,
den Arm,
in der Hand eine Feder haltend,
die Zeit als geflügelte Worte,
in die Schrift zu erheben.«

»Das hört sich ja an, als wenn die Schulterblätter Arme und die Hände Flügel sind.«

»Das könnte ein Stück Tür sein«, meinte nicht nur mein Freund, sondern auch ich. Hatten sie sich also auch bei uns versteckt…

Wenn das Wasser Anfang und Ende in sich bildet

Nachdem wir uns beim Training getroffen hatten, sagte mir mein Freund: »Das mit dem Anfang und Ende ist doch mit Wasser eigentlich ganz gut zu erklären.«

Und ich wusste: Es lässt ihn nicht los! Die Suche kriegt ihn – egal wo immer wir sind – sie packt ihn in ihren Bann…

»Anfang und Ende kann man mit dem Wasser ganz gut erklären? Wie geht das?«, fragte ich gespannt. Mein Freund überlegte lange und fing an zu erzählen:

»Wenn alles, was es gibt, aus Wasser – also flüssig ist – gibt es kein Anfang und auch kein Ende.«

»Warum gibt es dann kein Anfang und Ende?«

»Weil es ohne Ecken und Kanten nicht anfassbar und somit unbegreiflich ist. Erst wenn das Wasser sich verfestigt, gibt es so etwas«, sagte mein Freund.

»Oha«, rief ich. »So kann man dann im Wasser einen Anfang und ein Ende erkennen. Weil es sich an bestimmten Stellen

vereist, und damit was Festes bilden kann, fängt Anfang und Ende in ihm an.«
»Ja«, sagte mein Freund, und reimte:

»Erst wenn die Dinge
in eine Verfestigung übergehen
findet man ein Maß
und kann ihnen damit ein Anfang und ein Ende geben«

Die Lüge im Wasser

Gerade hatte ich das mit dem Anfang und Ende im Wasser verarbeitet, da traf ich meinen Freund und er fing sofort wieder an zu erzählen:
»Mit einer Verfestigung bekommt das Wasser zwar einen Halt – kann damit begreiflich und messbar werden – aber es befindet sich damit in einer Lüge.«
»Mit der Vereisung – also Verfestigung – gibt es im Wasser eine Lüge?«, fragte ich verwundert.
»Ja«, sagte mein Freund, und erklärte mir weiter:
»Das Wasser ist doch flüssig.«
»Ja«, sagte ich. »Sonst gäbe es ja das Wasser als Wasser nicht.«
»Stimmt«, sagte mein Freund.
»Und wenn jemand seine Herkunft verleumdet – sich also anders zeigt, als er wirklich ist? Was macht er dann?«, fragte mein Freund.
»Dann lügt er!«, rief ich.
»So ist es!«, rief mein Freund und sinnierte laut weiter:
»Das Wasser ist ja flüssig und wenn was Flüssiges sich als verfestigt darstellt, ist es ganz anders, als es wirklich ist – darum lügt es.«
Und er fuhr fort:
»Je fester die Form ist, umso größer ist die Lüge, in der sich das Wasser dann befindet.«

»Aber es kann sich damit begreiflicher machen«, ergänzte ich.
»Nicht nur das«, sagte mein Freund und fuhr fort:
»Das Wasser kann, wenn es so hart geworden ist – sich also in seiner Unwahrheit befindet – auch zerbrechen – sich also zerstören lassen!«
»Stimmt ja!«, rief ich. »Wenn sich das Wasser in seiner Wahrheit befindet – also flüssig ist – geht ja so was nicht!«
»Genau so ist es«, sagte mein Freund und reimte:
»Wenn es eisig wird im Leben
können wir durch schmelzen
das Eingefrorene wieder in seine Wahrheit heben«

»Oha«; sagte ich, »schon wieder ein Reim.« Und ich wusste: Aber nur so stellt sich die Wahrheit ein…

»Und wenn das Auftauen nicht nur in uns
sondern auch draußen entsteht— die ganze Welt
dann aus der Lüge –
in die Wahrheit übergeht«
Reimten wir beide weiter.

Das Zuschaufeln mit dem ehemaligen Licht

Wir gingen an einem Friedhof vorbei...
Ich sagte zu meinem Freund: »Auf dem Friedhof sind wir und damit auch unsere Gedanken tot...«
»Ja«, sagte mein Freund.
»Da wird das Weiterdenken eingegraben und existiert wie ein Backstein. Und die tödliche Umgebung ist ein Bullerloch.
Man könnte denken, dass man denken müsste, alles könnte darin enden...«
War das eine von unseren Türen, die eingegrabenen Menschen in einem Bullerloch...

Was hatten wir verbrochen, um in so einem schwarzen Loch zu enden...
Mein Freund sagte: »Eigentlich besteht die dunkle Erde ja aus Licht.
Du weißt doch, aus der damaligen Lichtwolke – unserer Galaxie.«
»Ja«, sagte ich, »sie war ja früher mal ein leuchtender Lichtnebel.«

Waren unsere Türen nicht mehr zu finden?
Oder hatten wir sie schon ein Stück aufgemacht?
Konnten wir erst jetzt über das tiefe Bullerloch erkennen, dass das Leben auch ohne diesen Schmutz weiter gehen kann?
»Wir hofften jedoch, dass es trotzdem weiter geht:
Weil, wenn alles wieder reines Licht ist,
kein Zuschaufeln mehr bei uns besteht«,
reimte mein Freund.

Ineinander verbundene Welten

Später hatte mein Freund einen Gedanken:
»Weißt du noch, dass Welten ineinander existieren könnten, die sich in unterschiedlichen Festigkeiten befinden?«
»Ja!«, rief ich. »Wie war das genau? Erzähle es noch mal!«
»Na klar«, sagte mein Freund und fuhr fort: »Du weißt doch: Eine ganz feste Welt nennt man höllisch. Und eine ganz weiche – also nicht so feste Welt – nennt man?«
»Himmlisch!«, warf ich ein.
Und fragte weiter: »Du meinst, dass die Welt sich in verschiedenen Welten – mit unterschiedlichen Härtegraden – angeordnet hat? Und der größte Festigkeitsgrad ist ihre unterste Stufe?«
»Kann sein«, sagte mein Freund...
Waren wir unseren Türen näher gekommen?

Hatten wir sie sogar schon einen kleinen Spalt aufgemacht?

Weil mit abnehmender Dichte – wie eine aufgehende Tür – die Welten durchscheinender werden.
Man sieht mit zunehmender Auflösung der Festigkeit mehr: Die Durchsichtigkeit nimmt zu.
Die Aussichten weiten sich – die Horizonte rücken weiter weg – die Planeten sind größer; man kann auf ihnen weiter sehen…

Die ungläubigen Planeten

»**D**u hattest mir doch mal gesagt, dass die inneren Planeten in unserem Sonnensystem gläubig und die äußeren, die sich außerhalb der Umlaufbahn des Mars befindenden, ungläubig sind. Wie kommst du darauf?«
»Was dem Licht nahe ist, könnte man als gläubig, und was dem Licht nicht nahe ist, als ungläubig bezeichnen.«
»Und du meinst, dass es mit dem Glauben, so wie mit dem Abstand zu dem Licht ist?«
»Ja«, sagte mein Freund. »Man könnte viel Glauben für ganz nah am Licht und nicht so viel Glauben für weiter weg vom Licht halten...«
»Aber umso näher es am Licht ist, desto heißer geht es doch dann da auch zu?«
»Ja«, sagte mein Freund, »umso weiter weg vom Licht, desto kälter ist es dann.«
Ich sagte: »Das ist ja unglaublich, dass mit einer größeren Weite, so etwas aus dem Glauben entstehen kann.
Aber du hattest doch mal darüber einen Spruch bei deinem Vater gefunden. Wie war der?«
»Ach ja«! rief mein Freund und überlegte laut:
»Mit den Menschen ist es so wie mit ihren Planeten
alles dreht sich um ein Licht

und jeder muss seinen Abstand wahren…«
Ich rief: »Das stimmt ja! Sonst käme ja das ganze Sonnensystem durcheinander, wenn es so etwas nicht gäbe.

Und jetzt weiß ich auch, was das mit dem Glauben unter einer solchen Anordnung bedeuten könnte:
Der heiße Merkur wird denken, wenn er den eisigen Pluto sieht: Oh Gott, der ist verloren! Der ist von unserem Licht doch viel zu weit weg!«
Ich dachte: Oh Mann, führt das auch zu unseren Türen? Enge und weite Abstände – also gläubiges und ungläubiges Dasein – am Licht?
Doch auf dem Weg zu unseren Türen ist alles Mögliche drin, wusste ich…

Der Mann im Mond

»**Wie** war das mit dem Mann im Mond?«, fragte ich meinen Freund.
»Ach, du meinst, dass ein Mann wie der Mond und eine Frau wie die Erde sein könnte?«
»Ja«, sagte ich.
Und mein Freund fing an zu erzählen:
»Die Erde ist wie eine Frau. Sie trägt das Leben, ist fruchtbar und bildet damit einen Halt.
Der Mann ist wie der Mond.
Der Mond hat sechs Mal weniger Anwesenheit als die Erde – ist kahlköpfig und hat ein rundes Gesicht..
Er umkreist die Erde – ist also andauernd unterwegs – und verliert, wenn ihn die Erde nicht mehr festhält, sofort seinen Halt.
Und sein Gesicht ist so gedreht, dass er andauernd die Erde anschauen muss.«

»Stimmt ja«, rief ich. »Das Gesicht eines Mannes ist ja – wenn eine Frau in seiner Nähe ist – wie das Gesicht des Mondes zur Erde – auch ihr andauernd zugewendet.«
Und ich wusste, warum der Mond und die Erde so wie Mann und Frau sein müssten.
»Was hat das mit unseren Türen zu tun?«
»Vielleicht erfahren wir, wie geschlechtlich sie sind«, sagte mein Freund.
»Du meinst, ob sie auch so etwas wie Mann und Frau an sich haben?«
»Ja«, sagte mein Freund und nickte.

Kein Reisen (ganz allein)

Einige Tage hatten sich wieder in uns angesammelt. Ich hatte eine neue Frage:
»Du sagtest doch, du könntest dir nichts Schlimmeres vorstellen, als das Schlimmste, was es in deinen Gedanken gegeben hat. Was war das? Was dich so unendlich traurig gemacht hat?«, fragte ich meinen Freund.

»Es war die Vorstellung, dass ein Bewusstsein ganz allein ist. Alles, was es gibt, ist es selbst, es kann nicht irgendwo hingehen, nicht vereisen, keinen besuchen. Es kommt nicht aus sich heraus. Für immer und ewig... Es kann nichts auf – und zuschließen, es gibt noch nicht mal eine Tür.«

»Wie kommst du darauf«, fragte ich meinen Freund.
»Ganz alleine sein, alles was es gibt, ist man selber – es gibt noch nicht mal eine Tür?«

»Ich habe von meinem Vater gehört, dass vor dem, was uns jetzt als Welt umgibt, gar nichts da gewesen sein soll – noch

nicht einmal einen Raum soll es gegeben haben! Noch mehr Einsamkeit kann es doch eigentlich nicht geben!
Wer sich da befand, muss noch viel weniger, als nur einsam und allein gewesen sein...«

»Oh Gott!«, rief ich. »Jetzt weiß ich, was du meinst.«

Und wir waren froh, dass wir jetzt, in dem was uns umgab unsere Türen suchen konnten. Und das es so etwas Schlimmes nicht mehr bei uns gibt…

Die Zeit ist ein Weihnachtsmann

»**W**arum ist unsere Zeit ein Weihnachtsmann?«, fragte ich meinen Freund.
»Weil sie sich so gestaltet hat.«
»Was denn, willst du damit sagen, die Zeit sieht aus wie ein Weihnachtsmann?«
»Nein«, sagte er. »Sie benimmt sich aber so.
Sie hat durch ihren Zustand erreicht, dass sie uns was bringen kann.«
»Und wie macht sie das?«, fragte ich gespannt.
Mein Freund überlegte laut weiter: »Du weißt doch, dass unsere Materie nicht durchsichtig ist.«
»Stimmt ja«, sagte ich, »wenn man sich unsere Umgebung anschaut, kann man eigentlich immer nur die Hälfte von ihr sehen, weil sie ja nicht durchsichtig ist.«
Mein Freund sagte: »Und das was du nicht sehen kannst, ist der Rucksack des Weihnachtsmannes.«
»Da soll der Rucksack sein? Wie meinst du das?«
»Das, was wir in unserer Ansicht nicht sehen können, versuchen wir doch, mit unseren Gedanken auszufüllen.«
»Ach so, du meinst, weil man unsere Umgebung nur zur Hälfte sieht, kann man sich was dazu denken?«

»Ja«, sagte mein Freund. »Und das Dazudenken findet da statt, wo wir nicht hinsehen können. Und dort haben wir einen Platz, in den wir unsere Gedanken einfüllen können.«
»Ach, du meinst, der Teil der Ansicht, den wir nicht sehen können, ist der Rucksack.
Ein Platz, den uns der Zeitweihnachtsmann gelassen hat – dort sozusagen seinen Rucksack trägt – damit wir unsere eigenen Gedanken in ihn einfüllen können?«
»Ja«, sagte mein Freund. »Das ist der Rucksack des Weihnachtsmannes. Er hat ihn sozusagen dahin gestellt, damit wir etwas von uns in ihn einfüllen können.«
»Du weißt doch«, fuhr mein Freund fort und reimte:
»Da, wo wir eine Ansicht nicht sehen können
macht sie Pause
lässt sich schwänzen
wir können sie dort
mit unserem Fenster:
den Gedanken ergänzen«

»Oha!«, rief ich, »So also landen dann die Gedanken im Rucksack des Weihnachtsmannes. «
Ich überlegte laut weiter:
»In unseren Gedanken befinden sich ja auch unsere Wünsche, die sich dort mit ansammeln und den Rucksack füllen!«
Ich fuhr fort:
»So ist das also, wenn die Zeit bei uns mit ihrer halben Ansicht als Weihnachtsmann auftritt.«
»Ja«, sagte mein Freund.
»Na, das ist ja eine schöne Bescherung!« rief ich.

Ohne Weihnachtsmann

Wir fragten uns, wie unsere Zeit aussehen könnte, wenn der Weihnachtsmann aus ihr verschwunden wäre.

Dann müsste der Rucksack auch weg sein. Und wie würde sie dann aussehen?
Mein Freund sagte: »Wenn der Rucksack aus unserer Zeit verschwunden ist, müsste unsere Materie nicht mehr nur halb, sondern ganz da sein. Und wenn die Ansicht der Materie nicht nur halb, sondern ganz da ist, muss sie durchsichtig sein. Und wenn sie durchsichtig ist, brauchen wir ein – in unser jetzigen Ansicht fehlendes Dahinter – nicht mehr zu ergänzen – sie braucht von unseren Gedanken dann nicht mehr ausgefüllt zu werden.«
Ich fragte: »Wann ist das denn soweit? Dass alles durchsichtig, der Sack des Zeitweihnachtsmannes aus unserer Ansicht verschwunden ist?«
»Wahrscheinlich, wenn wir genügend Gedanken in uns haben«, sagte mein Freund.
»Und wer merkt das?«, fragte ich meinen Freund.
»Die Welt. Wenn sie dann durchsichtig wird, hat sie sich darauf eingestellt.«
Irre, dachte ich. Eine durchsichtige Welt. Man sieht alles, ohne dass man sie mit seinen Gedanken ausgleichen muss.

Nichts mehr fragen müssen

Meinem Freund fiel ein, dass er gelesen hatte:
Den Dummen gehört das Himmelreich.
Damit könnte doch gemeint sein, dass im Himmel alles durchsichtig sein müsste. Und wenn alles durchsichtig ist, braucht man ja mit seinen Gedanken nichts mehr zu ergänzen.
Man braucht sich also nicht mehr schlau zu machen, weil ja alles ausgefüllt und somit schon so ist.«
»Stimmt ja«, sagte ich, »man braucht sich ja nichts mehr dazu zu denken – kann also ganz entspannt sein…«
Und jetzt konnten wir uns vorstellen, wie eine Welt mit und ohne Rucksack auf dem Rücken aussehen könnte.

Und mein Freund reimte: Er konnte sich schon wieder einen daraus machen:

»Eine Zeit ohne Rucksack
hat sich nicht beschwert
sie ist nicht mehr aus Roh-
sondern Zartstoff
der den Frieden lehrt«

»Alles im Reim, prägt sich besser ein«, murmelten wir beide vor uns hin.

Die Rute

»**D**eine Vorstellungen von der Zeit als Weihnachtsmann erinnern mich an meine Mutter.«
»Wieso?«
»Immer, wenn ich was angestellt habe, hat sie mir zugerufen: Komm mir man nach Hause, dann bekommst du eine Reise. Und dann hat sie mich mit einer Rute verprügelt.«
»Was hat das denn mit dem Weihnachtsmann in der Zeit zu tun?«
»Na, du hast doch gesagt, die Zeit kommt zu uns als Weihnachtsmann. Sie zeigt uns den Weg, sie hat also eine Reise.«
»Und dann?«
»Haut das mit der Route hin.«

Ein Geschenk

»**D**u hast doch gesagt, dass Theaterstücke, Filme und Bücher ein Geschenk vom Weihnachtsmann sind. Ich meine von dem Zeitweihnachtsmann.«
»Ja«, sagte mein Freund, »er unterstützt mit seinem Rucksack,

dass unsere eigenen Gedanken einen Platz haben – wir sie bei ihm ablegen können.

Und wenn wir dann genügend eigene Gedanken von uns wachsen lassen konnten, können wir daraus Bücher, Filme und Theaterstücke entstehen lassen.

Das haben wir dem Weihnachtsmann zu verdanken.

Es ist ein Geschenk von ihm, weil er einen Platz für die Entstehung unserer eigenen Gedanken bei sich hat – sie sich dort ansammeln können.«

»Das mit den eigenen Gedanken wolltest du mir doch anhand einer Glasscheibe erklären.«

»Ach ja«, sagte mein Freund, holte eine Glasscheibe aus seinem Rucksack hervor und legte sie auf den Tisch.

Dann stellte er sie auf und ließ seine Hand hinter ihr vorbei streichen.

»Hast du gesehen, was ich mit meiner Hand gemacht habe?«

»Na klar«, sagte ich, »du hast sie hinter der Scheibe vorbei geführt.«

»Stimmt«, sagte er. Dann nahm er einen Pinsel und bestrich die Scheibe mit schwarzer Farbe.

Ich rief: »Was soll das? Du hast die schöne, klare, durchsichtige Scheibe mit deinem Pinsel undurchsichtig gemacht!«

»Ja« sagte mein Freund, » pass mal auf, was jetzt geschieht.«

Und er ließ wieder seine Hand hinter der Scheibe vorbei gleiten…

Aber sie tauchte nicht mehr auf! Sie war hinter dieser dunklen Angelegenheit verschwunden.

Ich rief: »Deine Hand ist weg! Ich kann sie nicht mehr sehen! Was ist nur mit ihr passiert?«

»Erzähle mir doch mal was mit ihr passiert sein könnte!«, rief mein Freund mir verzweifelt zu.

Ich überlegte angestrengt und rief: »Vielleicht ist da noch eine fremde Hand aufgetaucht und hat deine Hand aufgehalten, sie nicht durchgehen lassen?

Oder noch viel schlimmer: Die Finger deiner Hand haben sich

plötzlich gezankt und der Zeigefinger konnte ihr nicht mehr zeigen wo es lang geht…«

Auf einmal wusste ich, wie der Weihnachtsmann –
wenn er etwas undurchsichtig macht –
unsere eigenen Gedanken aufwachsen lassen kann.

Mit dem Kopf durch die Wand

»**D**u hattest mir das mit einer Wand erklärt, das Funktionieren der Zeit als Weihnachtsmann. Wie war das?«
»Wenn du wissen willst, was sich hinter einer Wand befindet, gibt es zwei Möglichkeiten. Erstens: Du denkst dir selber aus, was es dort geben könnte oder zweitens: Du gehst um sie herum, und guckst dir an, was es hinter ihr gibt.
Diesen Blick nimmst du als Gedanken mit; und wenn du dich wieder vor der Wand befindest, siehst du in deinen Gedanken, was es hinter ihr gibt.
Und wenn dich jemand fragt, was sich hinter der Wand befindet, kannst du ihm sofort – ohne um sie herumzugehen – sagen, was es da gibt.«
»Und zu sagen, was sich hinter einer Wand befindet – obwohl man es gar nicht sehen kann – verdanken wir dem Zeitweihnachtsmann: weil sich das nicht im Augenblick befindliche in uns ansammeln kann?«
»Ja«, sagte mein Freund.
»Mit ihm trainierst du dir das Ausfüllen deiner nicht gesehenen Umgebung an«, sagte mein Freund und reimte:

»Bist du hinter einer festen
undurchsichtigen Mauer gewesen
konntest du das, was sich hinter ihr befindet
als Gedanken auflesen.

Siehst also das, was es hinter ihr gibt -
in deinen Gedanken stehen…
Kannst damit sozusagen –wenn du wieder vor ihr bist –
mit deinem Kopf durch sie gehen -
brauchst also nicht mehr – mitunter sehr mühselig – um die Wand herum zu gehen...

Und hast dann genügend Zeit -
aus ihnen -
zum Beispiel ein Buch zu schreiben -
oder einen Spielfilm zu drehen.«

»Aber, du hast doch gesagt: Die eigenen Gedanken einzusammeln, erleichtert einem der Rucksack des Weihnachtsmannes!«
»Ja, und?«
»Aber man muss doch mit einiger – manchmal unheimlichen – Anstrengung, die Gedanken hinter einer festen Wand hervor holen...«
»Ach ja«, sagte mein Freund und fuhr fort:
»Eine Erleichterung – also ein Geschenk an uns – ist die Bereitstellung seines Rucksacks.
Aber die Gedanken hinter den festen Mauern hervorholen – musst du dir dann schon selber...«

Zum Bild:
»Bist du hinter einer festen undurchsichtigen Mauer gewesen, konntest du das, was sich hinter ihr befindet als Gedanken aufnehmen…
Siehst also das, was es hinter ihr gibt - in deinen Gedanken stehen—
brauchst also nicht mehr – mitunter sehr mühselig –
über die Wand hinweg zu klettern oder um sie herum zu gehen...

Die zweite Welt

»**D**u sagtest doch, du hättest etwas über unsere zweite Welt in der Bibel gelesen.«
»Ja«, sagte mein Freund.
»Und was stand dort?«
»Dort stand, dass Jesus gesagt haben soll: Herr, vergib ihnen, denn sie leben noch in der ersten und noch nicht in der zweiten Welt.
Er meinte damit wahrscheinlich auch eine Welt mit und eine

Welt ohne Rucksack auf dem Rücken des Zeitweihnachtsmannes.«
»Ja«, versuchte ich zu verstehen.
»Mit dem Rucksackweihnachtsmann ist es die erste Welt und eine Welt ohne Rucksack – also nur mit dem Weihnachtsmann, müsste dann die zweite Welt sein.«

Und uns wurde wieder klar, dass wir auf unserer Suche nicht alleine waren…

Die Zeit heiraten

Später sagte mein Freund, es ging natürlich um die Türen:
»Wenn sich wegen einer großen Schwelle in der Tür der Hintergrund nicht erkennen lässt, kann man zu dieser Sichtbehinderung auch Gedanken bringende Anhebung sagen.«
»Ja«, sagte ich, das ist etwas anderes als der Weihnachtsmann.«
»Genau«, sagte mein Freund.
»Eigentlich müssen wir alle die Zeit heiraten...«
»Wieso heiraten?«
»Na, wenn wir gegen die Schwelle gucken, sammeln wir hinter ihr – mit unseren Gedanken – eine neue Zeit in uns an.
Damit haben wir etwas über diese Anhebung gebracht.
Die neue Zeit ist dann wie unsere bessere Hälfte. Wir haben sie, wie eine Braut über etwas hinweg, also wie über eine Schwelle getragen.«
»Hat man die Zeit geheiratet, wenn sich ihre leichtere Seite in einem befindet?«, dachten wir beide laut weiter. Und wussten: Noch sind wir geschieden...

Warum wir so klein sind

»**W**as hast du neulich von deinem Vater gehört?«, fragte ich meinen Freund.
Und mein Freund fing an zu erzählen: »Wer ein Riese ist, braucht nicht so weit zu gehen, weil er schon durch seine Größe näher dran ist... Und wenn er noch größer als groß ist, ist er überall.«
»Dann fällt das Suchen ja aus, wenn man so groß wie alles ist!«, rief ich.
Mein Freund sagte: »Oh weih! Du hast ja Recht, das stimmt...«
Und wir waren war froh, so klein sein zu dürfen…
Konnte doch nur deswegen, weil wir so klein sind, der Weltraum so groß sein...
Und hatte doch damit, auch all das Andere um uns herum genügend Platz.
Und wir freuten uns, dass wir nicht so groß wie der Weltraum sein mussten…

Das innere Weitersehen

»**F**rüher war die Erde eine Scheibe für uns. Wir hatten noch nicht genug Gedanken angesammelt, um den Horizont zu verlängern – unsere Gedanken an das Ende der Sicht anzufügen – sie also zu ergänzen«, sagte mein Freund.
»Du meinst, wir können dann mit den in uns angesammelten Gedanken über den Horizont hinaus sehen und erkennen damit, dass die Erde rund ist?«
»Ja«, sagte mein Freund.
»Weil wir jetzt mit unseren Gedanken den unsichtbaren Hintergrund – also den Rucksack des Zeitweihnachtsmannes – auffüllen können, können wir um die Ecke gucken: und sind damit weitsichtiger geworden!«

Ich reimte:
»Weil wir in uns sehen
hinter der nächsten Ecke
könnte jemand mit einem Knüppel stehen«

Mein Freund reimte weiter:
»Kannst du aber mit deinen Gedanken -
eine nicht einsehbare Ecke ausspähen -
gibt es ein schmerzfreies Weitergehen…«

Ich überlegte laut:
»Das ist doch was für deinen Vater, wenn seine Fahrschüler den verdeckten Hintergrund – also den Rucksack der Zeit – mit ihren Gedanken ausfüllen können. Dann wissen sie, was es dort gibt, obwohl sie es nicht sehen können.«
»Ach so, ich weiß, was du meinst!«, rief mein Freund und reimte:
»Was seine Fahrschüler nicht sehen
können sie in ihren Gedanken erspähen
und das ergibt:
Ein unfallfreies Weiterbestehen«

Die Suche

Und tief in mir merkte ich: Auf der Suche nach den Türen mussten wir weiter machen.
»Wollen wir sie doch aufstoßen, diese noch nicht gefundenen, in der Zeit versteckten Türen!«, rief ich.
»Nein«, sagte mein Freund, »sie erst finden und sie dann in uns öffnen.«
»Aufreißen, zerschmettern!«, rief ich.
»Nein! Bloß nicht!«, rief mein Freund, »wir werden sie ganz fest an uns pressen und unser Herz weich anpochen lassen.«
Und ich wusste, was ich weiß, aber eigentlich gar nicht wissen konnte…

Die Eigenschaften

»**D**u hast doch gelesen, dass uns die Zeit ihre Eigenschaften vermittelt. Wie macht sie das?«

»Also, wenn die Sonne am Horizont verschwindet und wieder bei ihm auftaucht, sagt man irgendwann einmal: der Abend und der Morgen dazu. Aber die Erde muss sich unheimlich oft gedreht haben, bis es so etwas gibt.«

»Stimmt ja! Dann muss sich ja die Erde sehr viel drehen, bis es aus dem Hell- und Dunkelwerden, einen Abend und einen Morgen bei uns gibt!«

»Ja«, sagte mein Freund und reimte:

»Nur durch das viele Drehen,
kann auf der Erde z.B. der Gruß: "Guten Morgen" und "Guten Abend" entstehen..

Und er reimte weiter:

»Das Drehen nennt sich Tätigkeiten
und daraus bleiben haften:
Guten Abend, guten Morgen,
Gestern und Heute - in uns als Eigenschaften.«

Jetzt wusste ich, was mein Freund meinte, und ich reimte weiter:

»Bleiben viele Tätigkeiten
als einmalig in uns haften
wurden aus ihnen:
unsere Eigenschaften.«

Dann gibt es ja eigentlich keine Zeit, sondern nur die Bildung von Eigenschaften«, waren wir uns einig.

War das ein Stück von unseren Türen? Aus einer Vielzahl von Bewegungen Eigenschaften entstehen lassen…

»Wie ist es denn mit unseren Türen? Bilden sie auch ein Besitz-

tum vieler Bewegungen?« fragte ich.
»Du meinst von Eigenschaften?«
»Ja«, sagte ich
Und mein Freund dachte laut weiter:
»Wenn wir eine Tür oft auf- und zumachen, entsteht daraus die Eigenschaft: offen oder verschlossen zu sein...
Wenn sich die Bewegungen in uns als Eigenschaften angesammelt haben, dann sind ja aus ihnen Menschen geworden!«, rief ich.
»Ja. Die Tätigkeiten der Zeit sammeln sich als Eigenschaften in uns an: Sie müssten dann menschlich geworden sein.«

Der Mensch

Ich rief: »Das mit den Eigenschaften erinnert mich an die Geschichte mit dem Wein!«
»Wieso?«, fragte mein Freund.
»Na, da wurde doch aus Wasser Wein gemacht...
Vielleicht war es nur ein Gleichnis zu unserer Zeit...
Dann ist die Zeit das Wasser.
Und die Eigenschaften aus dem Wasser sind das Destillat, also der Mensch daraus: Ein berauschender Geschmack!«
»Mann oh Mann«, sagte mein Freund. »Darauf gehen wir jetzt erst mal ein Trinken...« Und während wir den Wein schlürften, dachten wir an die vielen Tätigkeiten der Zeit,
die sich in uns als Eigenschaften versammelt hatten…

Die Abstandslehre

»**D**as, mit der Beleuchtung der Erde, wolltest du mir doch erzählen. Was war das, was du da gelesen hast?«
»Ach das... das mit dem Licht, das unsere Erde bescheint?«
»Ja«, sagte ich.

Und er zitierte:
»Ein Licht ganz nah und sternig geteilt,
ein Tag in uns verweilt.
Er über einen Dreh Räumlichkeiten erkennen lässt, eine
Abstandslehre baut sich auf.«

Ich fragte: »Und hast du dir darüber schon Gedanken gemacht?«

»Ja«, sagte mein Freund.

»Und?«

»Die Erde ist die Tür im Licht. Und weil sie nicht durchsichtig ist und sich dreht, macht sie das Licht an und aus, auf und zu kann man auch dazu sagen.

Vorn ist der Tag, hinten die Nacht. In der Nacht kann man weiter in den Himmel schauen als am Tage«.

Und er fuhr fort: »Vorn sieht man die Kürze der Erde und hinten die Weite des Himmels, die ja am Tage weggeblendet ist. Und wenn sich dann viel Vorn in einem befindet, erscheint einem das Hinten tiefer, die Sterne rücken weiter weg. Die Welt erscheint in uns größer…

Schlüssellöcher

»**D**u hast doch mal das mit den Schlüssellöchern erzählt.«

»Die uns entkommen sind?«

»Ja, genau die«, sagte ich.

»Also, wenn du durch ein Schlüsselloch schauen kannst, ist es direkt vor dir, weil es sich in der Tür befindet. Und wenn es sich in der Tür befindet, ist es von einem festen Zustand umgeben, und du schaust in den Raum dahinter...

Und wenn es abgehauen ist, sitzt du in der Tür und es schaut dich an. Na, was meine ich?«

»Natürlich die Sterne am Himmel; das sind die abgehauenen Schlüssellöcher und der Weltraum, die aufgemachte, sie nicht mehr fest umgebene Tür!«

So war das also mit den Türen. Sie konnten auch offen sein, wenn das Material ihrer Flügel nicht so fest ist. Wusste ich jetzt…

Und wo waren die Türen? Hatten sie sich vielleicht ganz anders getarnt. Konnten wir sie überhaupt in unserer Welt finden? Aber ich wollte sie suchen mit meinem Freund. Immer, immer wieder. Die Türen mit ihren Flügeln! Egal aus welchem Gefieder sie sind.

Die Spinnerei (der Schmetterling)

»**D**u sagtest mir doch mal, wenn etwas kriecht und dann anfängt, unheimlich zu spinnen, kommt es in den Himmel. Was meintest du damit?«
»Rate mal«, sagte mein Freund.
Er gab mir einen Tipp: »Die Spinnerei kannst du dir sogar anziehen.«
Eine Spinnerei, die man sich anziehen kann? Überlegte ich. Und dachte laut weiter: »Ist sie etwa ein schönes Hemd?«
»Ja«, verriet mir mein Freund.
»Ist die Spinnerei aus Seide?«
»Ja!«, rief mein Freund.
Ich rief: »Es ist der Schmetterling! Der muss doch erst als Raupe herumkriechen, bevor er in den Himmel hinein fliegen kann!«
»Ja, er ist es«, sagte mein Freund, »erst kriecht er herum und wenn er dann viel gesponnen hat, bekommt er Flügel und sein auf ein Blatt gepresstes Dasein – ist dahin.
»Aber, was hat das mit uns zu tun? Müssen wir auch viel spinnen, damit wir unser auf die Erde gepresstes Dasein wie ein Schmetterling verlassen können?«
»Ja«, sagte mein Freund, »aber unser Spinnen ist das Gedankengewinnen.« Und er reimte:

Denn in den Gedanken kannst du leicht wie ein Schmetterling hin - und - herfliegen,
brauchst dort nicht mehr angepresst wie eine Raupe herumzukriechen
»Oha!«, rief ich und überlegte laut weiter:
»Eigentlich ist es ja auch viel schöner für eine Pflanze, wenn aus der Raupe ein Schmetterling geworden ist.
Nachdem sie unheimlich viel gesponnen hat, kommt sie nämlich ganz anders wieder zu der Pflanze zurück – und beißt die Pflanze nicht mehr.«
»Stimmt ja!«, rief mein Freund, »die Pflanze wird dann von ihrem damaligen Beißer – aus der Luft – wie von einem Engel geküsst.«
»Das hört sich ja so an, als wenn die Raupe nach dem Spinnen mit ihren Zähnen nur noch lächeln und küssen kann«, sagte ich.

Und wir reimten:
»Wird bei einer Begrüßung noch was abgebissen -
lässt das eine bestimmte Feinfühligkeit vermissen«

»Das hört sich ja wie der Apfelbiss an!«, rief ich, »du weißt doch damals die beiden, von denen einer…«
»Stimmt ja!«, rief mein Freund erstaunt und erzählte begeistert weiter:
»Wahrscheinlich darf ein Beißer erst dann wieder ins Paradies kommen, wenn er, wie die ehemalige Raupe – sich beflügelt und seiner ehemaligen Speise – auch ein Küsschen geben kann.«
»Aber was hat das denn mit unseren Türen zu tun?« Fragte ich weiter.
Mein Freund reimte:
»Wenn etwas Kriechendes nach dem Spinnen
sich leicht
wie mit einem Schmetterlingsflügel eröffnen kann
geht es wie mit einer aufgemachten Tür voran«

Das andere Ufer

»**W**ie war das mit dem Fährmann?«
»Ich komme gerade darauf, wegen des Weges von der Raupe zum Schmetterling, du hast doch was davon erzählt.«
»Das mit dem Fährmann war so«, und mein Freund begann zu erzählen:
»Kannst du dir vorstellen, dass dich die Zeit in den Frieden zieht?
Sie hat wahrscheinlich einen Fährmann in sich eingebaut, und der bringt dich in den Frieden.«
Ich fragte verwundert: »Und wie macht sie das? Mich in den Frieden ziehen?«

»Es soll da zwei Ufer geben. Und zwischen den beiden Ufern befindet sich ein Fluss.
Das eine Ufer ist unsere augenblickliche Gegenwart und das andere Ufer hat auch eine Gegenwart, aber diese Gegenwart besteht ganz und gar aus Frieden.«
»Eine Gegenwart, die nur aus Frieden besteht? Und die Zeit zieht uns dahin? Wie macht die Zeit das?«
Mein Freund fuhr fort:
»Informationen, die wir hier in unserer Gegenwart aufnehmen, werden unsere Gedanken. Und die Gedanken schwimmen wie Schiffe auf unseren Gefühlen und erzählen uns dort, wer wir sind.«
Ich rief: »Stimmt ja! Jetzt weiß ich auch, warum ich manchmal ganz schön ins Schwimmen komme, weil ja meine Gedanken auf meinen Gefühlen unterwegs sind!«
»Ja«, sagte mein Freund und fuhr fort:
»Wenn die Gedanken nämlich sehr schwer sind, müssen sie von den Gefühlen leicht gemacht werden.«
»Und wie mache ich die schweren Gedanken leichter?«, fragte ich erstaunt.

»Indem du sie in deine Gefühle eintauchst, sie von ihnen waschen lässt, ins Reine mit dir bringst…
Und zwar so lange, bis sie sauberer werden und damit dann auch leichter sind.
Und wenn sie leichter sind, können sie oben bleiben – tauchen nicht mehr so tief in dich ein – gehen in dir nicht mehr unter.«
Und er erklärte mir weiter:
»Mit diesem Obenbleiben können sie das andere Ufer erreichen – bringen damit das ehemalige, andauernd in dir Untergehende, in ein anderes Land.«

Und mein Freund fuhr fort:
»Die Ufer sind nämlich der Rand von zwei verschiedenen Ländern.
In dem einen Land herrscht der Krieg
und in dem anderen Land herrscht der Frieden.
Und in dem Land, in dem sich der Frieden befindet, ist alles aus Frieden – natürlich auch ein Krieg.«
»Wie kann das sein? Alles besteht aus Frieden, selbst dann, wenn es noch ein Krieg ist?«, fragte ich.
»Der Krieg bleibt der Krieg und doch ist er ein Frieden geworden…«
Mein Freund reimte:
»Das Land des Friedens ist wie aus Licht
wehtun oder sonst noch etwas Böses
gibt es in so einer Umgebung nicht«
Ich fragte:
»Dann hat ja der Fluss – der uns in den Frieden bringt – zwei Betten: Einmal sein eigenes und einmal das, womit er mich weiterbringt...
Man liegt doch genau richtig, wenn man über den Fluss von dem einen Ufer zu dem anderen Ufer kommen kann?«
»Ja«, sagte mein Freund, so kann man das auch sehen.«
Ich fragte weiter:

»Du meinst doch mit den beiden Ufern: Das eine Ufer ist in der ersten und das andere Ufer in der zweiten Welt?«

»Ja«, sagte mein Freund.

»Unsere Gedanken, die wie Boote über das Wasser gleiten, erzählen uns ja wer wir sind.

Und es kann sein, dass einige schon bei einem ganz kleinen Schiff in Not kommen und andere erst bei einem ganz schweren Dampfer?«

Das könnte an der Eintauchtiefe liegen: Das Eine könnte empfindliches Wasser und das Andere könnte unempfindlicheres Wasser sein.

Waren wir jetzt nahe bei den Türen?

Mit den Ufern? Wo man die Zeit in den Frieden übersetzen kann und das sogar als sein eigener Fährmann?

Und hatte das etwas mit unseren Türen zu tun? Aufgetautes- und unaufgetautes Wasser? Ganz bestimmt! Waren wir uns einig…

Die Membrane (als arm und reich)

»**D**a gab es doch mehrere Geschichten, die du über Arm und Reich gelesen hast.«

»Ach ja«, sagte mein Freund, »wer von der Welt viel mitbekommt, ist sehr empfindsam. Und wer nicht viel mitbekommt, ist unempfindlich.«

»Hat das etwas mit den Membranen zu tun? Du hast doch so was gelesen. Was war das?«

»Ach ja, das war so: Unsere innere Aufnahme kann man mit einer Membrane vergleichen, je empfindlicher jemand ist, desto feiner ist seine Membrane, um so mehr schwingt sie bei ihm mit.

Bereits von einem leisesten Hauch ist er stark betroffen, selbst dann, wenn er ganz weit weg von ihm ist.

Er ist von der Aufnahme dessen was ihn umgibt reicher: Er bekommt einfach mehr mit.« Ich überlegte laut:
»Etwas zu kriegen – also mitzubekommen – in sich aufnehmen zu können, ist ja ein Reichtum, der mit dem Geld gar nichts zu tun hat.«
»Ja«, sagte mein Freund und reimte:

»Wenn ganz fein die Membrane einer Seele schwingt,
auch das leiseste Lied des Lebens sie durchdringt.
Mit diesem Anklang ist man immer auf der Wacht,
in dieser Seele erklingt das ganze Orchester des Lebens – am Tag und in der Nacht«

Krieg und Frieden

»**D**u sagtest doch, dass Krieg und Frieden etwas mit unseren Membranen zu tun haben. Wie war das?«
»Ach ja, also: Wenn du jemandem etwas sagen möchtest, überbringst du ihm diese Mitteilung als eine Energie.«
»Stimmt, ich werfe mit meinem Mund Energiewellen gegen sein Trommelfell. Das ist ja eine Membrane, sie befindet sich in seinem Ohr.«
»Ja«, sagte mein Freund. »Aber diese Membrane meine ich nicht.«
»Welche denn noch?«, fragte ich gespannt.
»Es ist unsere Seele. Sie hat auch eine Membrane.
Alles was uns umgibt ist ja Energie und die wirkt auf sie ein – also nicht nur die Sprache.
Und wenn unsere Seele eine ganz dünne hochfeine Membrane hat, braucht sie nur ganz wenig Energieeinwirkung, um ins Schwingen zu kommen.«
»Mit dem Schwingen meinst du, dass eine Energie die Membrane durchdringen kann?«
»Ja, so kommen Energien als Mitteilungen in der Seele an.«

»Was hat das mit Krieg und Frieden zu tun?«
»Umso dicker und damit unempfindlicher eine Membrane ist, desto mehr Kraft brauchst du, wenn du eine Information überbringst. Weil sie ja nicht so leicht ins Schwingen gerät und somit nichts weitergeben kann.«

»Soll das heißen, dass zwischen dicken Membranen ganz starke Schwingungen überbracht werden müssen?
Und die Mitteilungen unter den dünnen Membranen – wie aus dem leichten Schwingen einer Harfe sind?«
»Ja«, sagte mein Freund.
»Aber was hat das mit Krieg und Frieden zu tun?«, fragte ich.
Mein Freund reimte:
»Je zarter sich Mitteilungen unter den
Gesprächspartnern überbringen
desto mehr FRIEDEN wird zwischen ihnen SCHWINGEN…«

Das goldene Ziel

»Du hattest doch mal was über ein Ziel gesagt, das den Reichtum des Daseins bestimmen kann. Wie war das?«, fragte ich meinen Freund.
»Ach ja, also da wurde als Ziel am Ende eines Weges ein Geldsack hingestellt.
Jeder konnte sich dort hinbegeben und den Sack ausräumen!
Als der letzte am Sack ankam, war er leer.
Alle waren vor ihm da gewesen und hatten ihn ausgeräumt…
„Jetzt muss ich ein armer Mann bleiben“, sagte der letzte vor dem leeren Sack stehende Teilnehmer.
Und dann trafen sich alle wieder. Setzten sich zusammen und erzählten von den Abenteuern, die sie auf dem Weg zu dem Klingelbeutel erlebt hatten.
Derjenige, der zuerst am Sack war und das viele Geld aufgenommen hatte, konnte nicht viel erzählen.

Sein Erzählen war somit nur das Zählen.
Der letzte – der also am Geldsack leer ausgegangen war – erzählte ohne aufhören zu können...
Er wollte natürlich auch zuerst am Geldsack sein. Aber er konnte, wenn irgendein Leid oder eine große Freude am Rand des Weges geschah, einfach nicht daran vorbei gehen. Er erlebte den Rand des Weges ganz stark mit. Darum war ein schnelles Vorbeigehen für ihn einfach nicht drin…
Und als er traurig in den leeren Sack schaute, merkte er aufeinmal, dass er einen ganz anderen Schatz eingesammelt hatte.
Denn er konnte unheimlich viel von dem Weg dorthin erzählen. Als keiner mehr was zu erzählen hatte, erzählte er immer noch von dem Weg auf dem sie ja alle gewesen sind…
Und da geschah etwas Komisches. Denn gleich nachdem die Teilnehmer den Sack verlassen hatten, wurden sie alle gleichermaßen mit Pech, also einer schwarzen Masse, überspült…
Da fiel demjenigen, der am Sack ganz leer ausgegangen war, auf, dass er die schwarze Masse mit ganz feinen Handbewegungen auf einem weißen Untergrund verteilen konnte. Also damit erzählen konnte, was es da auf dem Weg gegeben hatte…
Sofort fing er an diese schwarze Masse als ganz kleine Striche auf dem weißen Untergrund zu verteilen und sie war weg…
Plötzlich merkte er einen großen Unterschied zwischen den Sackfindern.
Derjenige, der zuerst am Geldsack war, konnte seine schwarze Masse nicht in kleine schwarze Striche verteilen. er wurde sie einfach nicht los…
»Oha«, rief ich. Und wusste, warum mit einem vollen Geldsack – ein weißer Untergrund leer ausgehen kann…
Und warum die – die immer zuerst am Geld sind – einem so schwarz vorkommen können…
Und wir reimten:
Wenn jemand an sich freuenden oder leidenden Menschen nicht vorbei gehen kann – kamen ihre Gefühle in seinem Herzen an.

Sollten jemanden die Gefühle der anderen Menschen nicht erreichen – muss er noch sein Herz erweichen…

Das Purzeln

»**D**u hast doch gelesen, dass der Elefant im Purzellanladen wie ein Bewusstsein ist«. »Ja«, sagte mein Freund, »Bewusstsein ist der Elefant im Purzellanladen. Und dann stand da noch: Wer es nicht hat, wirft alles runter: Zerbricht das Purzellan«.
»Das heißt doch nicht Purzellan, sondern Porzellan«, sagte ich.
»Ja, aber weil es hier bei uns andauernd herunterfällt, purzelt es, heißt also noch Purzellan«, sagte mein Freund.
»Wenn es stehen bleiben würde, wäre es Porzellan. Aber das gibt es bei uns noch nicht.« Und wir wussten, wie man Porzellan schreibt, wenn es keiner stehen lassen kann. Aber was hat das mit den Türen zu tun?
»Du weißt doch«, sagte mein Freund, »wenn du durch eine Wand gehen willst, baust du eine Tür ein. Und wenn du ohne Tür durch sie gehen willst, musst du sie zerbrechen. Und das ist der Elefant, der das Geschirr purzeln lässt.
Die dann friedlich durch eine Wand gehen, sind beim Bewegen nicht so kriegerisch aufstoßend, sie bauen eine Tür ein: Sie gehen freundlicher mit der Wand um.«
»Dann waren ja Leute, die eine Wand ohne Tür aufstoßen wollten, keine Zimmermänner.«
»Ja, darum nannten sie ihr Weitergehen auch Durchstoßen. Rasselten mit dem Säbel und ließen dann das Porzellan klirren.«
Jetzt war mir klar, dass Wände mit Türen friedlicher sind.
Und dass man Porzellan – je nachdem wo es sich befindet – mit o oder u schreiben kann…

Goldig

»**D**u hast mir doch gesagt, dass es mit dem Leben so wie mit dem Gold sein könnte.«
»Ach ja«, sagte mein Freund und fing an:
»Mit dem Leben ist es so wie mit dem Gold – die Anwesenheit wird nicht in Jahren, sondern nach der Reinheit bemessen.«
»Das Leben wird also nicht nach Jahren, sondern nach dem Reinheitswert bestimmt?«
»Ja«, sagte mein Freund, »und das ist dann so: Ganz rein ist 999er, dann gibt es da noch 585, 333 und Trompetenblech.«
War dann nach dieser Regel Methusalem nicht 999 Jahre alt, sondern hatte er nur so einen hohen Reinheitswert? Fragten wir uns.
»Ach so, jetzt verstehe ich das«, rief ich und reimte:

»Umso mehr man ist mit dem Leben
liiert,
desto weniger ist es mit Fremdstoffen legiert.«

Und mein Freund reimte weiter:
»Hat man viel Leben,
wird es im Gold
kein Blech mehr geben«
Und wir reimten beide weiter:

»Viel Empfinden -
lässt den Wert der Feingoldigkeit ergründen«

»Aber was hat das eigentlich mit unseren Türen zu tun? Arm und Reich? Halbgoldig, ganz goldig? Trompetenblech?«

Mein Freund sagte: »Wir müssen wissen aus welchem Stoff sie sind, mit dem sie sich auf oder zu machen können...«

Arm und Reich

»**W**ie ist das mit arm und reich?«,
fragte ich meinen Freund.
Ich hatte gerade einen Bettler an uns vorbeigehen sehen.
Sofort fing mein Freund an zu erzählen:
»Arm ist jemand, der seinen Reichtum nur in den Händen hält.
Und reich ist jemand, der keine langen Finger mehr macht...«
So ist das also, dachte ich und sagte:
»Dann ist also Geld nur ein Reichtum für die Hände –
so richtig herzlich wird es da nicht.«

Der laute Ruf

»**D**u hast doch gesagt, dass die Materie Worte der Natur sind.«
»Ja«, sagte mein Freund, »sie brüllt uns damit an.«
»Wie denn, anbrüllen? Ich höre nichts.«

»Du hörst nichts, weil ihre Sprache, laut gerufen, dich als Materie anschweigt...«

»Ihr Schrei ist die Materie?«

»Ja, sie ruft dich damit kräftig an.«

»Wie meinst du das mit dem kräftigen Anrufen?«, fragte ich weiter.

»Wenn jemand ruft, stößt er eine Energie aus.
Diese Energie setzt die Luft unter Druck – und der Druck erreicht unser Ohr. Wir können ihn fühlen, also hören. Und wenn jemand ganz laut ruft, dann stößt er noch mehr Energie aus.

Und umso lauter er ruft, desto kräftiger wird die Energie, die er ausstößt.
Bis er so kräftig ruft, dass so viel Energie aus ihm herauskommt, dass sie sich im Raum verklumpt – materialisiert. Je lauter er ruft, desto kräftiger wird also dann die Materie.«

»Mit kräftiger meinst du härter?«

»Ja«, sagte mein Freund, »und wenn er andauernd kräftig ruft, können wir in seinem Ruf herumlaufen.
Der starke Ruf ist dann so beständig, dass wir ihn mit unseren ganzen Sinnesorganen aufnehmen – also nicht nur mit unseren Ohren anhören können!«
»Oha!«, rief ich, »dann muss ja dieser laute Ruf, der uns als Materie umgibt, ein kräftiges Wort sein!«

»Ja«, sagte mein Freund, »dieses Wort ist wie ein Schrei!«

»Ein Urschrei!«, rief ich.

»Ein Urknall!«, rief mein Freund.

Und wir wussten, dass ein Wort ganz schön laut und kräftig sein kann.

Und mir wurde klar, dass die Türen eigentlich nicht aus fester Materie, sondern aus einem lauten Ruf bestehen, mit dem wir sie auf- und zumachen konnten.

»Wusste auch Platon, als er die Schatten an der Wand sah, dass da kein helles Zurufen, sondern nur eine von der Kräftigkeit des Zurufens verdunkelte Wand, also eine laute Ansprache ist.«?

Und wir wussten, was wir noch immer nicht wussten...

Und mein Freund erzählte weiter: »Später ist eine Folge von früher. Dieses gibt es, weil wir in der festen Sprache an etwas vorbeigehen können... Sie gibt es dann nicht auf einmal; wir können sie als später und früher erkennen: Sie in einer Reihenfolge erleben.«

»Und gestern, heute und morgen gibt es dann auch noch dazu.«
»Und das alles nur, weil jemand so laut ruft«, erzählte mein Freund weiter.
»Herumbrüllt!«, rief ich.
»Nein«, rief er, »er uns superlaut anschweigt!«
»Wenn geflüstert wird, ist das Anrufen dann weicher und heller, so wie aus reinem Licht?«

»Ja, je leiser der Ruf ist, umso weniger Kraft strahlt er aus – umso weicher müsste dann auch die Ansprache, also unsere Umgebung sein«, sagte mein Freund. Und wir streichelten einen Stein, weil wir doch in uns die Einsicht hatten, dass er ein Buchstabe aus der lauten Ansprache ist.

»Wirf ihn mir zu! Diesen Stein!«, rief ich.

»Ja, aber dann habe ich dich doch zu laut angesprochen mit dieser Aussage«, sagte mein Freund.

»Dann nimm doch eine andere Laute.«

Und er stimmte ein Lied an.

Da kam uns die Suche nach den Türen so vor, wie ein voller Mund, der ohne Steine spricht.

Der Schatten und die Schrift

»**D**u hast doch mal gelesen:
Ein unbeschriebenes Blatt,
ist ein weißer Bogen,
der keine Sprache kennt.
Sprache ist den Bogen zu schattieren,
dann erkennt man erst sein Licht.«

Ich überlegte laut weiter: »Dann ist der Schatten ja einer der den hellen Bogen verdeckt und damit besser erkennen lässt, wo sich das Weiße befindet!«

Und ich fragte weiter:

»Sind schwarze Striche auf einem weißen Untergrund dann wie kleine Türspalte, durch die man hindurchschaut und sieht, was der Schreiber in seinen Gedanken hat?«

»Ja«, sagte mein Freund. »Mit diesem Schatten eröffnet er sein eigenes Licht.«

Ich sagte:

»Dann ist ja der Schatten ein Abstand, mit dem sich das Licht noch einmal erscheinen lassen kann.

Dann kann man diesen Schatten ja gar nicht so dunkel sehen, weil er ja auch die Gedanken des Betrachters leuchten lässt.«

Der Lichtbote

»**D**as erinnert mich an etwas, dass ich einmal über den Lichtboten gelesen habe«, sagte mein Freund. »Was für einen Lichtboten?«, fragte ich.

»Das war so: Eine Botschaft findet statt, wenn Licht auf die Materie fällt.

Die Botschaft, von der Sonne blendend ausgesendet, überbringt uns, woran sie sich gestoßen hat.

Sie hat mit diesem Aufprall eine Information in sich aufge-

nommen und diese überbracht. Dieser Aufprall ist für uns ein Gedanke geworden, eine Lichtinformation findet statt.«
»Das hieße ja, dass das Licht sich einen Stein aufgestellt hat, damit es uns Bilder über ihn zukommen lassen kann!«, rief ich.
»Ja, das Licht stößt auf einen Stein, wird von ihm zurückgeworfen, behält dieses Zurückwerfen als Aufprall in sich und überträgt diesen Anstoß auf uns als Bilder.«
Ich überlegte laut: »Das ist ja gar nicht so wie in unseren Träumen, da sind doch die Bilder ohne vorherigen Aufprall direkt im Licht. Und sie kommen nicht erst nach einem Abprall von den Steinen zu uns.
Das würde ja heißen, wenn die Sonnenstrahlen, wie das Licht in unseren Träumen, bereits mit Bildern gefüttert wären, bräuchten sie keinen Aufprall mehr, um Bilder in sich erzeugen zu können.«
»Ja«, sagte mein Freund und sinnierte laut weiter:
»Wenn die Bilder im Licht bereits vorhanden sind, braucht das Licht keinen Umweg mehr über die Steine zu machen: sie sind dann schneller bei uns.«
»Stimmt ja«! rief ich.
»Jetzt kommen sie erst nach dem Treff mit der Materie bei uns an.«
»Ja«, sagte mein Freund, »sie kommen als Spätausgabe,
weil der Aufprall des Lichts ihre erste Gegenwart ist;
und erst danach kommen sie zu uns.«
»Ja!«, rief ich, »und danach ist später.«
Und wir riefen wie aus einem Munde:
»Wenn die Bilder direkt im Licht sind – also ohne Aufprall zu uns kommen – machen sie keinen Umweg mehr, sie sind dann früher bei uns.«
Und wir wussten, wenn alles direkt aus dem Licht kommt, fehlt die materielle Reihenfolge. Eine Zeit mit verspäteten Bildern gibt es dann nicht…

Der feste Nebel

Wir standen in der Fahrschule vor der Tafel.

Der Vater meines Freundes stand neben uns und schaute aus dem Fenster.

Er war froh, dass alles noch aus festem Nebel bestand, weil seine Fahrschüler deswegen viel weniger Fahrstunden brauchten als in einer ungefestigten Wolke.

Er ging hinaus, winkte und verschwand mit seinem Fahrschüler an der nächsten Ecke, die es ja nur in einer gehärteten Umgebung gab.

Die Pyramiden

»**D**u hast doch gesagt, die Pyramiden hätten auch etwas mit unseren Türen zu tun?«

»Ja, sie zeigen wahrscheinlich den Dichtezustand unserer Materie, unseres damaligen Lichtnebels an. Ganz besonders durch die Cheops Pyramide.«

»Wer hat die denn gebaut, wenn sie anzeigt, wie fest unser ehemaliger Lichtnebel geworden ist? Waren es Außerirdische?«

»Könnte sein«, sagte mein Freund, »das waren wahrscheinlich Wesen, die so wie wir erst mit Erde, aber dann ohne Erde, wieder im reinen Lichtnebel zu Hause sind.«

»Ach so«, sagte ich. »Darum heißen die Außerirdischen „Außerirdisch“, weil die Erde aus ihrem Lichtnebel verschwunden ist, sie wieder im Reinen sind?

Und die haben bei uns dann die Pyramide gebaut?«

»Kann sein«, sagte mein Freund. »Sie haben sie aber nicht selbst gebaut, sie haben wahrscheinlich nur den Plan dafür erstellt.«

Die Grabkammer und die Pyramide

»**W**ir lassen doch die äußeren toten Bilder in uns lebendig werden«.
»Ach ja«, sagte ich, »wie du es schon sagtest, wir lassen sie sozusagen in uns auferstehen.«
»Dann müssten doch die Bilder früher lebendig gewesen sein, wenn sie jetzt in uns auferstehen können«, sagte mein Freund. Und er überlegte laut weiter:
»Wir bräuchten sie in uns nicht mehr zu erwecken, wenn sie auch außen wieder lebendig sind!«.
»Ich glaube, jetzt weiß ich, warum die Cheops Pyramide mit einer Grabkammer versehen ist«, sinnierte mein Freund weiter…
»Wieso?«
»Weil das Licht in diesem materiellen Zustand als unlebendig existiert.«
»Du meinst, die Grabkammer hatte mit dem Pharao eigentlich nichts zu tun?«
»Ja, kann sein, dass die Erbauer mit ihr nur darauf hinweisen wollten, dass die Materie bei uns in ihrem Zustand einfach nicht lebendig ist«, sagte mein Freund.

Noch ein Geheimnis?

»**A**ber was könnte denn noch für ein Geheimnis in den Pyramiden verborgen sein?«, fragten wir uns.
Mein Freund sagte: »Ich habe gelesen, dass ein berühmter Ägypter im Schatten der Sphinx eingeschlafen sein soll. Er träumte in diesem Schatten, dass er ein Pharao wird.
Und das hat sich auch erfüllt: Er wurde ein Pharao. Und es wird behauptet, das wäre eine Geschichte, die etwas mit dem Geheimnis der Zeit zu tun haben soll.«
»Ja«, sagte ich, »mit dem Schatten hatten wir uns schon beschäf-

tigt. Es ist die Stelle, in der sich kein Licht mehr befindet.«
»Ja, aber dafür kann man dort was erscheinen lassen«, sagte mein Freund. Und er fuhr fort: »Es ist eine Leere, die man ausfüllen kann. Nicht nur mit Licht, sondern auch mit Träumen.«
Und wenn die Träume dann im Sonnenlicht sind, sagen wir: Sie sind in Erfüllung gegangen; waren wir uns einig.
Sind wir den Türen näher gekommen? Mit dem Wegschließen des Lichts, welches sich dann so als Schatten erkennen lassen kann?
In dem man von seiner eigenen Helligkeit träumt? War das die Auflösung eines alten Geheimnisses, wenn sich die ganze Welt so umgestaltet, dass sie dann nur noch aus unseren Träumen besteht, weil sie Träume als Wirklichkeit entstehen lassen kann?
Aber müssen wir erst genügend von den Träumen im Dunkeln – und da wo das Licht ansonsten auch noch verloren gegangen ist – in uns entstehen lassen?
Hatte sich auch hier eine Tür versteckt? Die sich öffnet, wenn man genügend Wünsche in sich hat?

Der Schleier

Ist der Schatten ein Schleier des Lichts?
Und trägt es ihn, damit wir ihn mit unserer eigenen Helligkeit ausfüllen können?
Hebt sich nicht ein Schatten durch das Licht auf?
Und ist dann nicht nur er, sondern das Schwere
(die Schleppe) auch weg?
Fühlt man sich dann mit dem Licht wie verheiratet?
Wenn man mit seinem eigenen Licht
das fremde Licht
von seiner Dunkelheit befreit hat?

Der Schatz

»**D**u sagtest doch, einen Schatz gibt es nur, wenn man ihn erkennen kann. Und mit dem Erkennen eines Schatzes ist man selber einer geworden – wie war das?«
»Ja«, sagte mein Freund, »einen Schatz gibt es doch nur, wenn du das, was er ist, einschätzen – vergleichen –, ihn als eine Anwesenheit in dir wiederholen kannst.
Und wenn du seine Anwesenheit in dir wiederholen kannst, gibt es ihn zwei Mal, obwohl er nur einmal da ist.«
Und er dachte laut weiter:
»Wenn sich also ein Schatz nicht in dir befindet, kann es außerhalb von dir keinen geben...«

»Einen Schatz zu erkennen,
ist selbst einer zu sein:
Ein Wert spiegelt sich wieder«

»Heißt es nicht wider?«, fragte ich.
»Nein, es heißt wieder, weil es ihn doch zweimal gibt«, sagte mein Freund.

Oben und Unten

Wieder fing mein Freund an, von den Pyramiden zu erzählen:
»Da soll doch mal ein Philosoph mit einem Hinweis auf die Pyramiden gesagt haben:
So wie oben, so auch unten. Daraus haben – jetzt in unserer Zeit – einige Forscher geschlossen: Die Pyramiden wären nach dem Stand eines damaligen Sternbildes gebaut worden. Das Sternbild soll als Vorlage für den Bau der Pyramiden: ein Unten geworden sein.«
»Ja«, sagte ich. »Aber du hast doch mal etwas anderes über oben und unten erzählt.«

»Ja«, sagte mein Freund und fing wieder an über oben und unten zu erzählen:
»Du weißt doch noch, dass oben und unten nur dann existieren, wenn sich eine von zwei Situationen schwer gemacht hat.«
»Wie meinst du das, schwer gemacht?«
»Na, da wo es sich verdichtet also fest macht, entsteht Unten. Und dem gegenüber, also da wo es nicht so fest, also der Himmel ist, nennen wir Oben.«
»Stimmt ja«, sagte ich, »es gibt ja gar nicht Oben und Unten. Sondern nur etwas als ganz fest: das ist Unten – und etwas als ganz frei: und das ist Oben.«
»Ja«, sagte mein Freund, »wenn sich beide Seiten fest machen, können sie nur aus Unten bestehen.
Und wenn die beiden Seiten sich frei gestalten, können sie nur aus Oben bestehen.
Wenn es dann Unten so wie Oben wird, bestehen beide Seiten aus Freiheit; dann ist ja auch Unten so wie Oben, also auch ein Himmel geworden.«
Ich rief: »Das stimmt ja!
Dann ist ja: „So wie oben“: als frei – und „So wie unten“: als nicht frei – zu verstehen!
Und wenn er sagte: so wie das Oben, so auch das Unten, dann ist das Unten von der Festigkeit befreit, weil es ja so wie das Oben geworden ist; es muss dann natürlich auch aus Himmel sein.«
»Ach so, wenn alles aus Freiheit, also ohne Festigkeit ist, und eine Hälfte von der Freiheit mit Stein ausgefüllt wird, dann besteht die Freiheit aus Oben und Unten«, murmelten wir beide und nickten. Ich warf ein: »Waren das auch unsere Türen? Wenn sich eine Seite verschließt – fest macht und die andere offen bleibt, damit es dann Oben und Unten geben kann?
Aber dann nicht mehr, wenn die eine Seite wieder genau so wie die andere ist? Sie sich dann nicht mehr von einander unterscheiden lassen können?«

Mein Freund reimte:
»Oben und Unten muss es geben,
damit die Schritte erst einmal,
einen Halt erleben.
Also hat sich mit der festen Materie,
ein Verstehen entfacht
und sich damit stückweise unter unsere Füße gebracht«
Und ich wusste, dass unsere Türen auch aus Oben und Unten bestehen können, je nach dem, woraus sie gerade sind.

Das Quadrat

Als hätte mein Freund meine Gedanken gehört, fing er wieder an über die Pyramiden zu erzählen:
»Du weißt doch, wenn ich die Geschwindigkeit verdoppele, wird die Masse viermal so groß.
Du ziehst einen Strich von angenommen zwei Zentimetern, nimmst ihn als Diagonale und bildest um ihn ein Quadrat.
Dann ziehst du einen Strich von vier Zentimetern – verdoppelst also die zwei Zentimeter – und bildest dann genau wie davor um ihn herum ein Quadrat. Dann merkst du, dass das Quadrat viermal so groß ist wie das vorherige.
Und wenn du das noch einmal machst, dann ist das nächste Quadrat immer viermal größer als das Quadrat davor.
Und so wächst bei uns auf der Erde die Masse an, wenn wir uns bewegen.«
»Oh weih! rief ich, »wenn man das Anwachsen der Masse sieht, ist eigentlich eine Bewegung bei uns ganz schön gefährlich.
Das ist ja so wie eine an unser Bein gekettete Eisenkugel. Die – wenn man sich bewegt – auf einmal anfängt unsichtbar zu wachsen.«
»Ja«, sagte mein Freund, »und das, womit die Masse unsichtbar größer geworden ist, nennt sich auch Wucht; und die Größe der Wucht merkt man erst dann, wenn ein Aufprall geschieht.«

Aber was hat denn das mit den Pyramiden zu tun«?
»Neben der Cheops Pyramide sind doch noch zwei Pyramiden vorhanden«, sagte mein Freund.
»Dann sind es drei; und was soll das bedeuten?«, fragte ich.
»Die drei sind so ähnlich angeordnet, wie bei einer Erhöhung der Geschwindigkeit die Masse wächst.
Du weißt doch, das Anwachsen der Geschwindigkeit lässt sich in Quadraten darstellen.«
Und wenn man die Quadrate mit der Spitze nach oben zur Hälfte in die Erde steckt, sehen sie aus wie Pyramiden!«
»Stimmt ja«, rief ich, »so, wie die drei Pyramiden größer werden, wächst ja bei uns die Masse an, wenn wir uns bewegen. Darum ist es auch so schlimm, wenn wir hinfallen oder ein Unfall geschieht!
Und du meinst, die Erbauer wollten damit auch zeigen, dass sie wussten, wie schwer – also massig – und damit gefährlich bei uns die Bewegung der Materie ist?«
»Kann sein«, sagte mein Freund.
»Aber was hat denn das mit unseren Türen zu tun?«, fragte ich.
»Na, wir müssen doch wissen, wenn wir sie bewegen, was für einen Schwung es dann gibt – was für eine Energie sie in sich gespeichert haben.«
Damit wir wissen wie sie ins Schloss fallen können. Und bei unseren Masseverhältnissen kann das ganz schön krachen, wusste jetzt auch ich.

Bilder ohne Aufprall

»**K**annst du mir das mit den Bildern im Licht noch einmal erklären?«, fragte ich meinem Freund. »Ach, du meinst, das Licht aus der Sonne bekommt erst dann Bilder, wenn es sich an der Materie gestoßen hat?«
»Ja«, sagte ich. »Wie ist das mit den Bildern direkt im Licht?«

»Seit der Verfestigung der Erde wird von ihr das Sonnenlicht als Bilder in den sie umgebenen Raum geworfen.«

»Stimmt ja! Ohne Verfestigung geht ja so etwas nicht! «, rief ich.

»Ja«, sagte mein Freund. »Seit dem Bestehen der Erde werden also Bilder von ihr abgegeben, und diese Bilder umgeben die Erde wie ein großer Lichtball.

Dieser Lichtball müsste jetzt einen Durchmesser von mehreren Milliarden Jahren haben, weil unsere Erde schon so lange besteht.«

Ich sagte: »Dann umgibt uns die Erdenzeit mit den abgeprallten Bildern, wie ein Bilderbuch aus Licht?«

»Ja«, sagte mein Freund. »Wir werden von den abgeprallten Lichtbildern wie von einer großen Lichtgeschichte umgeben…«

Ich sagte: »Dann könnte man ja – wenn man das Abgeprallte Licht wieder einholen könnte – in ihm sehen, wie es mal bei uns auf der Erde war?«

»Ja«, sagte mein Freund. »Wenn wir ein Raumschiff hätten, das etwas schneller als das Licht sein könnte, würden wir – wenn wir durch den Lichtball fliegen – von unserer jetzigen Gegenwart auf den Ursprung unserer Erde zu kommen.«

»Bis zu dem Anfang ihrer Verfestigung!«, rief ich.

»Ja«, sagte mein Freund. »Anders herum gesehen, könnten Leute, die mit entsprechender Geschwindigkeit auf unsere Erde zufliegen, sehen – wenn sie in den uns umgebenen Lichtball eintauchen – wie wir aufgewachsen sind. Sie fliegen dann über unsere Vergangenheit auf unsere jetzige Gegenwart zu...«

Ich sagte: »Das muss ja für sie eine Zeitreise sein.«

»Nicht nur für sie. Auch für uns, wenn wir so schnell sein könnten.«

»Allerdings können wir jetzt auch schon eine Zeitreise durch unser Licht unternehmen.« fuhr mein Freund fort.

»Und wie soll das gehen?«, fragte ich.

»Wie sich das abgeprallte Licht in den Weltraum begibt, so be-

gibt es sich doch auch in unsere Gedanken. Und in den Gedanken kannst du wie mit einem Raumschiff hin und her fliegen.«
»Wie geht das?«
»Wann haben wir uns das letzte Mal getroffen?«, fragte mein Freund.
Ich lehnte mich zurück und überlegte. »Das war vor einer Woche am Strand«, sagte ich.
»Siehst du«, sagte mein Freund, »jetzt bist du mit deinem inneren Raumschiff durch die in dir eingesammelten Lichtbilder hindurch geflogen und hast in ihnen gesehen, wo du vor einer Woche gewesen bist. So schnell geht das.
Und weißt du noch, wann du eingeschult worden bist?
»Ja, ich kann es genau vor mir sehen!«, rief ich.
»Das muss Lichtgeschwindigkeit gewesen sein als du mit deinem inneren Raumschiff dahin geflogen bist.
Das ist doch schon viele Jahre her, und du hast nur eine Sekunde gebraucht, bis du an dieser Stelle gewesen bist. Sonst könntest du es mir ja nicht erzählen!«
»Oha!«, rief ich. »Und wunderte mich, dass ich in meiner inneren Zeit – also den eingesammelten Lichtbildern – wie in einem Raumschiff mit Lichtgeschwindigkeit – herum fliegen kann.
Dann umgibt ja eigentlich der Lichtball – den die Erde von sich geworfen, um sich herum aufgebaut hat – sie auch wie Gedanken.«
»Ja«, sagte mein Freund.
»Und wenn wir schneller als das Licht sind, können wir in den Gedanken der Erde – genauso wie in unseren Gedanken – blitzartig hin- und herfliegen!«, rief mein Freund und reimte:

»Sind die Bilder
erst einmal direkt im Licht
– brauchen sie keinen Aufprall mehr – existieren ohne diesen Bösewicht«

Die Knete

»**S**ag mal«, fragte ich meinen Freund, »wie war das mit der Knete? Du sagtest doch, unsere Welt hat was mit ihr zu tun.«
»Ach, das war so: Du weißt doch, dass unsere Welt sich geformt, sozusagen zusammengeknetet hat. Sie besteht also sinnbildlich aus Knete. Und an dem Zustand der Knete kann man erkennen, in was für einer Welt wir sind.«
»Und wie erkennt man das?«, fragte ich gespannt.
»Indem man unsere Umgebung mit ihr vergleicht:
Wenn man Knete lange liegen lässt, wird sie älter und somit härter. Und wenn du gegen sie stößt, tut es dir weh. Wenn die Knete noch frisch ist, ist sie weicher. Wenn du dann gegen sie stößt, tut es dir nicht weh.«
»Ja, aber was hat das mit unserer Welt zu tun?«
»Du weißt doch, dass sie bei uns steinhart geworden ist.«
»Steinhart?«, fragte ich erstaunt, »das würde ja heißen wir gehen in alter Knete spazieren?«
»Ja«, sagte mein Freund, »wir laufen in lange liegen gebliebener, alter Knete herum.«

»Das würde ja heißen, wenn unsere Knete nicht so alt, also jünger und somit dann nicht mehr so hart ist, gäbe es in ihr ein weicheres Weitergehen?«
Mein Freund nickte.
Weiter rief ich :
»Dann ist ja nichts mehr von dem was wir in unserer Umgebung haben, alt, sondern alles ist angenehmer, weicher, besteht aus neuer Knete!«
»Ja«, sagte mein Freund, »es ist, von der Aufnahme her gesehen, ein jüngeres Gericht.«

Sein Vater stand hinter uns, wir hatten gar nicht bemerkt, dass er seinen Fahrschüler schon verabschiedet hatte.
Er sagte: »Das mit der Knete hört sich gut an. Es ist wahr-

scheinlich mit ihr erst dann besser, wenn alle den Führerschein haben.«

Stimmt, dachten wir: Wegen der vielen Fahrstunden, die seine Fahrschüler brauchen würden und nickten ihm zu.

Schon kam der nächste, und er fuhr mit ihm sofort los. Wir schauten ihm nach und reimten wie aus einem Mund:

»Und ab geht's in die alte Knete
wegen der vielen Stunden…
Seine Fahrschüler können sich in der alten festen Knete
besser merken wo sie sind,
brauchen weniger Runden«

Etwas wachsen lassen können

»**D**as, mit den Gedanken musst du mir noch einmal erzählen, wie war das?«

»Dass nur sie was wachsen lassen können?«, fragte mein Freund

»Ja«, sagte ich.

Mein Freund fuhr fort:

»Das macht die Erinnerung. Wenn man einen Baum sieht, behält man in seinen Gedanken, wie er ist.

Und wenn man ihn dann später noch einmal sieht, behält man wieder in seinen Gedanken wie er ist. Und wenn du diese beiden Gedanken vergleichst, merkst du ob der Baum sich bewegt hat oder gewachsen ist.«

Ich sagte: »Das würde ja bedeuten: Ohne Erinnerung würden nicht nur die Bäume, sondern alle Bewegungen in der Welt stehen bleiben; ein Wachsen und Bewegen gäbe es für uns nicht.«

»Ja«, sagte mein Freund, »du weißt doch:

Die Sonne geht nur deswegen für uns auf, weil wir uns erinnern können, dass sie untergegangen ist.«

»Oha«, rief ich, »das müsste etwas für unsere Türen sein!«
»Ja«, sagte mein Freund, »sie bewegen sich, weil wir sie sehen: Nur unsere Erinnerung macht sie auf oder zu.«

Der gute Freund

»**D**u sagtest doch auch, dass es einen guten Freund gibt, der tröstet, wenn einem etwas verloren gegangen ist.
Erkläre mir das doch mal!«
Mein Freund erzählte sofort weiter:
»Ja, ich habe gelesen, dass jemand andauernd weinen musste, wenn abends die Sonne unterging.
Da fragten ihn die anderen: Warum weinst du, wenn das Licht verschwindet? Er wusste es nicht, keiner konnte ihm helfen…
Er weinte nämlich nicht nur, während die Sonne verschwand; er weinte so lange, bis sie wieder kam.
Aber da kam jemand, der helfen konnte.«
»Wer war das?«, fragte ich gespannt.
»Es war der gute Freund, der bei jedem Sonnenuntergang dem Weinenden erzählte, dass das Licht ja wieder kommt, also bald wieder bei ihm ist.«
»Und wie heißt er? Der gute Freund?«
»Er nennt sich „Erinnerung“, also einer, der eigentlich immer bei uns ist.«
Und ich wusste, dass wir mit ihm ein Stück von unseren Türen verstehen – sagt er uns doch auch: Bald ist sie ja wieder offen – weine nicht…

Das verloren gegangene Licht

»**D**as mit dem Licht musst du mir noch einmal erklären.«
»Ach, du meinst, dass die Sonne, wie das verschwundene –abgehauene – Licht der Erde ist?«
»Ja«, sagte mein Freund und fing an zu erklären: »Die Erde

leuchtet nicht von selbst, weil ihr verloren gegangenes Licht als Sonne am Himmel steht. Du weißt doch, dass es wichtig ist, dass das Licht die Erde von außen anleuchtet – die Erde also nicht selber leuchten kann.«
»Ja«, sagte ich, »es gäbe dann ja nicht hell und dunkel, und einzelne Tage mit denen man das Licht auf ihr abzählen kann. Darum ist es also gut, dass es sie dunkel bleibt.«
Ja, sagte mein Freund und mein Freund reimte:
»Denn ist die Erde nicht aus Licht
sondern aus Stein
kann sie fest und dunkel sein«
»Aber leuchtet die Erde irgendwann von allein,
stellt sich nur noch ein Tag
zum Abzählen auf ihr ein«
reimte ich weiter.
Und wusste immer noch: Alles was sich reimt, ist mit Wahrheit „umseimt".
Und wir ahnten: Das war bestimmt ein Stück unserer Türen... Von außen anleuchten, damit das Licht sich auf und zu machen lassen kann.

Fahren in einer Wolke

Wir standen in der Fahrschule des Vaters meines Freundes.
Sein Vater stand am Fenster und schaute auf die Straße hinaus.
»Freust du dich immer noch, dass die Straßen aus Stein sind, weil deine Fahrschüler weniger Stunden brauchen als in einer Wolke?«
»Ja«, antwortete sein Vater, »wenn alle fahren können, könnte alles wieder ein bisschen weicher sein.«
»Oha«, sagte ich zu meinem Freund, »träumt dein Vater etwa davon, dass der Stein verschwindet und alles wieder aus Wolke ist?«
»Kann sein«, sagte mein Freund.
Und ich beobachtete, wie sein Vater, nachdem er mit einem

Fahrschüler den Raum verlassen hatte, mit dem Auto um die nächste Ecke bog und damit aus meinen Augen verschwand.
»Hat er denn gar nicht mehr gefragt, wie weit wir mit der Suche nach unseren Türen sind? Du hast ihm doch von unserer Suche erzählt?«
»Ja«, sagte mein Freund. »Er hat nur erstaunt geguckt und mir aufmunternd zugelächelt.«

Die Hoffnung (als Bergab Predigt)

»**D**u sagtest doch, wenn man auf einer ebenen geraden Fläche steht und alles auf ihr sieht, gibt es eine Möglichkeit, dass man die Ansicht unterteilen, ihr eine Reihenfolge geben kann – wie war das?«
Mein Freund reimte:
»Indem man ein Stück der Fläche in die Höhe krümmt
und somit eine Unterbrechung
auf das ehemals
ganz Überschaubare bringt«

»Stimmt ja!«, rief ich begeistert, »dann gibt es die Fläche nicht auf einmal, weil der auf ihr entstandene Hügel die Sicht einschränkt.
Damit kann man also eine Gesamtansicht unterteilen: ihr ein Nacheinander geben.
Durch das Krümmen bekommt die Fläche einen Berg. Er wurde auf ihr damit aufgebaut«, murmelte ich grübelnd noch einmal vor mich hin.
Und schon reimte mein Freund:
»Mit einer Wölbung
entsteht ein Verdecken -
ein Dasein kann sich mit ihr - hinter einem Berg verstecken«
Mein Freund reimte weiter:

»Und was wir hinter dem Berg können nicht erschauen,
versuchen wir
vor ihm stehend
mit unseren Gedanken
weg ihm anzubauen«

Und weiter reimte mein Freund:
»Was vor dem Berg
als Schwere geschieht
man es als Wunsch
„hoffentlich wird es leichter“
hinter dann hinter den Berg verschiebt.

Und was daraus entsteht
in eine von dem Berg gelernte -
hinter ihm angesammelte -
eigene Predigt übergeht«

Ich reimte weiter:
»Was vor uns als Schwere passiert,
ist dann mit unserer Vorstellungskraft
als eine leichtere Welt
hinter den Berg marschiert«

Und mein Freund fuhr fort:
»Unser Weg vorn am Berg -
zunächst aus Klettern besteht…
Aber wenn es dann leichter wird,
alles abwärts geht«

Und wir reimten weiter:
»Und wenn sich ein Weg nicht auf einmal erschaut
wurde ein Platz
für Hoffnung und Wünsche
in ihn mit eingebaut«

Wenn ein Weg nicht so leicht ist – werden Berge, Kurven und sonstige Sichtblenden auf ihm angebaut, damit man ihn nicht auf einmal erschaut… Sollte aber ein ganz leichter Weg vor einem stehen, kann man ihn ja ruhig auf einmal sehen…

Der Spiegel

»**D**u sagtest doch einmal, ein Spiegelbild ist tot, also nicht lebendig, wie kamst du darauf?«

Sofort fing mein Freund an zu erzählen:
»Wenn ein Bild im Spiegel ankommt – egal wie schön oder grausam das Bild ist – und er zuckt kein bisschen zusammen, lebt er nicht.
Aber wenn ein Bild im Spiegel ankommt und der Spiegel zusammenzuckt, dann ist er lebendig.«

»Ich weiß jetzt, was du damit sagen willst:
Ohne Gefühle sind die Bilder wie verstorben.
Man sieht sie – aber erleben kann man sie nicht.«
»Ja«, sagte mein Freund und reimte:

»Nimmst du ein Bild auf
wie ein Spiegel
also ohne es zu erleben
bist du wie tot
also eigentlich noch nicht am Leben«

Oha, dachte ich und schaute in einen Spiegel.
Und als sein Bild zusammenzuckte, war ich es…

Der Morgen

Wieder fragte ich meinen Freund nach dem Weihnachtsmann: »Du erklärtest mir das Ansammeln der eigenen Gedanken mal anders – also nicht mit dem Rucksack des Zeitweihnachtsmannes – wie war das?«

»Ach so, ja«, sagte mein Freund, »da, wo sich etwas ansammeln soll, darf ja nichts sein. Weil es sonst keinen Platz für das Ansammeln gibt. Und das gilt auch für unsere Gedanken:
Denn ganz besonders da, wo man nichts sehen kann,
sammeln sich unsere Gedanken an.«

»Oha«, rief ich. »Das ist also da, wo einem die Sicht versperrt ist – zum Beispiel hinter einem Horizont: Da befindet sich ja genügend Platz für die eigenen Gedanken, weil man doch nicht über ihn hinaussehen – und sich damit was Eigenes dort hindenken kann.«

»Ja«, sagte mein Freund, »und dieses hinten an den Horizont dran denken besteht aus vielen Wünschen, wenn einem vor dem Horizont viel fehlt. Und wenn hinter dem Horizont dann ein Tag auftaucht, hoffen wir, dass er unsere Wünsche mitbringt, weil wir sie doch da, wo er herkommt, hingedacht haben.«

»Ach so«, sagte ich, »wenn in einer Welt viel fehlt, bilden sich aus diesem Fehlen in uns Wünsche. Und die verlagern wir an einen Ort, den wir nicht sehen können – zum Beispiel hinter den Horizont – und da sammeln sich unsere Gedanken als ein Wunschberg an.«

Ich dachte laut weiter: »Das heißt ja, immer wenn ein Tag hinter dem Horizont auftaucht, und er viel Fehlendes mit bringt, dann wird das, was wir uns aus ihm wünschen können, immer größer!«

»Ja«, sagte mein Freund, »das Wünschen wird mit dem Fehlenden groß – es wächst ständig an.«

Ich fragte: »Dann wachsen ja da, wo wir nichts sehen – uns

also was hin wünschen können – unsere Sehnsüchte auf? Da werden sie immer größer, sammeln sich dort an?«
»Ja«, sagte mein Freund, »das Ansammeln der Wünsche hinter dem Horizont, nennt sich Morgen. Morgen ist also der Ort, in den man seine Wünsche reinstellen kann!«
»Ach so«, sagte ich, »wenn ein Heute in dem viel fehlt, nach dem anderen an uns vorbeigeht – also verschwindet – wird das Morgen immer größer – schwillt mit unseren Wünschen unheimlich an?«
»Ja«, sagte mein Freund, »wenn dann irgendwann einmal das Heute keine Fehler mehr hat, wünscht man sich auch nichts für Morgen: Alles bleibt dann ein Heute – es ist ein einziger Tag.«
Ich rief: »Dann müsste der einzige Tag ein Tag sein, in dem alles vorhanden ist? Darum braucht er kein Morgen, also keinen anderen Tag mehr, weil er selbst schon alles ist?«
»Ja«, sagte mein Freund, »jetzt besteht unser Morgen aus zusammen gesammelten Wünschen: es ist ihr Raum. Und wenn jemand in diesen Raum hineinschauen würde, könnte er beobachten, wie hell und groß unser Wunschlicht in ihm geworden ist.« Ich warf ein: »Du meinst an dieser in diesem Raum brennenden Wunschlampe könnte jemand sehen, was wir für Wünsche haben – wie hell sie dort geworden sind?«
»Ja«, sagte mein Freund und reimte:
»Und mit der Erfüllung dieser Wünsche
uns all das ergänzt
was einst der Tag hatte bei uns geschwänzt«

Das Aufwachsen

Ich sagte zu meinem Freund: »Jetzt verstehe ich das Wünschen: Einen Wunsch gibt es erst, wenn er über ein Fehlen, in uns aufgewachsen ist.«
»Ja«, sagte mein Freund und reimte:

»Ein Wunsch muss aufwachsen
wie eine Blume.
Er braucht viele Blätter
damit er mit ihnen dann
wie die Blume das Licht
eine Erfüllung aufnehmen kann...«

»Aber was hat das mit unseren Türen zu tun?«, fragte ich meinen Freund.
»Die einzelnen Tage sind wie Türen. Durch ihre Bewegung kann unser Wunsch mit ihrem Öffnen und Schließen nach Morgen transportiert werden…«

Die Hütte und das Schloss

Ich fragte meinen Freund weiter:
»Wir haben doch herausgefunden, dass sich bei dem, was uns umgibt, ein Wunschdenken einstellt. Damit kann man doch ein eigenes Schloss in sich aufwachsen lassen; wie war das?«
»Wenn ich ein schönes Schloss habe und es dir als alte gebrechliche Hütte darstelle.«
»Wie meinst du das, mit der Hütte?«
»Na, wenn du aus einem Schloss eine Hütte machst, dann fehlt da vom Schloss jede Menge.
Und wenn du jeden Tag die Hütte siehst, dann merkst du irgendwann einmal, dass ihr etwas fehlt. Und wenn du das, was der Hütte fehlt, mit deinen Gedanken ausgefüllt hast, merkst du, dass die Hütte mal ein Schloss gewesen sein muss.«
So ist das also! Murmelte ich vor mir hin.
Und wusste, wie man ein schönes Schloss,
– über eine arme alte baufällige Hütte –
wieder ein Schloss werden lassen kann.

Das mit dem Weihnachtsmann

»**D**as mit dem Weihnachtsmann in unserer Zeit musst du mir weiter erzählen.«
Fragte ich meinen Freund schon wieder.
»Du hattest doch was von einer sich aus der Gegenwart bildenden Zukunft erzählt. Und was hat das mit dem Zeitweihnachtsmann zu tun?«
»Wenn es einen Tag gäbe, der so ausgefüllt worden wäre, dass es an nichts fehlt, könnte keine Zukunft entstehen.«
»Aber es gibt doch den nächsten Tag; das ist doch die Zukunft von dem vorherigen Tag.«
»Nein, es ist alles ein Tag, obwohl es in dem einen Tag, immer wieder einen nächsten gibt.«
»Wie meinst du das?
Der nächste Tag ist keine Zukunft, obwohl er nach einem Tag kommt.«
»Weil das Drehen der Erde keinen nächsten Tag erzeugt, sondern den einen Tag mit den Fehlern,
– immer wieder – nur hell und dunkel werden lassen kann.«
»Ach so, dann ist ein Tag in dem was fehlt, der erste und ein Tag in dem nichts mehr fehlt, der zweite Tag?«
Dann hat ja der Zeitweihnachtsmann den zweiten Tag auf seinem Rücken! Jetzt weiß ich, was er da mit sich herumträgt.«
»Ja«, sagte mein Freund und reimte:
»Weil, in dem Tag wo was fehlt,
in uns ein Wunsch entsteht,
den der Weihnachtsmann aufnimmt

und in seinem Sack auf den Rücken
als den zweiten Tag mit sich herumträgt«

Die Scherben

Du hast du doch das Fehlerhafte in der Zeit auch mit einer Vase verglichen, wie war dieser Vergleich?«
Sofort fing mein Freund an zu reimen:

»Wenn die Gegenwart einer Vase zerbricht
bekommt man von ihr den Wunsch
dass sie irgend wann einmal
wieder heile ist.«

Und wir reimten:
»Eine Vase, die nicht zerbricht,
hat keine Lücke, in der sie wieder zusammensetzbar ist«

Wir reimten weiter:
»Mit den Lücken hat eine ehemalige
also nicht zersprungene Vase
sich in Scherben dargebracht
und damit eine andere Gegenwart entfacht«

Der Riss

Wieder fragte ich meinen Freund:
»Wie war das mit dem Riss im Kleid des Lichtes? Du sagtest doch, das Licht hat sein Kleid zerrissen und in dem Riss findet was statt.«
»Ja«, sagte mein Freund, »denn an diesem Ort, also da wo sich der Riss befindet, gibt es das Licht nicht mehr –
es hat sich dort entfernt.«
»Und wo ist dieser Ort, in dem sich der Riss des Lichtes befinden soll?«, fragte ich meinen Freund gespannt, »und wie heißt er?«

Und mein Freund reimte:

»Wenn das Licht sein Kleid teilt,
diese Entzweiung –
als Raum unter uns verweilt.«

Und er reimte weiter:

»Dort näht sich das Kleid wieder zusammen –
kann wieder als ganz neu anfangen…«

Ich rief: »Das ist ja wie bei unserer Vase!«
»Ja«, sagte mein Freund und fing an seine Jacke zu flicken.

Wieder fragte ich meinen Freund nach dem Spiegel…

»**W**ie war das? Du hattest es doch erzählt.«
»Ach, ja!«
»Also, es saßen zwei Menschen vor einem Spiegel. Sie waren gefesselt. Sie konnten sich nicht umdrehen.

Im Spiegel sahen sie, wie ein Stein von stattlicher Größe von einem Ort zum anderen getragen wurde.
Derjenige, der den Stein schleppte, stöhnte und weinte vor Anstrengung, weinte ganz laut, schrie jämmerlich – herzzerreißend – bat immer wieder um Hilfe.
Nachdem er den unheimlich schweren Stein abgelegt hatte, nahm er einen Schaumgummiwürfel von gleicher Größe und trug ihn anstelle des Steines wieder dahin zurück, wo er den schweren Stein anfangs hergeholt hatte.
Jetzt weinte er nicht mehr vor Anstrengung und schrie auch nicht um Hilfe – sondern sang sogar sein schönstes Lied dabei.
Einer von den beiden, die das, was da im Spiegel geschah, ansa-

hen, fing auch an zu weinen und laut herzzerreißend um Hilfe zu rufen – oder weinte ganz tief vor Freude – je nachdem, was da im Spiegel geschah.
Der andere schaute ihn verständnislos an.
Er verstand nicht, warum man sich so benimmt, wenn man solche Bilder im Spiegel sieht.
Für ihn sah im Spiegel alles gleich aus.
Darum blieb er bei der Beobachtung des Geschehens im Spiegel,
völlig teilnahmslos und stumm.

Da kam ein Energiestoß – zerriss seine Fesseln und versetzte ihn dahin, wo das, was er im Spiegel sah – auch wirklich geschah.

Und musste jetzt das anheben, was es vorher für ihn nur als Spiegelbild gegeben hatte.

Als er dann danach im Spiegel die Bilder wieder sah –
weinte, freute und schrie auch er –
weil er die Bilder in sich erlebte –
also fühlen konnte, was da geschah.«

Ich rief: »Oh Mann! Das ist unser Spiegelgleichnis!« und reimte weiter
»Kannst du eine Schwere im Spiegelbild
ganz leicht vor ihm sitzend
innerlich äußerst tief miterleben
musstest du das, was da geschieht
schon einmal
ganz kräftig in die Höhe heben«

»Wie war das mit der Lüge und der Wahrheit?

Wo ist die Wahrheit bei uns? Die Wahrheit und die Lüge?«, fragte ich gespannt.

»Wahrheit ist, dass es etwas gibt. Und wenn das, was es da gibt, ganz fest ist, kann man sich merken, dass es da was gibt.«
»Dann ist die Wahrheit einfach nur, dass es etwas gibt? Aber es gibt doch überall etwas. Dann müsste ja alles, was es bei uns gibt, Wahrheit sein!«
»Ja«, sagte mein Freund. »Sie ist ja auch überall, aber sie tritt unterschiedlich stark auf. Denn umso kräftiger eine Anwesenheit auftritt, desto mehr nehmen wir wahr, dass es da was gibt.«
Ich rief erstaunt: »Das würde ja heißen, umso fester eine Anwesenheit ist, desto besser kann man sie sich merken – umso wahrnehmbarer ist sie – je mehr kann man sich darauf verlassen, dass etwas da ist.«
»Ja«, sagte mein Freund. »Wenn etwas ganz fest und unveränderbar ist, bildet es eine gute Orientierung, weil es so bleibt wie es ist.«
»Stimmt ja«, sagte ich. »Wenn etwas längere Zeit so bleibt wie es ist, sagt man Wahrheit dazu.«
»Dann ist viel Festigkeit ein guter Untergrund für die Entstehung einer Wahrheit?«

»Ja«, sagte mein Freund.
»Dann ist die Wahrheit eine ganz kräftige Wirklichkeit?«
»Ja«; sagte mein Freund. »So entsteht für uns die Wahrheit, als eine erste, zuverlässige Anwesenheit.«
»Aber du sagtest doch, wenn sich etwas verfestigt, lügt es, wenn es eigentlich flüssig ist.«
»Ja«, sagte mein Freund. »Wenn ein Stoff, der eigentlich flüssig ist, eine Wahrheit überbringen will, muss er seinen Zustand so verändern, dass er damit eine Beständigkeit in seine Darstellung bringen kann.«

»Ach so!«, rief ich, »Dann besteht er ja nur in seiner ersten Anwesenheit aus Lüge. Und wenn er die feste Vorstellung haltbar überbracht hat, kann er sich in seine eigene Wahrheit wieder zurück begeben!«
»Ja«, sagte mein Freund, »um dann wieder in seiner ursprünglichen Beständigkeit – also wieder flüssig – ohne eine Lüge in seiner Anwesenheit sein zu können.«

Wir reimten:

»Wenn das Feste als geschmolzen
dann irgendwann einmal wieder in seinen Ursprung entrinnt
die Übertragung einer nicht so verhärteten Anwesenheit
in einer anderen Wahrheit beginnt«

Wir waren gerade an einer Tür vorbei

gegangen – da zeigte mir mein Freund ein Vorhängeschloss, welches die Tür versperrte.
Er sagte: »Schau mal, ein Vorhängeschloss.«
Und er überlegte laut weiter:
»Es heißt Vorhängeschloss, weil sich das Schloss vor der Tür befindet – mit ihr verbunden ist – dort an ihr hängt.«
»Und was schließt du daraus?«, fragte ich.
»So, wie das Schloss, befindet sich die ganze Welt vor der Tür.«
»Was, du meinst, die ganze Welt ist wie ein Schloss, das sich vor einer Tür befindet – dort an ihr hängt?«, fragte ich verwundert.
»Ja«, sagte mein Freund. »Die Welt, in der wir uns befinden, ist wie ein Vorhängeschloss an einer Tür – und wir sind in ihm drin.«
»Wir leben in einem Vorhängeschloss? Schließen wir etwa mit

unserer Welt die Tür auf? Weil unsere Welt doch der Verschluss davor, also das Verschließen der Tür ist?«
»Ja«, sagte mein Freund.
»Wie geht das, mit dem Aufschließen?«
»Das Aufschließen müsste eine Entschlüsselung des Schlosses sein.«
»Und wie entschlüsselt man das, was die Tür zuhält – an ihr hängt – sie versperrt?«, fragte ich weiter.
»In dem man da, wo man sich gerade befindet – allem gegenüber – aufgeschlossen ist.«
»Oha!«, rief ich. »Und wenn man sich dann so aufschließend benehmen kann, lockert sich das Schloss ein bisschen – also die Festigkeit – und damit auch die Tür?«
»Ja«, antwortete mein Freund.
Und ich reimte:
»Das würde ja heißen
umso mehr wir es schaffen
offen
also nicht mehr so dicht zu sein
desto weniger Sperre hat das Schloss
eine Eröffnung nach der Anderen
stellt sich bei uns ein«

Der Vater meines Freundes stand hinter uns.
Sein lautes Grüßen beim Hereinkommen hatten wir in unserem Eifer gar nicht bemerkt.
Er hatte alles mitgehört. Und als wir ihn fragend anschauten, sagte er: »Das mit dem Schloss muss ich mir merken, wo habt ihr das nur her?«
Und als er wieder aus dem Raum ging, hörten wir nicht wie gewohnt das Zuschlagen der Tür. Er hatte das Schloss einfach mitgenommen.

Das Wort

»Du sagtest doch etwas von Worten, die sich wie Hänsel
und Gretel im Wald verirren können.
Wie war das?«
Mein Freund holte tief Luft und erzählte die Geschichte von den umherirrenden Worten:

»Ein Wort findet ohne Bilder keinen Halt.
Es verirrt sich in den Gedanken
wie Hänsel und Gretel
in einem ganz finsteren Wald«

»Dann sind ja die Bilder das Zuhause aller Worte«, warf ich ein.
»Ja«, sagte mein Freund. »Wenn Worte keine Bilder haben, sind sie nur Schatten. Ihr Verstehen ist dann dunkel wie ein ganz finsterer Wald.«
»Dann sind Worte ohne Bilder wie ein Haus, von dem nur der Schatten existiert? Das Haus selber ist gar nicht da?«
»Ja«, sagte mein Freund. »Das Haus ist nur als Schatten da.
Es lässt sich in ihm nicht wohnen; weil man ja in einen Schatten nicht einziehen kann.«
Und er reimte:
»Gibt es ein Wort mit Verstehen
hat es ein Bild
und wir können in ihm spazieren gehen…
Ist das Wort aber noch allein
lässt es keinen von uns rein«

Das allein gelassene Wort

»**W**ie ist das denn nun eigentlich, wenn ein Wort alleine da ist?«
»Dann muss es sich noch bilden, damit man es verstehen kann. Denn, wenn man es verstehen kann, hat ein jedes Wort, sein Bild daran.«
sagte mein Freund und reimte:
»Ein Wort,
egal wie laut es ist
wird schweigen,
sollte es ohne ein Bild
versuchen
sich als Verstehen zu zeigen«
Ich reimte weiter:
»Es gibt keine Welt.
Nur eine Ansammlung von Bildern
hat sich zu den Worten
dazu gesellt«
Mein Freund sah mich an, freute sich und reimte weiter:
»Ein Wort wird mehr als ein unverständlicher Grunzelaut – wenn man ein Bild dazu erschaut«
Hinter uns stand auf einmal der Vater meines Freundes.
Und er freute sich diesmal ganz besonders.
Freute er sich etwa ganz besonders, weil er wusste, dass bei uns jetzt die Worte immer ihre Bilder bei sich haben, damit die Worte auch Worte und nicht nur Töne sind? Fragte ich mich.

Das Ansprechen

»**W**enn ich dir etwas sage, werfe ich mit meinem Mund Energie in dein Ohr.
Man kann diese Energie, die ich in deine Ohren werfe, auch Schallwellen nennen.

Und mit diesen Wellen, die in dein Ohr eingefallen sind, schalte ich Bilder in dir – also deine Gedanken an.
Und so unterhält man sich:
Die Gesprächspartner machen mit der Sprache Licht in ihren Gedankenbildern an und aus.«
Ich antwortete meinem Freund:
»Das hört sich aber komisch an, was du da erzählst.«
»Ja, siehst du«, sagte mein Freund zu mir, »da kannst du mal sehen, was passiert, wenn du dich mit jemanden unterhältst, der mit seiner Sprache, so eigenartig die Bilder in deinen Gedanken einschaltet.«
»Das machst du aber oft bei mir.«
»Ja«, sagte mein Freund. »Aber Hauptsache ich spende dir mit dem Einschalten deiner Gedankenbilder Licht.«
»Stimmt ja«, sagte ich. »Wenn du nämlich Worte gebrauchen würdest, die bei mir keine Bilder anschalten können, lässt du mich ja mit deinen Worten im Dunkeln stehen.«
Und wir waren froh,
dass es bei unseren Unterhaltungen,
nicht so finster in unseren Gedankenbildern ist.

»Wie war das mit den Bildern;

Sie können ein friedliches Kleid tragen? Du hattest mir doch so etwas erzählt. Wie war das?«
»Du weißt doch, wenn man ein Wort verstehen willst, muss es ein Bild bei sich haben«, sagte mein Freund.
»Stimmt ja«, sagte ich, »unsere alte Regel lautet doch:
Ein Wort findet ohne ein Bild keinen Halt
es verirrt sich in den Gedanken
wie Hänsel und Gretel –
in einem ganz finsteren, schwarzen Gruselwald.«
»Ja«, genau so ist es!«, sagte mein Freund und erzählte weiter:
»Es steht doch geschrieben: Am Anfang war das Wort.«

»Ja«, sagte ich, »am Anfang der Welt soll es das Wort gegeben haben.«
Mein Freund fragte: »Und zu einem Wort gehört?«
Ich wusste es natürlich sofort und rief: »ein Bild!«
»Stimmt«, sagte mein Freund, »zu dem Wort am Anfang muss ein Bild gekommen sein, weil man ein Wort ja ohne ein Bild nicht verstehen kann.«
»Und wo ist das Bild?«, fragte ich.
»Es umgibt uns als Welt!«, sagte mein Freund. »Und die Welt die uns umgibt, besteht aus Bildern. Wir sagen zwar immer erst dann Bilder zu den Bildern, in denen wir uns ja befinden, wenn wir uns eins von ihnen gemacht haben, obwohl es vorher natürlich auch schon welche gewesen sind. Und die Bilder in denen wir uns befinden, tragen ein Kleid; und dieses Kleid meine ich.«

Ich fragte erstaunt: »Wo tragen denn die uns umgebenen Bilder ein Kleid?«
»Das Kleid, das die Bilder tragen, ist der Stoff aus dem sie bestehen«, sagte mein Freund.
Ich fasste einen Stuhl an und fragte: »Ist der Stuhl ein Bild, aus den Bildern in denen wir uns befinden, und das Holz aus dem er besteht ist sein Kleid?«
»Ja«, sagte mein Freund. »Das Holz ist der Stoff aus dem sein Kleid besteht.«
»Und der Stoff, den er und die anderen Bilder als Kleid anhaben, kann friedlich und unfriedlich sein?«, fragte ich verwundert.
»Ja«, sagte mein Freund und erzählte aufgeregt weiter: »Umso fester der Stoff ist, aus dem die Kleider der Bilder ja bestehen, desto härter sind sie. Und umso härter ihre Kleider sind, die sie anhaben, desto unfriedlicher sind sie.«
»Ach so ist das!«, rief ich.
Und fragte weiter: »Ist dann, wenn die Bilder ihr Kleid gewechselt – sich sozusagen umgezogen haben – die Härte aus ihren

Kleidern verschwunden? Könnten sie dann etwas weicher und flauschiger – also muscheliger – sein?«
»Na klar«, sagte mein Freund. »Wenn die Bilder so harte Kleider tragen, ist es, als ob sie sich in einer Rüstung befinden. Tragen sie aber ein Kleid, wie aus Samt und Seide, sind sie weicher – unverletzlicher – anschmiegsamer …«

»Ach so!«, rief ich. »Jetzt weiß ich, was du meinst mit den Bildern, wenn sie ein Kleid aus Krieg oder Frieden anhaben.«
»Ja«, sagte mein Freund und reimte:

»Wenn das Kleid
der uns als Zeit umgebenen Bilder
nicht mehr so fest erscheint
haben die Bilder ihre Rüstung ausgezogen
sind wieder mit den Frieden vereint«
Ich reimte weiter:
»Dann müsste ein Treff mit den Bildern im neuen Kleid wie ein immer währender Feiertag sein
sie stellen sich dann
wie mit einem Hochzeitskleid bei uns ein...«

Wir reimten:
»Bestehen die Bilder aus einem Stoff mit tödlichem Leid
tragen sie ein Lügenkleid.«

Ich reimte weiter:
»Ihre Wahrheit lässt sich im Weltraum sehen:
Es gab sie dort als eine bunte Lichtwolke –
vor ihrem jetzigen harten, rüstigem Kriegsbestehen…

»Man kann sich doch in den Bildern befinden,

Und man kann sich außerhalb der Bilder befinden.

Und wenn man sich in den Bildern befindet, sagt man zu den Bildern: Zeit.
Und wenn man sich außerhalb der Bilder befindet, nennt man die Bilder: Bilder.
Wie war das mit den Bildern,
wenn man sich in ihnen oder vor ihnen aufhält?«, fragte ich meinen Freund.
Mein Freund fing an zu erzählen:
»Also, wenn du in einem Bild stehst, nennst du das Bild die Welt.
Und wenn du das, worin du dich befindest, malst oder als Foto darstellst, erst dann sagst du Bild zu dem Bild, in dem du gerade bist.«
»Ach so!«, rief ich, »dann ist ein Bild für uns erst dann ein Bild, wenn wir vor einem Bild stehen und nicht in unserer Zeit, also in ihren Bildern sind!«
»Ja«, sagte mein Freund.
»Oha«, sagte ich und dachte laut weiter:
»Wenn man also das,
was gerade geschieht,
als ein Bild vor sich sieht,
ist man sozusagen fein draußen!«

Aus dem Nichts ein Zuhause bilden können

»**D**u sagtest doch zu mir, dass wir uns aus dem Nichts ein Zuhause bilden können. Wie war das?«, fragte ich meinen Freund.
Er überlegte und reimte:

»Aus dem, was da fehlt im Sein
entstehen unsere Bausteine
für ein neues, inneres Eigenheim«

Ich fragte: »Wie kann man aus dem, was einem fehlt, ein Eigenheim bauen?«
Mein Freund sagte:
»Du weißt doch, dass da, wo sich nichts befindet, genügend Platz ist, um was hinstellen zu können.
Und das, was wir dahin stellen können, sind unsere Wünsche und Träume, von denen wir hoffen, dass sie irgendwann einmal in Erfüllung gehen.
Und wenn uns viel fehlt, entstehen auch viele Wünsche und viele Träume und mit ihnen die Hoffnung, dass sie in Erfüllung gehen. Und das alles stellen wir dort hin, wo sich Nichts befindet, und das ist ein Platz, auf den man dies alles abstellen kann.«
»Stimmt ja«, sagte ich, »aber wo ist das eigene Haus?«
Mein Freund sagte: »Wenn wir viele Wünsche haben, können wir auch viel von ihnen ansammeln, sie werden also dort immer mehr – bauen sich da auf.«
»Ach so meinst du das!« rief ich. »Dieses Aufbauen der Wünsche, die ja aus dem bestehen, was es nicht gibt – bauen sich an diesem Ort – wie ein großes Haus auf!
Und dieses immer größer werdende Haus ist wie ein inneres Eigenheim! Und die Bausteine für dieses Heim müssten dann die Wünsche sein!«
Wussten wir doch jetzt, wie aus dem Fehlen – ein immer größer werdendes Haus sich in uns aufbauen kann.
»Du hattest doch noch einen Reim, wie war der?«
Und mein Freund reimte:

»Wenn ein Heute mit vielen Fehlern erscheint
es sich in uns –
aus diesem Geschehen
zu einem großen Haus vereint«

Ich reimte weiter:

»Ein großer Wunschberg
ist das eigene
sich in uns befindende Haus.
Der Besitzer sind die Wünsche
sie wohnen dort
gehen da ein und aus«

Das Rücksichtnehmen

Verstehe ich nicht so richtig. Du hattest es mir schon einmal gesagt. Wie war das?«, fragte ich meinen Freund.
Mein Freund fing an zu erzählen:
»Wir bestehen aus zwei Gegenwarten – die eine Gegenwart besteht aus dem Augenblick, den wir vor uns haben –
und die andere Gegenwart besteht aus dem Augenblick, den wir hinter uns haben, weil aus der ehemaligen vor uns liegenden Gegenwart, ja unsere Gedanken entstanden sind.«
»Stimmt ja!«, rief ich, »wenn ich etwas sehe, kommt das Gesehene als Gedanken bei mir an, fügt sich mit meinen anderen Gedanken zusammen!«
»Ja«, sagte mein Freund. »Die Gegenwart der Gedanken wird größer, sie wächst an.«
»Dann gibt es ja immer zwei Gegenwarten: Eine, die man außen und eine, die man innen hat.«
»Ja«, sagte mein Freund. »Die innere Gegenwart wird immer größer, weil man die augenblickliche – also äußere Gegenwart – mit den Gedanken als eine innere Gegenwart zusammenfügen kann.«
Und er reimte begeistert:

»Und weil dieses Zusammenfügen von Gegenwarten immer wieder und unheimlich oft in uns geschieht –
man über tausend Tage
in sich auf einmal sieht«

Ich sagte: »Dann ist ja die innere Gegenwart viel größer als die äußere Gegenwart.«

»Ja«, sagte mein Freund. »Mit dem Zunehmen der inneren Gegenwart kann man in seinen Gedanken immer mehr sehen. Dieses innere Sehen nennt sich: Rücksicht nehmen.«

Und er reimte:
»Was man im Augenblick nicht sieht -
ergänzt man mit einem Blick ins Innere:
Eine Rücksichtnahme geschieht«

Mein Freund reimte weiter:
»Was außen im Augenblicklichen
als Sichteinschränkung schweigt
wird durch den Einsatz der Erinnerung ausgeleuchtet
also von Innen angezeigt«

Das tausendjährige Reich

Ich sagte: »Durch die Aufnahme unserer Umgebung als Gedanken wird ja auch das Land, das wir außen sehen, in uns gespeichert. Und diese innere Landspeicherung wächst dann bei uns an.«

»Ja«, sagte mein Freund. »Wir haben es in uns angehäuft; sozusagen erobert.«

»Oha!«, rief ich. »Dann ist ja ein jeder von uns Großgrundbesitzer! Nur dass das Land nicht aus Erde, sondern aus Gedankenlicht besteht!«

»Ja«, sagte mein Freund, »mit jedem Augenblick, den du von außen in dir ansammeln kannst, vergrößert sich dein Reich.«

»Dann kann ich ja die ganze Welt erobern!«

»Ja«, sagte mein Freund, »du brauchst sie dir nur anzusehen,

also durch sie gehen; das reicht.«
Da bemerkte mein Freund, dass ich eine Atombombe in meinem Rucksack hatte.
Er rief erschrocken: »Was willst du mit der Atombombe in deinem Rucksack tun?«

Ich rief: »Ich will Land erobern!«
Mein Freund rief: »Schau doch mal in deine Gedanken, du hast es doch bereits erobert!«
Ich schaute in meine Gedanken und rief überrascht: »Stimmt ja! Da ist es ja! Das in mir eingesammelte Land. Mein großes Reich!«
Und ich freute mich darüber, wie viel Land ich schon wieder eingesammelt, in mir zurückgelegt, also erobert hatte. Denn während wir uns unterhielten, waren wir spazieren gegangen. Und hatten bei dieser Landeroberung – mit süßem Eisbombenschlecken – dieses alles aufgenommen
und unser Land gewonnen.«

Und ich wusste:
In unseren Gedanken
eine immer größer werdende Welt entsteht
dort werden nämlich die einzelnen Tage
– Stück für Stück –
zusammen geklebt

Der Raum macht alles gut und böse?

Wie macht er das?«, fragte ich meinen Freund.
Und er fing an zu erklären:
Die Sterne zum Beispiel kannst du nur deswegen bewundern, weil sie weit genug von dir weg sein können. Und weit weg

von dir können sie nur mit dem Raum sein – darum findest du sie so schön, denn ohne den Raum würden sie dich sofort verbrennen.«

Und er führte diesen Gedanken weiter aus:

»Und mit dem Leben ist es genau so, wie mit den Sternen – es braucht auch seinen Raum!«

»Was? Du meinst, dass das Leben uns – genau so wie die Sterne – verbrennen würde, wenn es keinen Abstand – also Raum – bei sich hätte?«

»Ja«, sagte mein Freund. »Ohne Raum wird auch das Leben so heiß werden, dass es uns sofort verbrennen würde.

Es ist wie bei den Sternen, wenn zu wenig Raum da ist, stürzen sie zusammen und verbrennen sich. Einzelne Anwesenheiten gibt es dann nicht mehr – alles ist verschmolzen – das Einzelne ist weg.«

»Ach so ist das!«, rief ich. »Jetzt weiß ich, wie du das mit dem Raum meinst: Je weniger von ihm vorhanden ist, umso enger ist es. Und je enger es ist, umso heißer wird es. Alle verbrennen sich dann – das Gute zwischen ihnen ist weg!«

Sofort streckte ich meinen Arm aus und fing an den Raum zu streicheln.

Mein Freund rief: »Was machst du da?

Ich rief: »Ich freue mich, dass der Raum da ist.«

Und breitete meine Arme weit aus und versuchte den Raum ganz fest an mich zu drücken.

Und mein Freund und ich erkannten:

Sich näher zu kommen
ist Raum zu sein
der Andere
kann sich ausfüllen lassen…

Es war Nacht. Ich konnte die Sterne über mir am Himmel stehen sehen. Und ich freute mich zweimal über die Sterne am Himmel: Einmal: weil ich sie sehen konnte, und noch einmal: weil sie so schön cool waren.

Kerzenlicht im inneren Raum

»**D**as mit dem Raum in uns, hast du doch auch mit dem Halten eines Kerzenlichtes verglichen. Wie war das?«, fragte ich meinen Freund
»Es gibt zwei Räumlichkeiten.«
»Ja, einer befindet sich draußen, und einer befindet sich innen. Wir hatten es uns doch schon erzählt.« Ich überlegte laut weiter: »Hat der innere Raum eigentlich die gleiche Funktion wie der äußere?«
Mein Freund nickte und fuhr fort: »Wenn ich dir eine Kerze gebe, dann tut sie dir, wenn du einen Raum nicht zu Hilfe nehmen kannst, unheimlich weh. Nur mit einem Raum, kannst du sie von dir weg halten und verbrennst dich nicht an ihr.«
»Ach so!«, rief ich, »Darum kann man eigentlich nur so viele Kerzen aufnehmen, wie man Raum hat; um die Kerzen weit genug von sich weg halten zu können!«
»Ja«, sagte mein Freund. »Sonst verbrennst du dich.«
»Ist es mit dem inneren Raum auch so, wie mit dem Äußeren?«
»Ja, es kann immer nur so viel Kerzen-(Licht) zu dir kommen, wie du Platz in dir angesammelt hast.«

Wissen im Raum

»**I**n dem uns umgebenen Raum wird doch alles kleiner und größer. Je nachdem, wie weit weg es sich von einem befindet. Was hat das mit unserem Wissen zu tun? Du sagtest doch mal so etwas.
Wie war das?«

Mein Freund überlegte laut:
»Wenn ich genügend Raum zur Verfügung habe,

kann ich die Dinge in ihm weiter weg stellen, also kleiner werden lassen.«

»Stimmt ja«, sagte ich. »Wenn ich etwas ganz dicht vor Augen habe, sehe ich nur das Eine und denke: Das ist alles.
Aber wenn genügend Raum vorhanden ist, kann ich was wegstellen – es kleiner werden lassen – und sehe dann wieder mehr.«
»Aber was hat das mit dem Wissen zu tun?«, fragte ich meinen Freund.
»Wenn man etwas weiß, sieht man erst einmal alles. Und wenn es dann kleiner werden kann, sieht man wieder mehr.«
»Aber was hat das mit unseren Türen zu tun?«, fragte ich.
Mein Freund reimte:
»Ohne Raum sich Übersichten verschließen
aber mit ihm -
alles kleiner werden kann -
weitere Eröffnungen grüßen…«

»Wie war das mit dem Grund?«

»Du weißt doch«, sagte mein Freund, »dass das Wasser nur etwas untergehen lassen kann, weil es einen Grund gibt.«
»Stell dir doch mal vor, dass alles was es gibt, aus Wasser ist«, erzählte mein Freund weiter. »Es hat keinen Anfang, kein Ende. Raum gibt es in ihm nicht – es ist ganz alleine – etwas anderes als Wasser gibt es nicht.«
»Oha!«, rief ich. »Ohne eine Unterbrechung – alles ist Wasser – Luft, Steine, Raum gibt es dann im Wasser nicht?«
»Ja«, sagte mein Freund, »alles besteht nur aus Wasser, etwas anderes gibt es nicht.«
»Und wie macht das Wasser, dass es in ihm etwas anderes als nur Wasser gibt?«, fragte ich weiter.
»In dem es sich an bestimmten Stellen dünn und dick macht.«

»Stimmt ja«, sagte ich. »Dann gibt es etwas Neues im Wasser, obwohl es ja immer noch Wasser ist.«
»Ja«. sagte mein Freund und reimte:
»Was Neues im Wasser gibt es erst dann -
wenn das Wasser
– an bestimmten Stellen – sich dick und dünn machen kann«

»Oha!«, rief ich, »Und eine feste Stelle ist dann der Grund?«

»Ja«, sagte mein Freund und reimte weiter:

»Mit dem Festen im Wasser
kann ein Grund entstehen
und wenn man sich im Wasser auf einen Grund
zubewegt
nennt man diese Bewegung: das Untergehen.«
Und er reimte weiter:

Und wenn das Wasser
an bestimmten Stellen ganz dünn wird –
dort also in eine Leere übergeht –
an diesem Ort
ein Ufer aus dem Grund entsteht

Oha, dachte ich. Und wusste, wie man im Wasser etwas Untergehen und Auftauchen lassen kann, obwohl alles nur aus Wasser ist…

Alles Untergehen lassen können

»**W**enn jemand über das Wasser gehen kann, ohne zu versinken, besteht er dann aus Holz?« Fragte ich meinen Freund.
»Nein, sagte mein Freund. »Er wirkt nur so leicht wie Holz – darum lässt ihn das Wasser nicht untergehen.«

»Stimmt ja«, sagte ich, »du hattest doch einen Reim dafür, wie war der?«

Und er reimte:
»Wenn eine Welt sich in starker unterschiedlicher Dichte überbringt,
nicht nur ein Stein im Wasser da versinkt«

Mein Freund kombinierte reimend weiter:

»Wenn wir alle über das Wasser gehen,
kann kein großer Unterschied mehr in der Dichte einer Welt bestehen:
und somit keiner mehr in ihr –
zugrunde gehen«

Die Dunkelheit

gibt es doch nur, weil der Nebel – also unsere Galaxie – bei uns zu Stein geworden ist.
Du sagtest doch:
Durch seine große Festigkeit, entsteht auch Lichtundurchlässigkeit.«

»Ja«, sagte mein Freund und reimte:
»Mit dem Festigkeitsentstehen
kann man durch keine Wand mehr sehen.
Und wenn sich das Feste ins Licht stellt
auch noch ein dunkler Schatten fällt«

Und mein Freund reimte weiter:
»Wenn in unserer Welt aber dann wieder alles weicher, lockerer wird dargebracht
ist es durchsichtig:
Es wirkt dann wie aus Glas oder reinem Kristall gemacht«
Und er fuhr fort:

»Weil die Erde sich hat so fest gemacht
ist sie nicht durchsichtig
und somit entsteht auf ihr: Tag und Nacht«

Ich fragte reimend weiter:

»Aber weil wir wegen einer großen Dichte alles nur zur Hälfte sehen,
können in der anderen
unsere eigenen Gedanken entstehen?«

»Ja«, sagte mein Freund. »Du kennst doch unseren alten Spruch:

Wenn man die Umwelt nur zu einer Hälfte sehen kann bauen sich in dem unsichtbaren Stück
die eigenen Gedanken an.

Denn würden wir das – was es da gibt –
alle gleichermaßen sehen
könnten ja nicht so gut –
eigene Geschichten entstehen«

Ich dachte: Man oh man – und das alles als Reim! Es muss ja dann eigentlich die Wahrheit sein.

»Wie ist das mit der Schwerkraft?

Du sagtest, wir werden durch sie unheimlich fest auf die Erde gedrückt.
»Du hattest eine Erklärung für sie! Wie war das?«
»Ja«, sagte mein Freund, »ich hatte mir überlegt, wenn jemand sehr viel Angst davor hätte, dass du verloren gehen könntest, würde er dich ganz fest an sich drücken.«
»Was, du meinst, es gibt keine Schwerkraft, sondern nur ein Ansichpressen von jemanden, der Angst hat, dass wir verloren

gehen könnten?«
»Ja«, sagte mein Freund, »und wenn wir wissen, wo und was wir sind, lässt er uns wieder los.«
»Wenn die Schwerkraft nachlassen sollte, ist jemand froh, weil er weiß, dass wir nicht mehr verloren gehen können?
Und drückt uns dann nicht mehr so stark?«

»Ja«, sagte mein Freund, »vielleicht drückt es dann nur noch ein ganz bisschen und zwar so, dass man auch sagen könnte:
Aus dem kräftigen an sich pressen entsteht lieblicher Streichelhauchdruck.«
»Ist das so eine Art Schmusedruck?«, fragte ich.
»Ja«, sagte mein Freund.
»Aus dem ehemaligen kräftigen Drücken, müsste dann ein vorsichtiges, ganz minimal saugendes – also leicht küssendes, an sich Heranziehen geworden sein.«

»Wo und was sind die Türen?

Haben wir denn jetzt eigentlich die Türen gefunden?«, fragte ich meinen Freund.
Haben sie eine Anzahl?
Oder sieben sie uns mit ihrem Durchlass einfach nur?«
Mein Freund sagte: »Eigentlich gibt es doch keine Türen. Sondern nur einen Stoff, der so fest ist, dass man mit ihm was verschließen kann. Er wirkt wie eine Tür.«
»Ach ja!« Rief ich.
»Ohne Festigkeit gäbe es keine Türen. Versperren gibt es ohne Festigkeit nicht.
Dann gibt es eigentlich keine Türen, sondern nur einen Stoff, in dem, je nachdem wie hart er ist, Auf und Zu mit eingebaut worden ist!

»Der Stoff aus dem die Türen sind,

kann mit mir sprechen.
Du sagtest doch so etwas zu mir. Wie macht er das?«, fragte ich gespannt.
»Er steht als eine Tür vor dir. Und wenn du anklopfst, unterhält der Stoff der Tür sich mit dir.«
»Und was sagt er mir, wenn ich anklopfe?«, fragte ich.
»Er sagt dir wie fest er ist. Die stofflich unterschiedlichen Türen, lassen ihre Verschlossenheit durch Anklopfen verstehen. Je lauter du das Pochen hörst, umso fester sind sie dir gegenüber noch verschlossen.«
»Stimmt ja!« Sagte ich. »Je fester sie sind, umso kräftiger kann man klopfen, umso lauter wird die Tür.«
»Ja«, sagte mein Freund. »Mit dem, was du beim Klopfen hörst, ruft sie zurück – das ist ihre Sprache.«
»Das ist ihre Sprache? Wenn man hört wie laut das Anpochen ist?«
»Ja«, sagte mein Freund. »Mach es doch mal.« Und ich klopfte an eine Tür und hörte mir mein Klopfen an: Es machte einen Höllenspektakel.
»Mach die Tür doch mal auf!« Rief mein Freund.
Ich machte die Tür auf und trat durch sie hindurch. »Heb doch mal was von dem, worauf du stehst, auf!« Hörte ich meinen Freund rufen.
Ich nahm ein Stück, das vor mir lag, und hob es auf. Sofort merkte ich, dass es unheimlich hart und schwer war.
Mein Freund rief mir zu: »Fass doch noch einmal die Tür an, an der du gerade vorbei gegangen bist!«

Ich fasste sie an und rief erstaunt: »Die Tür fühlt sich genau so an, wie der Stoff den ich hinter ihr gefunden habe, also hier in meiner Hand halte!«
Und als ich die Tür wieder zugemacht hatte, fragte ich meinen Freund: »Wie ist das denn mit den anderen Türen?«

»Mach sie doch alle auf«, riet er mir.
Sofort klopfte ich bei der nächsten an. Sie war etwas leiser – es hörte sich nicht so laut wie bei der ersten Tür an. Dann öffnete ich sie, ging hindurch und hob den Stoff an, der sich hinter der Tür befand. Er war etwas leichter und weicher als das, was sich hinter der ersten Tür befand.
Ich rief: »Das fühlt sich hier alles etwas weicher und leichter an.«
Mein Freund rief zurück: »Klopfe weiter, nimm die nächste Tür!«
Und ich klopfte eine nach der anderen an – kam also von Tür zu Tür.
Ich rief meinem Freund zu: »Das Klopfen wird ja von Tür zu Tür immer leiser – und so wie es leiser wird, ist es dann auch weicher hinter ihr!«
»Ja«, sagte mein Freund und fragte mich: »Welches war die leiseste Tür?«
Ich sagte: »Ich habe die Türen nicht gezählt, aber eine hat bei meinem Anklopfen nicht geantwortet – sie hat geschwiegen – ich hörte nichts von ihr.«
Und ich wusste, dass die Türen eine Sprache haben, die sie beim Anklopfen erklingen lassen können.
Und ich reimte:
»Und je weniger man von den Türen beim Klopfen hören kann
desto leichter fühlt sich hinter ihnen
das Dasein an«

»Warum schaut uns die Welt nicht ganz an?

Du sagtest doch, das macht sie nur deswegen, damit sie unser zweites Auge entstehen lassen kann.
Darüber hatten wir uns doch mal unterhalten. Du sagtest, das hat was mit dem Fehlen einer Hälfte zu tun.
Wie meintest du das?«, fragte ich meinen Freund.

»Schau mich mal an!«, forderte mich mein Freund auf.
Ich schaute ihn an und wunderte mich, warum er einen Spiegel hinter sich aufgestellt hatte.
Ich fragte ihn: »Warum hast du hinter dir einen Spiegel aufgestellt?«
»Damit du mich ganz sehen kannst.«
»Aber ich sehe dich doch ganz.«
»Nein«, sagte mein Freund, »du kannst immer nur die vordere oder die hintere Seite von mir sehen. Also fehlt dir immer eine Hälfte, wenn du mich siehst.«
Stimmt ja, dachte ich. Und beobachtete argwöhnisch meinen Freund. Weil ich doch jetzt wusste, dass er sich mir gegenüber nicht ganz zeigen konnte. Vielleicht hatte er doch da, wo ich ihn nicht sehen konnte, gerade ein Messer versteckt.
Und als ob er meine Gedanken lesen konnte,
sagte mein Freund zu mir:
»Ich habe nichts Böses auf der Seite versteckt, die man bei mir nicht sehen kann.
Schau her, ich habe hinter mir einen Spiegel so aufgestellt, dass du mit ihm, mich auch von hinten sehen kannst.«
Tatsächlich! Hinter meinem Freund war ein Spiegel so aufgestellt, dass ich ihn ganz – also auch seine andere Seite –
sehen konnte.
Und da ich dort nichts Böses erkennen konnte, war meine Angst verschwunden.
»Tatsächlich!«, rief ich. »Ich sehe dich von vorne und von hinten.
Aber was soll das bedeuten?«
»Schau dich doch mal um. Von allem, was dich umgibt, siehst du – wie bei mir – auch nur die vordere Hälfte.«
Ich schaute mir ein Haus, und was sich sonst noch so in meiner Umgebung befand, an und rief:
»Stimmt ja! Es ist genau so wie bei dir – ich kann immer nur eine Hälfte, also die vordere Ansicht von meiner Umgebung sehen!«

»Aber was hat das mit dem einem Auge zu tun? Welches dadurch entsteht, wenn sich eine Hälfte in der Sicht verbergen kann?«

Mein Freund überlegte laut:

»Die Welt zeigt sich in der Ansicht ja nur zur Hälfte – sie stellt ihr Ansehen nur halb dar.

Und wenn sich ein Ansehen nur halb darstellt, fehlt in der Ansicht die andere Hälfte.«

»Schau mal«, sagte mein Freund.

Er verdrehte den Spiegel so, dass ich meinen Freund nicht mehr von hinten sehen konnte.

Ich rief: »Was hast du da gemacht?

Deine hintere Hälfte sehe ich nicht mehr – sie ist weg – ich kann dich nur noch von einer Seite sehen!«

Mein Freund sagte: »Nein, meine hintere Seite ist für dich nicht weg. Sie befindet sich doch in deinen Gedanken. Du hast sie gerade im Spiegel gesehen.

Und mit ihnen siehst du mich jetzt ganz, weil du die fehlende Ansicht mit deinen Gedanken ergänzen kannst.

Deswegen habe ich ja den Spiegel weggedreht, du brauchst ihn nicht mehr, wenn du mich von beiden Seiten – also ganz und gar – sehen willst.«

Ich schaute in meine Gedanken und sah darin sein Spiegelbild, also die andere Hälfte meines Freundes stehen. Ich fügte sie mit der Ansicht, die ich im Augenblick von meinem Freund sehen konnte, zusammen und schon war er wieder ganz.

»Stimmt, was du sagst. Ich sehe dich jetzt ganz, obwohl ich nur eine Hälfte von dir sehen kann.«

»Ja«, sagte mein Freund, »so ist das gemeint mit den beiden Augen.

Wenn du nur von vorn was sehen kannst, schaust du dir mit deinem zweiten Blick – dem inneren Auge – in deinen Gedanken die andere Seite an.«

Und ich wusste:

Dass das zweite Auge in die Gedanken schaut,
und wenn es was passendes in ihnen sieht,
es mit der Sicht des äußeren Auges,
als eine Ansicht zusammen baut.

Und mein Freund reimte:
»Wenn man nur eine Hälfte in einer Ansicht
sehen kann
bauen sich die Betrachter
die andere Hälfte
wenn sie sie vorher gesehen haben
als Ergänzung an«

Und mein Freund reimte begeistert weiter:
»Und können wir dann irgendwann einmal
möglichst viel mit dem inneren Auge ergänzen
– kann sich alles ganz darstellen –
das Hinterteil
braucht sich in der Ansicht
nicht mehr zu schwänzen.«

Ich reimte weiter:
»Und sollte eine Ansicht nicht nur halb
sondern ganz bestehen -
ist sie klar und durchsichtig
dann kann man
– ohne sie mit seinen Gedanken zu ergänzen –
auf einmal sehen«

»Und sollte eine Ansicht nicht nur halb
sondern ganz bestehen -
ist sie klar und durchsichtig
dann kann man
– ohne sie mit seinen Gedanken zu ergänzen –
auf einmal sehen«

Mein Freund las in einem Buch und rief:

»**G**uck dir das an! Hier steht etwas von einem Schatz, der sich an einem Ort befinden soll, an dem die Dunkelheit mit fester Schwärze ausgefüllt worden ist.«
»Zeig mal her!«, rief ich.
Und tatsächlich! Da stand etwas von einer Dunkelheit, die mit fester Schwärze ausgefüllt worden ist, und dass sich an dieser Stelle ein Schatz befinden soll.
»Was kann das denn für ein Ort sein, wo es eine mit fester Schwärze ausgefüllte Dunkelheit gibt?«
»Und was steht denn da in dem Buch über die mit fester Schwärze ausgefüllte Dunkelheit geschrieben?« Fragte ich gespannt weiter.
»Dort steht, dass sich an diesem Ort ein großer Schatz befinden soll. Und weiter steht hier noch, dass sich an diesem Ort ein Wissen entwickelt, mit dem man zu den Göttern und an den Schatz gelangen kann«, erklärte mir mein Freund.
Ich fragte:
»Wie soll man über so einen Ort an den Schatz und zu den Göttern kommen? Und wo befindet sich das Wissen, welches einen dort hinführt?«
Mein Freund sagte: »Das ging ja dem, der diese Beschreibung bekam, genauso; er war ratlos.
Und er wusste natürlich nicht, wo sich dieser Ort befinden könnte. Und so ist es auch geblieben, bis heute weiß niemand hier auf der Erde, was das zu bedeuten hat.

»Aber für uns ist dieser Ort kein Geheimnis? Können wir ihn finden?« Fragte ich meinen Freund.

»Na klar«, und er überlegte laut weiter: »Das mit diesem geheimnisvollen Ort müssen wir herausfinden.«
»Mein Freund überlegte lange und sagte: »Ich glaube, jetzt verstehe ich wie das mit der festen Dunkelheit gemeint ist!«

Ich sagte: »Das verstehe ich aber nicht so richtig. Eine Dunkelheit ausfüllen mit einer festen Schwärze – also auch einer Dunkelheit. Wie geht das? Erkläre es mir doch einmal.«
»Komm mal mit«, sagte mein Freund und ging mit mir in seinen Garten. Dort holte er einen Spaten aus einem Schuppen. Ich fragte ihn: »Was willst du denn heute Nacht hier ausgraben?«
Er sagte: »Ich befreie jetzt die Finsternis«
Ich sagte: »Hör auf zu spaßen – so etwas gibt es doch nicht! Mit einem Spaten der Finsternis die Freiheit zu überbringen!«
»Pass auf!« ,rief er. Er schaltete ein grelles Licht ein und beleuchtete einen vor uns stehenden Baum.
Er sagte: »Siehst du den Schatten des Baumes?«
»Ja!«, rief ich.
»O.K.«, sagte mein Freund, »ich werde ihn jetzt befreien.«

Ich dachte: Mann oh Mann, wie stark muss er doch von unserer Suche in Anspruch genommen sein, dass er jetzt sogar den Schatten eines Baumes mit einem Spaten befreien will.
Als wenn mein Freund meine Gedanken gehört hätte, lächelte er mir aufmunternd zu und sagte: »Alter, es ist alles in Ordnung bei mir und fing an in dem Schatten des Baumes zu graben.«

Bevor er den ersten Spatenstich ausführte, sagte er zu mir: »Komm doch mal her und leg deine Hand auf die Stelle, wohin der Schatten gerade fällt.«
Ich ging zu dem Schatten und legte meine Hand auf ihn.
»Gut gemacht«, sagte mein Freund. »Aber jetzt geh mal da weg.«
Und er fing an in dem Bereich des Schattens ein Loch zu graben.
Ich sagte. »Was machst du da? Du kriegst doch mit dem Spaten den Schatten da nicht weg!«
»Nein«, sagte mein Freund, »du weißt doch, ich möchte ihn nur befreien – darum bin ich hier am Graben.«
Nachdem mein Freund einige Zeit gegraben hatte, forderte er

mich auf, meine Hand noch einmal dahin zu legen, wo ich sie vor seiner Grabung hingelegt hatte.
Ich fasste ganz fest zu, griff aber ins Leere – mein Freund hatte ein Loch in den Schatten gegraben.
Ich rief: »Der Schatten ist noch da, aber ich fasse ins Leere – vor deinem Graben fand meine Hand noch einen Halt!«
»Ja!«, rief mein Freund.
»Ich habe ihn von der schwarzen Festigkeit befreit!«
»Wieso hast du ihn befreit? Du hast doch nur ein Loch in ihn hinein gegraben.«
»Ja«, sagte mein Freund. »Dieses Loch ist jetzt sein Raum geworden – die Dunkelheit ist von der Festigkeit befreit.«
»Oha!«, rief ich. Und wusste, dass es eine ausgefüllte und eine unausgefüllte Dunkelheit geben kann...

Der Schatz

»**A**ber wo ist denn der Schatz begraben,
wenn die ganze Erde der Ort sein soll, an dem er sich befindet?«, fragte ich weiter
Mein Freund fing an zu erzählen: »Du weißt doch, dass man sich nur mit einer großen Festigkeit einen Ort gut merken kann. Ohne sie, weiß man nicht, wo man gewesen ist. Durch die Beständigkeit können wir Orte aufnehmen und sie als Gedanken in uns behalten,
Und da diese Orte aus einem sehr beständigen Material bestehen, erkennen wir sie mit unseren Gedanken wieder, weil sie so, wie wir sie aufgenommen haben, geblieben sind.«
»Stimmt ja«, sagte ich. »Deswegen freut sich doch dein Vater über die Kreuzungen, dass sie aus Stein sind. Seine Fahrschüler können sich besser merken, wo sie gewesen sind, und brauchen deswegen nicht so viele Stunden für ihren Führerschein.«
»Ja«, sagte mein Freund. »Wenn wir uns in so einem System befinden, in dem sich eine feste Dunkelheit in der Dunkelheit

des Raumes befindet, können sich in uns Gedanken aufbauen. Aber das funktioniert nur, wenn man sich in diesem System möglichst viel hin und her bewegt.
Dann kann man viele Gedanken von außen nach innen verlagern. Es gibt eigentlich keine Tage, sondern nur das Einsammeln der Gedanken in Form von Bildern, mit denen uns der Tag umgibt.
Und damit das Einsammeln der Bilder nicht so schwer ist, hat sich das, was man ansieht, in der Ansicht halbiert.
Ohne Halbierung der Ansicht würde sich zu viel auf einmal sehen lassen; darum gibt es das bei uns nicht.«
Ich sagte: »Dann gibt es ja gar nicht Tag und Nacht! Sondern nur eine Pause, damit eine Aufnahme unterteilt ist.«
»Ja«, sagte mein Freund und reimte:
»Könnte man alle Bilder auf einmal sehen - gäbe es keine Pause -
und somit auch kein Verstehen«

Und eine Pause in der Sicht -
gibt es wegen des als Stein erscheinenden -
und somit Schatten werfenden Licht.«

Ich fragte: »Dann gibt es eigentlich keine Finsternis, sondern nur einen Ort mit Pause, damit man seine Gedanken der Reihe nach einsammeln kann?«
»Ja«, sagte mein Freund, und wenn du deine Gedanken eingesammelt hast, hast du den ersten Schatz gefunden.
Und wenn du einen Schatz aus Gold und Edelsteinen findest, gibt es ihn nur für dich, weil du den ersten Schatz schon gefunden, also deine Gedanken in dir hast. Denn ohne diesen Schatz gibt es einen anderen Schatz für dich nicht.«
»Oha!« rief ich.
»Dann muss es erst den Schatz der Gedanken geben – um dann auch andere zu heben!«
Jetzt war uns klar, was das für ein Schatz ist, den die Menschheit schon seit über tausend Jahren gesucht hat.

Mein Freund überlegte laut: »Man gut, dass wir Menschen nicht wussten, dass es der Schatz der Gedanken ist.
Weil wir einen Ort auf der Erde gesucht haben, an dem sich der Schatz befinden soll, haben wie die ganze Erde nach ihm abgesucht und dabei den eigentlichen Schatz – also unsere Gedanken – gefunden.
Weil wir nicht wussten, dass die ganze Erde die Stelle für diesen eigentlichen Schatz ist.
Denn durch das Suchen sind wir in den Bildern unserer Zeit herumgelaufen – und mit dem vielen Herumlaufen – haben wir auch viele Bilder gespeichert und mit ihnen die Gedanken, also unseren größten Schatz errungen.«

Uns war klar:
Wenn man die Gedanken nicht gefunden hat, lässt sich auch ein Schatz nicht finden.
Sie – die Gedanken – muss man erst einmal finden, damit man mit diesem ersten Schatz: Einen zweiten suchen kann…

Die Sphinx

Mein Freund sagte: »Hör mal, was hier noch geschrieben steht: Die Sphinx schaut nach Osten. Und da, wo sie hinschaut, soll sich der Ort befinden, von dem man zu den Göttern aufsteigen – und bei ihnen dann herumzufliegen kann.«
Und mein Freund erzählte weiter:
»Der Autor des Buches kam zu dem Schluss, dass die Sphinx auf einen ehemaligen vorzeitlichen UFO-Landeplatz schaut. Daher komme der Glaube vom Fliegen der Götter.
Und er ist zu der Überzeugung gekommen, dass die ehemaligen Beobachter die UFO-Leute für Götter hielten.«
»Oha«, sagte ich, und überlegte laut: »Wenn die Sphinx nach Osten schaut, dann schaut sie doch dahin, woher das Licht bei uns kommt. Und da, wo das Licht herkommt, fängt die Be-

leuchtung unserer Erde an. Und wenn die Erde angeleuchtet wird, entstehen Bilder, aus denen ein jeder von uns seine Gedanken gewinnt – das Licht sie also aus dem Osten uns überbringt.«

»Stimmt«, sagte mein Freund, »das Aufnehmen der Bilder findet in der Schwerkraft statt. Das heißt, dass wir unsere Bilder hauptsächlich zu Fuß mühselig einsammeln müssen.
Aber wenn die Bilder in uns sind, können wir blitzschnell über sie hinweg fliegen. Die Schwere ist weg. Die Leichtigkeit des Lichtes zählt.«
Ich dachte laut weiter: »Dann denkt man ja eigentlich nicht, sondern fliegt in den aufgenommenen Bilder herum.«
»Ach so!«, rief mein Freund, »dann ist das wahrscheinlich die Ankunft bei den Göttern! Wenn man die so schwer aufgesammelten Bilder in sich hat und dort leicht über sie hinweg fliegen kann.«
Da also müssten die Götter sein! Da, wo sich die eingesammelten Bilder befinden! Das könnte ihr Zuhause sein!
Das hat mit den Ufos eigentlich nichts zu tun! Waren wir uns einig.
Und jetzt wussten wir, wie man zu den Göttern gelangt und warum die Sphinx ständig zu dem ankommenden Licht schaut.
Weil doch unsere Bilder daher stammen. Und mit den Bildern doch die Heimat der Götter zu uns kommen kann.

Und wir reimten:
»Da wo die leichten Bilder wohnen
verliert die Schwere
an Grund und Boden…«

Und wir reimten weiter:
»Da die Sphinx muss in die schweren Bilder schauen
wurde sogar ihr –
ein Stück Nase abgehauen…

»Dass die Bilder die Heimat der Götter sein könnten,

darüber hatten wir uns doch unterhalten. Wie war das? Es erinnerte mich an die erste und zweite Welt.«
»Stimmt ja!«, sagte mein Freund und überlegte laut weiter: »Da entsteht doch bei uns eine zweite Welt. Wenn wir aus den sich in uns befindlichen Bildern Theaterstücke, Bücher, Filme, Musik und Anderes entstehen lassen.«
»Ja«, sagte ich. »Wenn die Bilder als Gedanken in uns sind, können wir sie selber zusammenstellen. Es entsteht aus der ersten Gegenwart in uns eine zweite Gegenwart.
Wenn wir diese zweite Gegenwart von uns geben – wieder nach außen bringen – ist aus der ersten festen Gegenwart eine von uns frei gestaltete Gegenwart geworden. Und die von uns frei gestaltete Gegenwart, das sind dann Bücher, Kino, Fernsehfilme, Musik, Theaterstücke. Diese Gegenwart kann man auch Kunst oder Kultur nennen. Aber eigentlich ist aus der ersten Gegenwart, eine zweite Gegenwart geworden – man kann auch erste und zweite Welt zu ihnen sagen.«
Als wir uns im Kino einen völlig verrückten Film ansahen, stieß mich mein Freund in die Seite und flüsterte mir aufgeregt zu: »Schau dir mal an, was da so alles in einer zweiten Welt passieren kann.«
Ich überlegte laut und reimte:
»Stellen sich die von uns außen eingesammelten Bilder
auf einer Leinwand ein –
müssten sie
und damit auch die ehemalige draußen liegende Zeit – Zuhause sein«

Später fragte ich meinen Freund:

»**D**u hast doch mal in der Schreibtischschublade deines Vaters eine Geschichte über die Schatten gefunden. Weißt du noch, was in der Geschichte über den Schatten und den Raum erzählt wurde?«

Kannst du mir es noch einmal erzählen?«
»Ach ja«, sagte mein Freund und fing an:
»Ein unbeschriebenes Blatt ist ein weißer Bogen, der keine Sprache kennt.
Sprache ist, den Bogen zu schattieren, dann erkennt man erst sein Licht.
Schatten
Über die Erde haben wir sie kennen gelernt – den Mond, den Abend- und Morgenstern –
bis hin zu den Sternen, wo sie sich verlieren,..
Schatten
Mit zunehmender Entfernung verjüngen sie sich – aus einer festen Dunkelheit wird Raum –
in ihr leuchtet das Licht.«
Ich fragte meinen Freund: »Das verstehe ich nicht so richtig mit dem Schatten, der aus Raum entstehen kann.«
»Den Schatten gibt es ja nur, weil das Licht – also der Lichtnebel – sich versteinert hat.
Ein versteinertes Licht kann nicht mehr von selber leuchten – es muss von außen angestrahlt werden, wenn es erscheinen soll. Und wenn es dann angestrahlt wird, um erscheinen zu können, entsteht der Schatten auf dem versteinerten Licht.«
»Ach so«, sagte ich. »Dann sind wir ja, wenn wir uns in der Nacht befinden, mittendrin in diesem Schatten hier bei uns auf der Erde .«
»Ja«, sagte mein Freund, »wir stehen auf dem Schatten und schauen von diesem Schatten zu den anderen Schatten hin.«
»Stimmt ja«, sagte ich, »wir schauen zum Mond, sehen dort einen Schatten, wir schauen zur Venus, sehen dort einen Schatten – also immer wenn wir einen Planeten sehen, sehen wir auch einen Schatten, all unsere Planeten bestehen ja aus versteinertem Licht.«
»Ja«, sagte mein Freund, »und die Schatten werden immer kleiner, umso weiter weg sie von uns sind – sie sich also mehr im Raum befinden, der sie als Abstand umgibt.«

»Na klar«, sagte ich, »der Schatten wird immer kleiner, umso weiter weg er von uns ist.

Hat das eine Bedeutung? Du sagtest doch einmal: So wie der Schatten mit der Entfernung verschwindet – also immer kleiner wird – vermindert sich auch ein Leid.«

»Ach ja«, sagte mein Freund.

»Wenn man sich direkt im Schatten befindet, ist diese Anwesenheit durch die Festigkeit, die es dann gibt, nicht so einfach aufzunehmen.«

»Ach so, du meinst, ein Leben im Schatten und somit auf einem versteinertem Licht ist schwer?«

»Ja«, sagte mein Freund, »und so, wie der Schatten auf dem Mond oder der Venus mit zunehmender Entfernung immer kleiner wird, so wird auch die Schwere, in der man sich mit dem großen festen Schatten befindet, immer kleiner.

Mit der Entfernung des Schattens wird er immer weniger, und wenn du an den Planeten vorbeischaust und bei den Sternen bist, sind sie verschwunden. Mit einer so großen Entfernung von dir sind die Schatten alle verschwunden; aus einer festen Dunkelheit ist Raum geworden, in ihr leuchtet das Licht.«

»Ach so!«, rief ich. »So ist es auch mit dem Leid! So wie der Schatten über dem Mond und der Venus immer kleiner wird, so verringert sich auch das Leid!«

»Ja richtig«, sagte mein Freund, »und so wie aus der Dunkelheit des Schattens bei den Sternen ein Raum geworden ist, so befreit sich auch mit zunehmender Entfernung das Leid.«

Oha, dachte ich. Und wusste, wie aus einer festen, mit Stein ausgefüllten Dunkelheit, ein freier Raum entstehen kann…

Und mein Freund erzählte weiter:

»Schatten – als Schrift – , aus den großen Schatten, haben wir kleine gemacht – schreiben, werfen, lesen sie mit unserem eigenen Licht.

Schatten

Und wenn sich das Licht mit ihm hinterführt –

sich also scheffeln lässt –

entsteht auch eine Sprache
Ernte (lesen)
Erst mit unserer Welt, gibt es eine andere.
Auch wenn die andere Welt schon da war –
es gab sie für uns noch nicht.«
Ich fragte noch einmal nach der Wirkung des Schattens:
»Kann aus ihm ein Raum entstehen?«
»Ja«, sagte mein Freund, so kann man diese Geschichte verstehen.«
Und er reimte:
»Wenn aus einer festen Dunkelheit
eine unfeste Dunkelheit
also der Raum entsteht
alles wieder in die Freiheit übergeht«

Da, wo sich eine mit Materie ausgefüllte Dunkelheit
also der Schatten des Mondes befand
kann man sich `reinsetzen
weil die Festigkeit aus der Dunkelheit verschwand…

Mein Freund saß wieder über ein Buch gebeugt

und murmelte erstaunt vor sich hin:
»Hier steht geschrieben, an einem unbekannten Ort soll sich ein Brunnen befinden, in dem sich das Wasser des Lebens aufhält. Wer aus dem Brunnen nur einen einzigen Tropfen trinken kann, lebt für immer. Seit über tausend Jahren suchen die Menschen diesen Brunnen schon, aber keiner hat ihn bis jetzt gefunden.«
»Wo könnte das sein?«, fragte mich mein Freund.
Ich überlegte laut: »Das ist bestimmt eine Aussage, die nur ein Gleichnis für eine bestimmte Situation darstellt.«
Das könnte es sein!«, rief mein Freund.
Wollen wir das Geheimnis lösen?«, fragte er mich.«
»Ja!«, rief ich, »wir fangen sofort damit an.«
Mein Freund sagte: »Vielleicht hat es was mit unserer Suche zu tun! Los! Komm, wir packen es an! Wir versuchen es zu lösen!«
»Nachdem wir lange überlegt hatten, rief mein Freund plötzlich:
»Ich glaube, ich weiß, wie das mit dem Wasser des Lebens gemeint sein könnte!
Mit unserem Spiegelgleichnis könnten wir es vielleicht verstehen.«
»Los«, sagte ich, »lass es noch einmal an uns vorüber gehen.«
Sofort fing er an:
»Zwei sitzen vor einem Spiegel. Sie wissen nicht, dass das was sie da sehen, hinter ihnen geschieht.
Sie haben einen steifen Hals, sie können sich also nicht umdrehen.
Sie sehen im Spiegel, wie jemand einen ganz schweren Stein tragen muss. Und der weint dabei und ruft während des Tragens, herzzerreißend um Hilfe. Nachdem er den schweren Stein abgelegt hat, nimmt er einen leichten Schaumgummiwürfel und trägt ihn anstelle des Steines, wieder zurück. Aber er

weint beim Tragen nicht mehr und ruft auch nicht um Hilfe, sondern er summt sein schönstes Lied dabei.
Einer von den beiden, die das Geschehen im Spiegel beobachteten, weinte und freute sich auch mit demjenigen, der im Spiegel so schwer und leicht etwas ertragen musste – der andere tat es nicht. Der saß völlig teilnahmslos da. Egal, was da im Spiegel geschah, es regte sich bei ihm nichts.«
Mein Freund erzählte weiter: »Dann kam doch ein Energiestoß und versetzte denjenigen, der so teilnahmslos zugeschaut hatte, dahin woher die Bilder im Spiegel kamen.«
Er saß also nicht mehr nur als Zuschauer vor dem Spiegel, sondern befand sich da, wo das was er vorher nur im Spiegel gesehen hatte, auch wirklich geschah.
Und dort musste er auch einen ganz schweren Stein und einen ganz leichten Schaumgummiwürfel immer wieder
– also unheimlich oft – hin und her tragen.
Und als er dann wieder vor einem Spiegel saß,
weinte und freute er sich über das, was da im Spiegel geschah, so, als wenn er es selbst erleben würde. Obwohl er sich doch nur als Zuschauer vor dem Spiegel befand.«

»Aber was hat das mit dem Wasser des Lebens zu tun?«

Mein Freund sagte: »Derjenige, der ohne jegliche Anteilnahme vor dem Spiegel saß, musste doch, nachdem er von dem Energiestoß dahin getragen wurde, wo dass, was er als Zuschauer im Spiegel beobachtet hatte auch wirklich geschah – selber die Steine hin und her tragen!
Und wenn man selber was trägt, muss man es auch selber anheben.
Und dieses Anheben,
ist ein Schluck Wasser aus dem Brunnen des Lebens.«
»Oha!«, rief ich. »Meinst du etwa, mit dem Anheben –
bekam er zugleich auch einen kleinen Schluck Wasser aus dem Leben?«, fragte ich gespannt weiter.

»Ja«, sagte mein Freund, »Wenn man etwas hebt, das schwer oder leicht ist, übernimmt man diese Information als ein Gefühl. Und dieses Gefühl bleibt in einem bestehen.
Und wenn man dann sieht, wie jemand was hebt,
man es mit diesem aufgenommenen Gefühl, ganz und gar miterlebt.«
Ich überlegte laut weiter:
»Bringt einen das, was man nur als Zuschauer sieht, zum Beben –
hat man es selbst davor schon einmal angehoben –
nahm es als Gefühl auf –
und das war ein Schluck Wasser aus dem Brunnen des Lebens.«
Ich fragte meinen Freund: »Weißt du jetzt, wo der Brunnen ist, in dem sich das Lebenswasser befindet?«
»Ja!« Rief mein Freund. »Jetzt fällt mir nämlich ein: Dieser Ort muss die Schwerkraft sein!«

Er rief reimend:
»Sie gibt dem Betrachter beim Anschauen der Bilder ein Beben -
sie floss doch als Gefühl in ihn hinein beim Heben
und erweckte damit die Bilder
auch wenn er sie nur ansieht -
in ihm zum Leben«
»Stimmt!«, rief ich. »Dann wurde ja das Wasser des Lebens in die uns umgebenen Dinge eingefüllt! Und wirkt dort als Schwerkraft! «

»Ja«, sagte mein Freund und nickte begeistert.

Und wir wunderten uns, dass die Schwerkraft das Wasser des Lebens ist.

Und reimten beide weiter:
»Dann gibt es jetzt die Schwerkraft,
damit wir später die Dinge auch dann erleben
wenn wir sie nur anschauen
also nicht mehr hoch und runter heben«

»So müsste es sein!« Riefen wir und reimten weiter:
Dann gibt es eigentlich keine Schwerkraft,
sondern nur das Wasser des Lebens
mit dem bei uns hier alles aufgefüllt worden ist
damit wir es beim Heben
es als Gefühl aufnehmen«

Mein Freund rief erstaunt:
»Desto mehr Schwerkraft sich bei uns befindet – desto mehr Lebenswasser müssen wir also auch aufnehmen!«
Und wir wussten, wo sich der Brunnen mit dem Wasser des Lebens befinden könnte…

Und wie das Wasser des Lebens,
über das Tragen – aus dem Brunnen schöpfen –
sich also in den Träger einschenken lassen kann.«

Mein Freund reimte:
»Wenn man das
was einen umgibt
nachfühlen kann
kam das Wasser des Lebens in einem an!«

»Na dann Prost!«, rief ich und hob einen schweren Stein an.

Unendlichkeit

Ich fragte meinen Freund: »Sind die Empfindungen die Sprache des Gefühls?«
»Ja«, sagte mein Freund, »die Empfindungen sind die Sprache des Gefühls.
Die Empfindungen sind wie Flüsse, die aus dem Gefühl strömen, um durch Überfließen das aufzunehmen, was sie umgibt.«

»Oha!« Rief ich. »Dann strömen unsere Empfindungen wie aus einem großen See – also unserem Gefühl – in das sie Umgebene hinaus?«
»Ja«, sagte mein Freund. »Sie strömen hinaus, breiten sich aus und bringen ihr Überfließen mit dem Wissen dessen, wo sie gewesen sind, wieder in den See zurück. Erzählen dir also in ihrer Sprache, was es gibt.«
»Wenn man viele Flüsse nach außen fließen lassen kann, kommt ja eigentlich auch viel mit ihnen wieder zurück?«
»Ja«, sagte mein Freund. »Je mehr Flüsse nach außen fließen können, umso mehr können sie auch abtasten.«
»Nennt man das Feinfühligkeit?«, fragte ich.
Hat das was mit dem Ausströmen der Flüsse in die Weite – also aus dem Gefühl heraus – zu tun?«
»Ja«, sagte mein Freund. »Je mehr Informationen die Flüsse wieder mit nach Hause – also in den See – bringen, umso weicher strömten sie aus, umso feiner tasten sie sich in die Entfernung, umso weniger drückten sie beim Fließen weg.«

»Dann nehmen sie ja mehr auf, wenn sie sich ganz zart über das sie Umgebene hinwegbewegen.«
»Ja«, sagte mein Freund. »Grobes Überfließen verkleinert die Aufnahme der Umgebung: Es schwemmt zu viel weg. Erst mit zunehmender Zartheit wird das, was sie umgibt, in der Aufnahme größer.«
»Dann wird ja mit zunehmender Feinfühligkeit das uns Umgebene immer größer. Bis es dann unendlich geworden ist?
Durch eine bis ins Feinste gesteigerte abtastende Empfindlichkeit?«

»Ja, sagte mein Freund.
»Je empfindlicher die Empfindlichkeit ist,
desto mehr nimmt man auf,
umso unendlicher wird das,
was es gibt.

Denn durch Feinfühligkeit
wird eine Welt
groß und weit…«

Was ist denn eigentlich Schuld und Unschuld?

Fragte ich meinen Freund.
»Du hattest mir das doch mal mit schwer und leicht erklärt. Wie war das?«
»Ja«, sagte mein Freund und fing an:
»Schuldig ist eine Anwesenheit, wenn sie schwer gemacht wird.
Und unschuldig ist eine Anwesenheit,
wenn sie ganz leicht ist.«
»Du meinst, umso schwerer eine Anwesenheit ist, desto mehr Schuld steckt in ihr drin? Hat sie dann bei sich?«
»Ja, mit zunehmender Schwere erhöht sich auch ihre Schuld.
So wie sie leichter wird, wird auch ihre Schuld kleiner – bis sie so leicht geworden ist, dass die Schuld völlig aus ihr verschwunden ist.«
»Dann müsste ja unsere Welt voller Schuld sein.
Weil sich doch bei uns der Lichtnebel in Stein verwandelt und somit das Schwere bei uns erzeugt hat,
und damit eine Schuld in sich trägt.«
»Ja«, sagte mein Freund, »Schwere ist Schuld – erst wenn die Schwere aus unserer Anwesenheit verschwindet,
ist auch die Schuld weg.«
»Wie geht das? Ich verstehe das nicht so richtig, mit einer Schwere als Schuld –
und einer Unschwere als Unschuld.«
»Komm mal her!«, rief mein Freund.
Und als ich bei ihm war, rief ich erschrocken:
»Was machst du da?«
Er hatte einen großen, dicken Hammer in der Hand und hol-

te weit zu einem kräftigen Schlag aus und haute zu: Er traf mich.
Aber es tat nicht weh!
Ich fasste den Hammer an: Er war ganz weich und kuschelig.
»Na«, sagte er. »Wie war es?«
Ich rief: »Oh Mann, mach das noch mal!«
Und wieder schlug er mit diesem dicken Hammer zu und traf mich.
»Mein Freund fragte: »Hast du jetzt gemerkt, dass der Hammer unschuldig ist?«
»Warum ist der Hammer unschuldig?«, rief ich. »Du hast kräftig zugeschlagen, es tat mir aber nicht weh – weil der Stoff, aus dem der Hammer besteht, so schön weich ist!
Aber was hat das mit Unschuldig und Schuldig zu tun?«
Mein Freund sagte: »Wenn der Hammer ganz fest und schwer gewesen wäre, hättest du, wenn ich dir damit einen verpasst hätte, gesagt: Warte ab, das kriegst du wieder; das zahle ich dir heim. So hätte ich also die Schuld einer Schwere auf dich übertragen, weil sie ja in dem Hammer ist.«
»Stimmt ja« sagte ich, »wenn keine Schuld in dem Hammer ist, kannst du mit ihm auch keine übertragen. Darum will ich dir auch nichts zurückzahlen, wenn du mir eine mit ihm gibst.«
Und ich reimte:

»Wenn alles, was uns umgibt -
so weich wie mit dem unschuldigen Hammer zugeht -
keiner mehr dem anderem wehtun kann -
weil alles aus Streichelstoff besteht«

Und mein Freund reimte weiter:

»So wie die Masse verschwindet
mit ihr auch die Schwere vergeht
immer weniger man sich und andere schindet
alles in die Unschuld
und somit in den Frieden übergeht.

Ich reimte weiter:
»Und willst du Jemanden mit Unschuld
beschmeißen –
musst du einen schwerelosen Stein ergreifen«

Aber was hat die Unschuld und die Schuld in der Materie mit unseren Türen zu tun? Fragten wir uns.
Mein Freund sagte: »Eine Tür besteht aus Schuld oder Unschuld.
Sie trägt doch auch Schwere oder Leichtigkeit in sich.«
»Ach ja«, sagte ich, »ob eine Tür verschlossen oder unverschlossen ist, liegt ja auch an ihrem Stoff, aus dem sie besteht.
Sie kann sich zweimal auf und zu machen;
einmal mit dem, woraus sie besteht –
und einmal mit ihren Flügeln.«´
»Dann sind unsere Türen die ganze Welt, die ja eigentlich nur eine Tür ist!«, rief ich.
»Ja«, sagte mein Freund, »unsere Welt ist nur eine Tür – nicht ihre Bewegung macht sie eigentlich auf und zu, sondern der Zustand, in dem sie sich gerade befindet.«
Und wir wussten, dass unsere Türen auch da als Türen funktionieren können,
wo es sie als solche,
eigentlich gar nicht gibt.
Ich sah aus dem Fenster und konnte unsere Stadt sehen.
Die Stadt war wie offen –
ich konnte überall hindurchschauen –
alles von ihr auf einmal sehen.

Der Vater meines Freundes winkte mir zu.

Er sah wieder ganz anders aus –
seine Augenklappe fehlte, auch seinen Hut hatte er abgesetzt.
Und ich sah ihn nicht mehr wie gewohnt nur halb vor mir stehen, sondern konnte alle Seiten von ihm auf einmal sehen.

Er brauchte sich deswegen also nicht mehr zuwenden oder drehen.
Auch war er war viel größer geworden.
Jetzt erst erkannte ich:
Er musste sich, so lange wie ich ihn kannte, andauernd gebückt haben!
Ich winkte.
Und er nickte meinem Freund und mir zu –
und freute sich – und winkte zurück.

Die Blume und ihr Gärtner

Ich fragte meinen Freund: »Wie war das mit der Blume: du hattest mir doch mal was von ihrem und unserem Aufwachsen erzählt. Du sagtest, unser Aufwachsen und das Aufwachsen einer Blume gleichen sich – wie war das?«
Mein Freund überlegte lange und fing an zu erzählen:
»Wenn eine Blume aufgewachsen ist, trägt sie oben eine Blüte und darunter einen Stiel. Dieser Stiel kommt aus der Erde und gibt der Blume einen Halt.«
»Und was hat das mit uns zu tun?«, fragte ich.
»Wir haben doch unter uns keinen Stiel, der sich in der Erde abstützt und in ihr einen Halt finden kann.«
»Nein«, sagte mein Freund. »Es ist das Aufwachsen der Blume – und unser Aufwachsen, die sich gleichen.«
Und er dacht laut weiter:
»Das erste Dasein der Blume wird in die dunkle Erde gesteckt.
In der Dunkelheit der Erde merkt wahrscheinlich die Blume, nach dem sie sich dort mit ihren Wurzeln ausgebreitet hat, dass ihr dort etwas fehlt.
Und wenn sie merkt, dass ihr was fehlt, kommt sie mit dieser Erkenntnis von dieser dunklen – sie überall fest umgebenen Erde – in den freien Raum… «

Mein Freund fuhr fort: »Und wenn sie mit der Kraft des Erkennens, der Dunkelheit entkommen ist, will sie Abstand zu ihr haben.
Dieser Abstand zur Dunkelheit ist ihr Stiel.
Es wächst mit ihm die Erfahrung: Ich komme immer weiter von der Finsternis weg.
Und wenn die Blume von der Dunkelheit so weit weg ist, dass sie es vor Freude darüber nicht mehr aushalten kann, fängt sie an zu blühen.«
Ich rief: »Aber was hat das denn mit uns Menschen zu tun? Wir stecken doch nicht wie eine Blume in der Erde – brauchen nicht so schwer aus ihr hervor zu brechen.«
Mein Freund überlegte weiter:
» Wenn man weiß, dass man sich in einer Finsternis befindet – wie zum Beispiel die Blume in der Erde – bekommt man ein Bewusstsein dafür: und dieses in der Finsternis entstandene Bewusstsein – ist eine Kraft. Mit dieser Kraft wächst man dann wahrscheinlich aus jeder Finsternis hinaus.«
»Stimmt ja!«, rief ich. »Dann wachsen wir ja doch wie eine Blume auf! Wenn wir in der Dunkelheit waren, wollen wir unbedingt da raus… Um so länger man sich darin befindet, desto kräftiger will man da weg…«
»Ja«, sagte mein Freund. In der Finsternis bekommen wir Wurzeln – mit ihnen entstehen unsere Gedanken – So wirkt sich bei uns die Blüte aus...«
»Unsere Gedanken sind wie die Blüte einer Blume?«
»Ja, weil man mit ihnen sehen kann, wie weit weg man von der Finsternis gekommen ist. Und sie damit entfalten, sich mit ihnen über die zunehmende Entfernung von der Dunkelheit freuen kann!«
Ich überlegte lange und fragte:
»haben die Blumen einen Gärtner?«
»Eigentlich müssten sie einen Gärtner haben«, sagte mein Freund. »Ihr Gärtner müsste das Leben sein.«
Und er dachte laut weiter:

»Der Gärtner hat sich seine eigenen Wurzeln wahrscheinlich auch so – wie seine Blumen – aus der Dunkelheit geholt, sie also dort wachsen lassen müssen…
Und hat mit ihnen gelernt: »Ich will hier nicht bleiben! Und schaffte es so aus der Dunkelheit heraus… Ist ihr also auch so entkommen…« Ach, darum macht das der Gärtner mit seinen Blumen, damit auch sie mit ihrem Wurzelwerk sich in die Freiheit stemmen können?«
»Es muss ihm wahrscheinlich auch so ergangen sein«, sagte mein Freund..

Und mein Freund reimte:

»Darum nimmt er ein Bewusstsein
mit der Erkenntnis:
„In der Finsternis zu sein"
und säte es als Samen
in die Erde ein«

Ich rief erstaunt:
»Dann müsste ja unser Aufwachsen und das Aufwachsen des Gärtners gleichartig sein!«
Und wir reimten weiter:

»Wenn eine Kraft,
aus dem Bewusstsein
„Ich will nicht in der Finsternis bleiben" entsteht,
man – mit dieser Energie – durch jede auch ganz fest verschlossene Tür
– hindurch wächst
und in die Freiheit übergeht«

»Die Blumen haben zwei Wurzeln?«,

fragte ich erstaunt.
«Ja«, sagte mein Freund und er fing an zu erzählen:
»Du weiß doch, das erste Dasein der Blume wird als Samenkorn in eine Finsternis gesteckt. In dieser Dunkelheit versucht die Blume einen Halt zu finden: Ihre erste Wurzel wächst.«
»Mit der Finsternis meinst du die Erde in der sie sich befindet, wenn sie eingesät wird?«
»Ja, sie wird ja dort untergebracht, damit sie sich da ausbreitet, ihre Wurzel bekommt und damit nach oben kommen kann.«
»So wächst die erste Wurzel der Blume auf?«
«Und wo hat sie ihre zweite?«
»Wenn die Blume aus der Dunkelheit der Erde herausgekommen ist und Blätter und eine Blüte bekommt, hat sie eine zweite Nahrungsaufnahme gefunden. Sie ernährt sich nicht nur mit einer Wurzel in der Finsternis, sondern sie hat noch eine zweite Wurzel, und die befindet sich im Licht.«
Haben wir auch eine zweite Wurzeln?«, fragte ich
Mein Freund sagte: »Komm mal mit.«
Wir gingen in den Garten seines Vaters. Dort stand eine Sonnenblume. Er stellte sich neben ihr auf und sagte: »Vergleich uns mal.«
Ich verglich die beiden und sah, dass seine Füße, wie die Wurzeln der Sonnenblume, mit der finsteren Erde einen festen Halt gefunden hatten. Und seine Gedanken befanden sich ungefähr in Höhe der Blüte.
Und da er gerade etwas geschrieben hatte, hielt er Blätter in der Hand.
»Oha«, rief ich, weil ich sah, dass mein Freund auch eine Blume war.
Später...
Ich lag im Gras und sah eine Blume neben mir stehen.
Da ihr Stiel sehr lang war, konnte ich erkennen, dass sie sich

von der festen Finsternis – ihrer ersten Heimat – schon weit entfernt hatte.
Und da sie viele Blätter und eine Blüte trug, wusste ich, dass ihre zweite Wurzel aus der Finsternis schon nach oben in den freien Raum und damit auch ins Licht gewandert ist.
Und als ich mein Buch, in dem ich gerade las, umblätterte, erkannte ich, wo sich meine zweite Wurzel befand…
Und ich reimte:
»Der Sonnenschein
– muss dank ihrer zweiten Wurzel –
ein schöner Nachtisch für die Blume
außerhalb der festen Finsternis sein«

»Das mit dem Haus

musst du mir noch einmal erklären.
Du sagtest doch, es gibt nur ein Haus, wenn es wie eine Blume aufgewachsen ist.«
Sofort fing mein Freund an zu erzählen:
»Ein Unwetter zieht auf; es fängt an zu regnen, zu stürmen, es wird zu heiß oder eiskalt. Der Boden unter deinen Füßen wird weich, er fängt an, dich zu verschlingen.
Was fehlt da?«
Ich überlegte und rief: »Da fehlt ein Haus!«
»Ja«, sagte mein Freund, »wenn etwas Unangenehmes von oben, von unten und all den anderen Seiten kommt, schützt man sich dagegen. Und schon steht da irgendwann einmal ein Haus. Egal wo sich das Haus befindet, es steht immer da, wo es solch ein Wetter gibt.«
»Ach so«, sagte ich, »dann ist ja das Haus kein Haus, sondern nur ein Schutz gegen das, was da passiert.«
»Ja«, sagte mein Freund. »Der Schutz ist dann ein Haus. Und dieses Haus wurde nicht freiwillig gebaut, sondern war der Schutz vor den unangenehmen Einwirkungen.«

Mein Freund fragte mich: »Na, was meinst du, wer hat das Haus gebaut?«
»Der sich so ein Haus bauen wollte, also ein Bauherr«, sagte ich.
»Ja«, sagte mein Freund. »Das Haus hat einen Bauherrn und das ist das Unwetter. Erst mit ihm entsteht ein Haus. Es lässt es sozusagen aufwachsen.«
»Ach so«, sagte ich, »das andauernde, immer wieder kehrende Unwetter tritt so auf, dass, wenn man sich gegen es schützen will, ein Haus daraus entstehen muss.«
»Ja«, sagte mein Freund, »darum ist ein Haus aufgewachsen. Wenn eine bestimmte Stelle immer wieder von dem Unwetter in mehr oder weniger gleicher Weise belästigt wird.
Und wenn ein Haus so aufgewachsen ist, bleibt es immer ein Haus, weil der Schutz, den es beinhaltet immer bestehen bleibt, auch wenn es keine Unwetter mehr gibt.«
»Dann ist man zu Haus, ohne dass man von einem Haus umgeben ist?«, fragte ich.
»Ja«, sagte mein Freund und reimte:

»Ein Haus entsteht –
wenn es um einen herum
wüst und schutzlos zugeht«
Und reimte weiter:
»Und ist diese Bedrohung eines Tages für immer verschwunden –
hat sich das Haus
in den Herzen der Bewohner eingefunden.
So wurde aus dem ehemaligen Schutz
ein inneres Heim –
und damit kann man eigentlich –
auch ohne ein Haus
zuhause sein!«

Und ich wusste, warum ein Haus erst dann zuhause ist, wenn es in uns ein Heim geworden ist.

Und mein Freund reimte:
»Was für eine Blume die feste finstere Erde war –
umgab das Haus als Unwetter – ist doch klar!«

Das Entfernen

»Dass man sich entfernen kann, obwohl man bleiben muss, habe ich nicht so richtig verstanden. Du hattest es mir schon einmal erzählt. Kannst du mir es noch einmal erklären?«
Mein Freund sagte: »Stimmt ja, das habe ich dir schon einmal mit dem Wasser erklären können und fing an zu erzählen:
»Wenn jemand alles ist, was es gibt, dann kann er ja nicht weggehen, weil er überall ist.
Wenn er nämlich weggehen könnte, gäbe es ja noch etwas – aber noch etwas gibt es ja nicht.
»Ach so«, versuchte ich zu verstehen: »Er kann sich entfernen, obwohl er bleiben muss – kann also trotzdem in die Fremde gehen?«
»Ja«, sagte mein Freund, »er macht sein Dasein so fremd, dass es ihn eigentlich gar nicht mehr gibt, obwohl er da ist.«
Und wie macht er das?«, fragte ich gespannt weiter.

»Er muss sich dir gegenüber so fremd machen – also umgestalten –, dass du nicht mehr merkst, dass es ihn gibt.«

Ich fragte weiter: »Und wie kann er sich entfernen, obwohl er immer bei uns bleiben muss?«
»Indem er sich so verfremdet, dass es ihn zum Beispiel als ein Stein oder als ein Stück Eisen gibt.«
»Ach so ist das!«, rief ich.
»Ja«, sagte mein Freund und erzählte weiter: »Er muss sich ja gut tarnen – damit man nicht merkt, dass er die Nähe ist.«

»Und er reimte:
»Wenn ein immer anwesendes Sein besteht
kann es sich entfernen
indem es in einem fremden
– zum Beispiel völlig erstarrten – Zustand übergeht«

Mein Freund reimte weiter:

»Und wenn es wiederkommen sollte -
fängt das Erstarrte an zu beben -
kann sich wieder lebendig geben…«

Wie ist das mit der Wahrheit?

Irgendwo ist sie doch vorhanden. Du hattest mir schon einmal von ihr erzählt, aber da gab es doch noch etwas über sie.«
»Du weißt doch, die Wahrheit ist eine Anwesenheit. Mehr gibt es eigentlich über sie nicht zu erzählen«, sagte mein Freund.
»Stimmt ja! Du sagtest, wenn es etwas gibt, ist es bereits wahr. Nur wenn es etwas nicht gibt, ist es eine Lüge.«
»Ja«, sagte mein Freund, »umso mehr eine Anwesenheit verborgen wird, desto mehr besteht sie aus Lüge.«
»Dann befindet sich ja eine Anwesenheit in einer großen Lüge, wenn von ihr so gut wie nichts vorhanden ist!«, rief ich erstaunt.
»Ja«, sagte mein Freund, »sie lügt sich weg.«
»Dann ist die Wahrheit eine ganze Anwesenheit. Umso mehr Anwesenheit, desto mehr Wahrheit gibt es also?«, fragte ich weiter.
»Ja, die Wahrheit ist immer eine Wahrheit, wenn etwas existiert als Anwesenheit.
Aber wenn die Wahrheit sich jemandem mitteilen will, benutzt sie immer ein Stück Lüge.«

»Warum benutzt sie denn immer ein Stück Lüge, wenn sie jemandem sagen will, dass es sie gibt?«
»Damit sie eine Umgebung hat, in der sie sich als Wahrheit aufhalten kann.«
»Dann besteht die Umgebung, in der sich die Wahrheit befindet, aus etwas wo sie nicht ist. Und hinter dem, wo sie nicht ist, kann sie sich verstecken?«
»Ja, sie lässt sich mit diesem Abstand als ganz weit weg und irgendwann einmal, auch als gefunden – also ohne Umrandung – verstehen.«
»Und wie versteht man die Wahrheit?«
»Indem man sie empfindet.«
»Und warum empfindet man die Wahrheit nur?«
»Weil sie so zart ist, dass man sie nur mit der Sprache der Seele, also dem Empfinden aufnehmen kann.«
»Darum empfindet man die Wahrheit nur und sieht sie nicht! Und wenn die Wahrheit dann ganz fein und überzart ist, braucht man eine unheimlich dünne Membrane, über die sie in den Gesprächspartner eindringen kann?«
»Ja«, sagte mein Freund.
Und reimte:

»Sollte eine Wahrheit aus ganz zartem,
feinem Gefühlsstoff bestehen
kann sie nur so,
in einen übergehen

Und ist die innere Membrane
– der eigene Durchlass –
noch nicht so fein
kommt nur das Grobe –
also die Lüge herein«

Der Horizont

»Warum ist der Horizont der Herrscher über alle Wünsche und Religionen?
Du sagtest mal so etwas zu mir. Wie war das?«
»Du weißt doch, dass alles, was uns hier auf der Welt fehlt von uns in Wünsche umgewandelt werden kann.
Und wenn diese Wünsche nicht in Erfüllung gehen, verlagern wir sie nach Morgen. Und Morgen liegt ja hinter dem Horizont.«
»Aber warum ist der Horizont der Herrscher aller Wünsche?«, fragte ich gespannt.
»Weil alles, was sich bei uns als Wünsche angesammelt hat, sich hinter ihm befindet, also ein großer Wunschberg dort geworden ist.«
»Stimmt ja!«, rief ich. »Hinter dem Horizont befindet sich ja immer ein nächster Tag, der als Morgen zu uns kommt. Dann ist Morgen immer da, wo wir uns was hin wünschen können und Heute die Stelle, wo die Wünsche entstehen!«
»Ja«, sagte mein Freund, »der Horizont sieht, was sich hinter ihm befindet, kann also alle unsere entstandenen Wünsche dort auf einmal sehen.«
»Aber was hat der Horizont mit den Religionen zu tun? Du sagtest doch, er wäre die Größte?«
»Der Sinn einer Religion ist doch: Wünsche anzusammeln und versuchen, sie zu erfüllen«, sagte mein Freund.
Und er fuhr fort: »Und das macht auch der Horizont, weil sich Morgen andauernd hinter ihm befindet. So groß wie er, kann eine Religion also nicht sein.«

Ich rief erstaunt: »Darum kann nur der Horizont unsere ganzen Wünsche lesen! Weil ja alle Wünsche, die es gibt, sich hinter ihm versammelt haben – er sie alle dort als Morgen liegen sieht…«

»Oha«, murmelten wir beide vor uns hin; »so ist das also mit dem Horizont.«
Und wir wussten, warum der Horizont der Meister aller Religionen ist, weil er hinter seinem Buckel so viele Wünsche ansammeln kann.
Und irgendwann einmal, wenn er sich gerade gemacht hat – also aufgebogen ist – unsere Wünsche in die Wirklichkeit übergehen lassen kann, aus dem großen Morgen, ein riesiges Heute aus erfüllten Wünschen entstehen lassen kann...

»Religionen sind die Bratwurstbuden auf dem Weg zum Supermarkt?

»**A**ch ja«, sagte mein Freund.
»Die Bratwurstbuden sind einzelne Inseln, auf denen wir versuchen, unseren Hunger zu stillen.«
Und mein Freund reimte:

»Alle Bratwurstbuden sind abgeräumt
wenn ein großer Supermarkt,
unser Dasein umsäumt...«

»Na, dann guten Appetit!«, dachten wir beide laut vor uns hin und rieben uns dabei den Bauch…

Die Apokalypse

»**D**u hattest mir gesagt, dass das Wort Apokalypse aus dem griechischen und jüdischen Sprachschatz stammen soll. Und es bedeutet: Den Kopf entblößen – also den Hut lüften – oder auch die Mütze absetzen.
Wie war das mit der Mütze? Du hast mir doch mal gesagt, dass die Zeit eine Mütze auf hat.«

»Ach ja«, sagte mein Freund. »Stell dir mal vor, du könntest meine Gedanken erblicken, weil mein Kopf wie aus Glas ist. Ich möchte aber nicht, dass du alle meine Gedanken siehst. Was könnte ich dagegen tun?«
»Du müsstest deinen Kopf verdecken, damit ich sie nicht alle sehen kann.«
Und wie verdecke ich ihn?
»Du setzt dir eine Mütze auf!«, rief ich.
»Ja«, sagte mein Freund. »Und so macht es auch die Zeit.«
»Ach so, darum trägt sie eine Mütze – so meintest du das. Aber wie macht sie das?«, fragte ich verwundert und schaute mich um.

»So, macht sie das!«, rief mein Freund. Dann nahm er seine Gedanken und legte sie vor sich hin.
Ich rief erschrocken: »Was machst du da mit deinen Gedanken? Du hast sie nicht mehr bei dir – sie liegen hier herum – ich kann sie alle sehen!«
Mein Freund lachte und sagte: »Das sind nicht meine Gedanken, die hier herumliegen. Das ist nur ein Haufen Knete. Ich habe ihn so geformt, dass man denken könnte, das sind meine Gedanken, die sich jetzt außerhalb von mir befinden – also nicht mehr in mir sind.«
»Ach so«, sagte ich und schaute mir seine aus Knete geformten Gedanken an.
»Gott sei Dank, ich dachte schon deine Gedanken wären dir abhanden gekommen. Denn wenn sie sich außerhalb deines Kopfes befinden, sind sie ja bei dir weg.«
Ich fragte weiter: »Aber was hat das denn mit der Mütze zu tun, die die Zeit bei uns tragen soll?«
Mein Freund sagte: »Schau mal, alles was du als Knete hier siehst, sind ja meine Gedanken. Und wenn ich will, dass du meine Gedanken nicht alle auf einmal siehst, was mache ich dann?«
»Sie verdecken!«, rief ich.

»Ja«, sagte mein Freund.
Er streckte blitzartig seinen Arm aus und riss mir meine Mütze vom Kopf.
Wieder rief ich erschrocken: »Warum hast du mir meine Mütze weggenommen? Es ist meine beste Mütze, weil sie so schön fest und dunkel ist. Da kommt nichts durch, das schwöre ich.«

»Darum habe ich sie dir ja weggenommen«, sagte mein Freund und warf sie auf seine Gedanken, die ja aus Knete geformt vor uns lagen.
Ich wollte sie sofort wieder aufsetzen, aber mein Freund rief: »Halt, warte damit! Schau dir erst einmal meine aus Knete geformten Gedanken an!«
Ich schaute seine Gedanken an, konnte aber nur eine Hälfte von ihnen sehen.
Ich rief: »Sieh dir das an. Meine Mütze hat deine Gedanken halb zugedeckt. Ich kann sie nicht mehr ganz sehen!«
»Ja«, sagte mein Freund, »darum habe ich ja deine Mütze genommen, um meine Gedanken mit ihr zu verdecken!«
»Ach so«, rief ich. »Jetzt weiß ich, warum du mir meine Mütze vom Kopf gerissen und sie auf deine Gedanken geworfen hast.« Und nickte verständnisvoll.
»Ja«, sagte mein Freund. »Die uns umgebene Zeit macht es genauso. Sie hat auch eine Mütze über ihre Gedanken gestülpt, damit wir sie nicht alle auf einmal sehen können.«
Ich schaute mich um, und fragte meinen Freund: »Wo ist denn ihre Mütze? Ich kann sie nicht sehen.«
Mein Freund sagte: »Die Mütze siehst du nicht, aber das, was sie mit ihr verdeckt hat, kannst du sehen,«
»Wo ist es denn?«
»Na da, wo du mit dem was du jetzt siehst, sehen kannst, dass man da nicht hinsehen kann.«
Ich schaute mich um, um zu sehen, wo ich nicht hinsehen konnte.

Und da sah ich das, wo ich nicht hinsehen konnte: Es hatte sich in dem, was ich sah, versteckt; aber eine Mütze konnte ich nicht erkennen.
Ich wollte meinem Freund sagen, dass ich sah, wo ich in diesem Augenblick nicht hinsehen konnte, was die Zeit mit ihrer Mütze vor uns verdeckt, also unter ihr versteckt hat.
Aber mein Freund war nicht mehr da – egal wo ich hinschaute, er war weg.
Ich rief: »Wo bist du?«
»Hier«, antwortete mein Freund.
»Wo denn?«, rief ich weiter, »ich sehe dich nicht.«
Mein Freund rief mir zu: »Da, wo ich jetzt bin, befindet sich die Mütze der Zeit – sie hat mich mit ihr verdeckt.«
Und weiter rief er: »Alles, was du im Augenblick nicht sehen kannst, ist mit der Mütze der Zeit verdeckt. Und da wo sich die Mütze der Zeit befindet, bin ich jetzt!«
Und als ich meinen Freund hinter einem Haus hervorkommen sah, rief ich: »Oha, da bist du ja!«
Und da wusste ich, wo sich die Mütze befindet, die sich die Zeit bei uns aufgesetzt hat.
Sie ist nämlich da, wo man sehen kann, dass man diese Stelle nicht sehen kann…!

Man nur von hier aus sieht – was normalerweise mit unserer Ansicht geschieht…
Ein auf diesem Bild rechts stehender Betrachter kann auch nur die Hälfte sehen – aber tut sie ihm doch immer – direkt gegenüber stehen…

Wenn die Zeit ihren Hut abnimmt

»**D**u sagtest doch zu mir, eines Tages wird die Zeit ihren Hut – also ihre Mütze wieder abnehmen. Wie geht das?«
»Na, wenn sie merkt, dass wir alle ihre Gedanken gesehen haben, die sie nicht abgedeckt hat.
Und genügend eigene Gedanken da angesammelt haben, wo ihr Hut – ihre Mütze – ihre Augenklappe – ihr Rucksack – sich noch im Augenblick befinden.
Erst dann nimmt sie wahrscheinlich ihren Hut ab und zeigt uns damit die andere – noch unter ihrem Hut verborgene – Hälfte.«
Ich schaute mich um und sah, was ich nicht sah und sagte zu

meinem Freund: »Das muss ja unheimlich groß sein, was die Zeit vor uns behütet, also unter ihrer Mütze versteckt hat.«
»Ja«, sagte mein Freund. Und nahm meine Mütze von seinen aus Knete geformten Gedanken und gab sie mir.
Das Abnehmen meiner Mütze, von seinen aus Knete bestehenden Gedanken, hatte ein Geräusch gemacht.
Ich wollte dieses Geräusch, das meine Mütze beim Abnehmen verursacht hatte, mit dem Geräusch der Mütze der Zeit vergleichen, wenn auch sie abgenommen wird.

Und ich rechnete hoch, wie laut es sein könnte, wenn die Zeit das gleiche tun, – also ihre Mütze abnehmen – sie entfernen – ihr Haupt bloßlegen –, also ihre Gedanken ganz aufdecken würde.
Und sah, dass für die Berechnung der Lautstärke dieses Geräuschpegels unsere Zahlenwerte nicht ausreichen würden.
Das muss unheimlich laut sein, wusste ich.
»Aber was hat denn das mit unseren Türen zu tun, wenn sich die Zeit nur halb zu erkennen gibt, weil sie eine Mütze auf hat?«, fragte ich meinen Freund weiter.
»Du weißt doch: Wenn sie sich nicht ganz zeigt, hat sie ihre Tür nur halb aufgemacht«, sagte mein Freund und reimte:

»Sie konnte sich damit so verstecken – dass wir ihre andere Seite wie hinter einer Tür – nur in uns entdecken«

»Wie war das mit dem Brot,

wenn es seine Eigenschaften in Tätigkeiten verwandelt?«

»Ach, stimmt ja«, sagte mein Freund, »das war doch unsere Erkenntnis:
Die Zeit ein Verlauf,
der uns ihre Eigenschaften vermittelt – sich über tausend Tä-

tigkeiten,
einmalig macht.
Wenn das Brot erklären will, wo es hergekommen ist, muss es sich in einen Acker verwandeln, sich dort aufwachsen und ernten lassen.
Dann kann man sehen -
wie aus der Tätigkeit des Ackerns -
die Eigenschaften: Sattwerden -
also das Brot entstehen«
Und mein Freund reimte weiter:
»Durch das Ackern, Säen, Aufwachsen und Ernten wurde das Brot in die Tätigkeit gebracht -
und wenn du es damit gebacken kriegst -
es dich als Eigenschaft -
also wie ein Feierabend anlacht«

»Oha!«, rief ich und reimte auch:
»Haben sich die Tätigkeiten der Zeit
in die Eigenschaften begeben -
brauchen wir sie nicht mehr aus dem Acker zu heben…«

Und mein Freund nickte. Hinter ihm stand sein Vater, er hatte ein komisches Gebilde in der Hand.
Er rief: »Jetzt haben alle bestanden. Wir brauchen keine Tätigkeiten mehr. Das ist vorbei. Jetzt kann jeder mit seinen Eigenschaften so auf der Zeit abfahren, wie er will.«
Dann holte er weit aus und schmiss das, was er in der Hand hielt, einfach weg.
Ich rief meinem Freund zu:
»Was hat dein Vater da weggeworfen?«
»Es war die Schwerkraft!
Denn mit ihrem kräftigen Haften
formte sie über die Tätigkeiten
in uns die Eigenschaften.«
Ich nahm einen Stein auf und warf ihn weit von mir.

Und wunderte mich, dass er nicht zu Boden ging.
Da wusste ich, dass ihn der Raum jetzt fing…

Die Tür

»**W**ie ist das denn nun eigentlich mit unseren Türen«,
fragte ich meinen Freund.
»Schau dir doch die Blume an,
sie geht durch eine Tür!«

Und mein Freund reimte:
»Die Blume
Ganz fest umschließt am Anfang ihr Sein
eine zugemachte Dunkelheit
ihr kleines Stelldichein.

Mit ihrer Wehr gegen dieses Geschehen –
durchdringt sie das sie dunkel umschließende Sein –
und verlässt es damit -
dringt in eine freie Umgebung hinein

Da wird ihr eine Freiheit überbracht
aus der sie fest umschließenden Dunkelheit
ist Raum geworden -
in ihm auch das Licht über ihr Dasein wacht…«

»Oha!« Rief ich. Und wusste wieder einmal, dass es eine feste – mit Erde ausgefüllte – und eine freie – nicht mit Erde ausgefüllte – Finsternis geben kann...

Die Sinnflut und die Sinkflut

»**D**as mit den Fluten, wolltest du mir doch erklären.«

»Ach ja«, sagte mein Freund und fing an zu erzählen:
»Wenn eine Flut kommt, dann besteht sie natürlich aus Wasser.«
»Ja«, sagte ich, »es gibt ja Ebbe und Flut – also ein Kommen und Gehen des Wassers.
»Aber was ist eine Sinkflut? Du hattest mir doch schon einmal was über sie erzählt«, fragte ich gespannt weiter.
»Eine Sinkflut besteht natürlich auch aus Wasser.
Und weil das Wasser uns ja alle untergehen lassen kann, ist es eine Sinkflut – wenn das Wasser in großen Mengen plötzlich über uns kommt.«
»Aber warum ist eine Flut dann Sinkflut, wenn doch jeder weiß, dass das Wasser uns sowieso untergehen lässt.«
»Weil es noch eine Flut gibt!«
»Was ist das denn für eine Flut?«
»Die Sinnflut!«, rief mein Freund begeistert.
»Eine Sinnflut?«, fragte ich verwundert.
»Eine Sinnflut flutet nur die Sinne«, sagte mein Freund. »Darum heißt die Sinnflut, Sinnflut und nicht Sinkflut.«
»Und wie flutet die Sinnflut unsere Sinne?«, fragte ich erstaunt.
»Indem sie das Wasser des Lebens in uns einfließen lässt! Denk doch mal an unser Spiegelgleichnis!«
Und ich erinnerte mich an unser Spiegelgleichnis.
Ich rief: »Stimmt ja, wenn jemand vor einem Spiegel sitzt und kann das, was er in ihm sieht, nicht erleben,
muss er es selbst anheben…«
»Stimmt«, sagte mein Freund. »Die Schwerkraft gibt dem Bild ein Heben und erweckt es damit in dem Betrachter zum Leben.«

»Dann ist ja die Schwerkraft das Wasser, das uns das Leben überbringt!«
»Ja«, sagte mein Freund, »die Schwerkraft umgibt uns wie Wasser. Nur, dass sich das Wasser, wie abgelassenes Wasser, bei uns befindet.«
»Du meinst, das Wasser funktioniert nur als Schwerkraft, weil es wie abgelassen bei uns ist? Sich also nur als Wirkung hinterlässt?«
»Ja«, sagte mein Freund. »Wenn das Wasser wie abgelassen da ist, dann spürt man nur noch den Druck, den es ausübt.
Es ist leer –
darum ist auch der Auftrieb des Wassers weg.«
»Aber wo ist denn das Wasser geblieben, wenn es bei uns nur noch seine Leere gibt.?«, fragte ich.
»Du weißt doch, wo es ist!«, rief mein Freund.
Ich überlegte und da fiel es mir wieder ein.
Und ich reimte:

»Das Wasser befindet sich in den Dingen
die uns als Zeit umgeben
darum sind sie so schwer anzuheben!

Denn durch das Heben
fließt das Wasser in dein Gefühl
und erweckt damit
die dich umgebenen Dinge
in dir zum Leben«
»Na, dann Prost!«, riefen wir uns zu, als wir in einem Fitness-Studio gerade die Gewichte stemmten...

Ich fragte meinen Freund: »Wie war das mit den Pyramiden?«

Sofort reimte er:

»Wer große Steinhügel hat aufgeschichtet -
also hoch gebaut -
hat dabei tief in das Glas des Lebenswassers geschaut…«

Ich fragte: »Da gibt es doch noch eine Flut. Diese Flut heißt Sintflut. Was ist das für eine Flut?«
»Das ist eine Sinkflut, weil sie fast alles untergehen lässt, also aus dem vollen Wasser besteht.«
Stimmt ja, dachte ich. Wenn es eine Sinnflut wäre, würde sie aus leerem Wasser bestehen. Und im leeren Wasser kann man doch nicht untergehen, weil man schon unten ist…
Heben wir einen Stein – flößt man über die Gefühle – das Wasser des Lebens in sich ein…
Mit einem leichten Schwebestein,
kommt dann weniger Wasser hinein…
Wollen wir also kräftig einen Heben –
darf ein Stein – nicht nur schweben…

Das Wasser ist wie das Leben

»**I**ch habe gelesen, dass Fische einen weisen Fisch gefragt haben sollen:
Was ist eigentlich Wasser?
Wir sollen von dem Wasser abstammen, wissen aber nicht was und wo es ist.

Der weise Fisch sagte zu den Fischen: »Es ist gut, dass ihr überhaupt fragt, denn damit zeigt ihr auf, dass es eine Suche in euch gibt.«

Und er beantwortete ihre Frage: »Im Wasser seid ihr mitten drin, es ist alles das, was euch umgibt«.

Die Fische wunderten sich über seine Antwort, denn sie sahen das Wasser ja immer noch nicht – wussten nicht, wo es eigentlich war…«

Ich sagte zu meinem Freund: »Das ist ja eine schöne Geschichte. Aber es ist eigentlich komisch, dass die Fische nach dem Wasser fragen, obwohl es ganz nah bei ihnen ist – es sie ganz und gar umgibt.«

Mein Freund nickte und sagte: »Das habe ich mir auch gedacht. Und bin auf eine Idee gekommen.«

»Und was ist das für eine Idee? Erzähle!«

»Ich habe überlegt: Wenn die Fische nicht wissen, dass sie im Wasser sind, obwohl der weise Fisch ihnen das gesagt hat, müsste da noch jemand sein, der den Fischen zeigen kann, dass sie sich im Wasser befinden.«

»Und wer könnte das sein?«

»Es ist das Wasser selber – es könnte den Fischen doch eigentlich am besten erklären, was und wo es ist.«

»Und wie erklärt das Wasser den Fischen, dass es das Wasser ist?«, fragte ich gespannt.

»Ich habe mir vorgestellt, ich wäre das Wasser und der Fisch schwimmt in mir herum und weiß nicht, dass ich das Wasser bin.

Und ich überlegte immer wieder, wie es gehen könnte, dem Fisch zu erklären, dass er sich im Wasser befindet.

Da hatte ich plötzlich eine Lösung und konnte :ir vorstellen, was das Wasser machen müsste, damit die Fische merken, dass es das Wasser als Wasser gibt.

»Und wie macht es das Wasser, dass der Fisch das Wasser entdecken kann? Also weiß, wo es ist?«, fragte ich.

»Das Wasser müsste sich von dem Fisch entfernen, damit er einen Abstand hat und sehen kann, wo es ist.«

Und mein Freund fing an zu reimen:
»Mit dem Urknall (dem Urschrei) hat das Wasser was begonnen
es ist dem Fisch mit einer bestimmten Festigkeit
davon geschwommen...

Und so, wie das Wasser mit einer Festigkeit (als Materie) in die Weite (den Raum) geht
dem Fisch ein Horizont entsteht.

Dann hat das Wasser sich mit der Festigkeit so in Form gebracht
dass der Fisch sich darüber Gedanken macht.
Und wenn sich das Wasser mit einer Festigkeit dem Fisch gegenüberstellt
gibt es Innen und Außen
Oben und Unten in seiner Welt.

Und da wo das Wasser ist am weitesten von dem Fisch gewichen
hat der Fisch den fehlenden Auftrieb des Wassers
mit der Erfindung des Rades, einer Treppe,
der ganzen Technik überhaupt -
wieder ausgeglichen…

Schwerkraft
ist der Verlust des Wassers in der Welt
Wasser
wenn es wieder kommt
ist der Handel mit dem Ablass eingestellt
Wasser
Ohne Abstand war es dem Fisch so nah
dass er nicht merkte, was bei ihm war«

»Ach so ist das! Darum hat sich das Wasser an bestimmten Stellen dick und dünn gemacht. Und der Fisch erlebt es als Materie und Raum. So

einfach kann sich das Wasser erklären, man glaubt es kaum!«, rief ich und mein Freund nickte.

Das Leben gestaltet sich wie ein Berg

»Ist das Erheben eines Berges genau so wie die Ankunft des Lebens?«
»Ja«, sagte mein Freund.
»Ein Bergerheben und das Aufwachsen des Lebens gleichen sich.
Du weißt doch: Mit zunehmendem Steigeschritt zeigt einem der Berg immer mehr von dem was ihn umgibt. Und das hört sich dann, wie eine für die Augen gemachte Bildansprache an.

Und mein Freund reimte:
»Mit dem Höheerreichen
wird die Masse im Durchmesser des Berges weichen.

Und ist der Aufstieg ganz und gar gelungen -
man also auf der Spitze steht -
ist der Berg vor der Sicht verschwunden -
der Ausblick fast nur noch aus Licht besteht…«

»Das erinnert mich an die Cheopspyramide!« Rief ich. »Je höher man kommt, umso weniger Materie gibt es im Licht, weil der Überblick doch immer größer wird, und damit der Durchmesser der materiellen Anwesenheit des Berges abnimmt.
Und wenn man ganz oben ist, hat man mit der Materie eigentlich nichts mehr zu tun.«
»Stimmt ja, sagte mein Freund. »Wenn man den Durchmesser des Berges in das Verhältnis zu dem Licht setzt, was einem ja da als Anblick umgibt, ist er noch viel kleiner als der kleinste Fleck.«
»Ja«, sagte ich. »Dann ist ja eigentlich das Leben, wenn es so hoch gestiegen ist, nur noch ein Spiel…
Du weißt doch unsere alte Regel:
Je weiter ein materieller Zustand in Licht übergeht,
umso mehr Spiel in ihm besteht.«

»Aber was hat das mit der Cheopspyramide zu tun?«, fragte mein Freund.
»Auf ihrem Gipfel befindet sich als letzter, also höchster Stein, ein Spiel. Es ist in ihm mit eingemeißelt worden«, sagte ich
»Oha!«, rief mein Freund.
»Dann müssen die Erbauer ja auch gewusst haben, dass mit so wenig Masse im Licht, eigentlich alles nur noch ein Spiel sein kann…

Dieses eingemeißelte Spiel im höchsten Stein,
könnte also ein Hinweis darauf sein...«

»Du sagtest doch auch, dass die Grabkammer wahrscheinlich nur deswegen in die Pyramide eingebaut wurde, um aufzuzeigen, dass ein materieller Zustand in dieser Festigkeit, wie er uns umgibt, verstorben ist. Jetzt habe ich gelesen, dass die Grabkammer leer, also in ihr gar kein Pharao vorhanden ist.

»Oha«, rief mein Freund. »Dann stimmt ja meine Vermutung, dass das ein Hinweis auf den unlebendigen Zustand unserer Materie ist!«
»Ja«, sagte ich. »Und weißt du auch, dass sich in der Kammer ein rauer unbearbeiteter Boden und eine polierte Decke befinden?. Was bedeutet das?«
»Das könnte ein Hinweis auf Oben und Unten sein. Ich meine damit: Himmel und Erde.«
»Und wie kommst du darauf?«, fragte ich gespannt.
»Unten sind die Steine, die nicht poliert sind, in denen sich also nichts spiegeln kann. Oben sind die Steine poliert, es gibt also das, was sich vor den Steinen befindet, in ihnen noch einmal. Allerdings nur als Licht.«
»Du meinst, wenn sich was spiegelt ist es nach oben – so wie in den Himmel gekommen?«
»Ja, du weißt doch, dass sich das, was du siehst, auch in dir – wie in dem Stein – als Spiegelbild vorhanden ist. Die Gedan-

ken sind doch viel leichter, als das, woher sie gekommen sind. Unten ist doch da, wo sich das Feste befindet, und oben, wo es das nicht Feste gibt. Und da die Gedanken nicht so fest wie das ist wo sie herkommen, sind sie also oben…«
»Stimmt ja!«, rief ich.
»Und wenn man einen Stein poliert, damit sich alles in ihm spiegeln kann, hat er dann auch Gedanken bekommen?«
»Ja, es müsste bei ihm dann so, wie bei uns sein«, sagte mein Freund, »weil es ja eigentlich genau das Selbe ist. Nur das er die Gedanken nicht bei sich behalten kann. Wenn man ihn so dreht, dass sich was anderes in ihm spiegelt, ist das, was vorher in ihm war, nämlich weg. Wir können ja behalten, was sich in uns eingespiegelt hat, auch wenn wir uns drehen und somit auch ein anderes Spiegelbild in uns sehen.«
»Und das ist der einzige Unterschied?«
»Ja«, sagte mein Freund.
Und wir wunderten uns, dass die Pyramidenerbauer auch schon wussten, dass das, was sich in einem Spiegel abbildet, wie in den Himmel gekommen ist, weil es ja nur aus Licht besteht.
Und dass mit zunehmendem Steigeschritt die Masse abnimmt, und die Anwesenheit des Lichtes in der Umgebung zunimmt.
Und wenn alles aus Licht ist, man also den höchsten Punkt eines Berges überschritten hat, ist es ein Spiel geworden, egal wie dick der Berg – also die Masse in dem Umgebenen – vorher gewesen ist.
Darum haben sie wahrscheinlich ein Spiel in den höchsten Stein – des geordneten Steinhaufens – eingemeißelt.
Also mit zunehmendem Steigeschritt wird der Durchmesser des Berges kleiner und so wie er kleiner wird, steigert sich die Umsicht, und damit die Abnahme der Masse und die Zunahme des Lichts.

Und wir reimten:
Und wenn am Gipfel nur noch ein ganz kleiner Krümel
als Materie im Licht besteht – alles – wie in einer zweiten Welt –
nur noch aus Spielen besteht...

Die Geburt der zweiten Welt oder auch:
Wenn von einem Gedankenbild
ein wissender Schatten fällt
hat er sich in einem Buch
– über die Hand aufs Papier geworfen –
als Schrift dort eingestellt

Sein Vater

Wieder stand sein Vater hinter uns.
Wir hatten gar nicht bemerkt, dass er dort stand.
Mein Freund freute sich und drückte ihm ganz fest die Hand.
Ich schaute zur Tür und wunderte mich, dass sie nicht mehr da war. Aber dann fiel mir ein, dass er sie bei unserem letzten Treffen einfach mitgenommen hatte.
Er hatte sie als Talisman an seine Brust gehängt – unsere ehemalige Tür.
Auch hatte ich übersehen, dass der Freund meines Vaters eine Augenklappe getragen hatte.
Sie war weg – ich konnte auf einmal beide Augen von ihm sehen.

Seinen Hut hatte er auch nicht mehr auf.
Ich hatte das Gefühl, als könnte ich seine Gedanken sehen.
Ich schaute aus dem Fenster und konnte da – weil ich die ganze Stadt sah –
überall Türen sehen. Aber sie funktionierten nicht mehr.
Ich rief meinem Freund zu:
»Sieh mal die Türen – sie funktionieren nicht mehr!«
Mein Freund sah auch, dass sie nicht mehr auf- oder zugehen konnten.
Da sahen wir beide, dass alle Bewohner durch sie hindurchgingen; egal ob sie geöffnet oder geschlossen waren.
Einige von ihnen gingen direkt durch die Mauern. Es war wie in einer Geisterstadt.
Ich rief: »Schau dir das an! Oh weih! Was ist denn da los?«
Mein Freund zuckte mit den Schultern und sah fragend seinen Vater an.
Der lachte, nahm seinen Fahrschüler und verschwand mit ihm nicht durch die Tür, sondern ging durch die Wände.
Mein Freund überlegte angestrengt und rief dann aufgeregt:
»Jetzt weiß ich, woran es liegt, dass die Mauern alles durchgehen lassen müssen!
Als sie fest waren, fehlte ihnen die Freiheit.
Die Festigkeit hatte sie noch gefangen genommen –
sie hatten sie in sich – wie eine fest abgeschlossene Tür.«
Ich rief:
»Das ist ja so, wie es sein müsste, wenn der Zeitweihnachtsmann seinen Rucksack aus der Zeit genommen hat, weil wir ihn mit unseren Wünschen aufgefüllt haben.
Weißt du noch?
Wir hatten uns doch darüber lange unterhalten.«
»Ja!«, rief mein Freund. »Dann sind hier unsere Wünsche in Erfüllung gegangen!
Und ich wunderte mich, wie hoch ich vor Freude springen konnte.
Und dann,

erst nach einer halben Stunde,
ganz sanft – wie mit einem Fahrstuhl – auf den Boden sank.
Ich sah den Vater meines Freundes vorbeifahren.
Er hatte sich entspannt auf dem Beifahrersitz zurückgelehnt.
Sein Fahrschüler fuhr gerade gegen einen Baum und beide lachten.
Hatte doch auch hier der Baum – wie die Mauern – in sich genügend Freiheit und damit auch Raum –
um alles durchgehen lassen zu können…
Auch die Kreuzungen waren wie aus Wolken gemacht:
Ganz wabbelig und weich war ihr Sein.
Auch mit einem zünftigen Zusammenprall –
stellt sich auf ihnen –
nur noch Freude ein…

Der Webstuhl

Mein Freund sagte: »Sieh mal da!«
Ich schaute durch sein Fernrohr und sah einen Lichtnebel in dem sich lange Fasern befanden. Die Fasern in dem Nebel sahen aus, als wenn sie an einem Webstuhl aufgewickelt würden. Wie durch eine unsichtbare Hand wurden sie zu ihm hingeführt.
»Schau mal!«, rief ich, »da spinnt jemand mit der Wolle herum.«
Mein Freund sagte:
»Das ist keine Wolle, das sind Lichtfäden in einem Lichtnebel. Aus ihnen werden Sonnen und Planeten gemacht.«
»Tatsächlich! Da wickelt sich ein Lichtball auf!«, rief ich und staunte, weil ich sah, wie an dem unsichtbaren Webstuhl gerade wieder ein Sonnensystem aufgewickelt wurde, also gerade dort entstand...
Nachdem wir den Lichtnebel lange beobachtet hatten, sahen wir, dass bei dem Sonnensystem, welches da gerade zusammen

gesponnen wurde, die Planeten nicht so hart aufgewickelt wurden. Weil das Wickeln lockerer war, die unsichtbare Hand an dem Webstuhl nicht so fest zufasste und damit die Lichtfasern nicht so straffte…
Wenn ein Sonnensystem nicht so fest aufgewickelt wird, leuchten die Planeten von selbst, sie sind nicht aus Stein und wenn man sich auf ihnen befindet, erlebt man auch das Härteste ganz weich, waren wir uns einig…

»Komm«, sagte mein Freund zu mir, »da müssen wir hin. Da kann man für immer bleiben.«

Der Glaube

»**D**u sagtest doch, dass der Berg wie ein Glaube und der Gipfel wie ein Wissen ist:
Denn mit zunehmendem Steigeschritt, zeigt einem doch der Berg immer mehr, von dem, was ihn umgibt.
Je mehr der Berg dir also zeigen kann, umso mehr wächst damit, dein Wissen an…
Wie ist es denn, wenn alles in unserer Welt wieder weicher wird,
dann ändert sich doch auch der Berg,
weil er schmilzt – also eigentlich wieder flüssig wird –
und damit auch seine Höhe verliert?«
»Ja«, sagte mein Freund, »der Berg – also der Glaube –
wie Wasser unter einem Schiff ...
Und da ja das Wasser überall gleich hoch ist, sieht man
– ohne in der Höhe zu sein –
alles was einem umgibt. Und wenn das Wissen – also alles was es gibt –
sich ohne klettern aufnehmen lassen kann, befindet es sich sozusagen in seinem Hafen…«

Und er reimte:
»Wenn eine erstarrte Höhe besteht -
sie nach allen Seiten die Sicht freigibt -
wenn sie in die Schmelze -
und damit in einem großen glatten Wasserspiegel übergeht... «

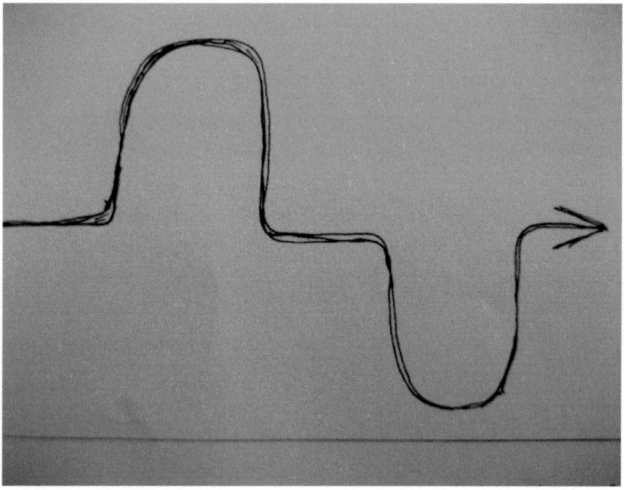

Wenn keine Berge, Täler und sonstige Sichtblenden auf einem schweren Weg vor uns stehen – müssten wir ihn aufeinmal sehen…

Werden aber auf einem schweren Weg keine Sichtblenden eingebaut, man zu viel von seinen Schwierigkeiten aufeinmal erschaut…

Hat also ein schwerer Weg keine Kurven, Berge und Täler angebracht – macht sich also nicht krumm – sieht der Wandersmann auf dem Weg zu viel aufeinmal:
Und das haut ihn schon vor dem Beginn einer Wanderschaft um…

Nachdem ich mein Buch fertig gestellt hatte, fand ich meine Erkenntnisse daraus – fast wörtlich – in einigen Voraussagen bestimmter Leute wieder. Damit hatte ich überhaupt nicht gerechnet, dass unsere Aussagen sich so nah gekommen sind…

Rolf Hoffmann

Anhang eins:

Quelle: Die Bibel, Johannes- Offenbarung und Jesaja.

Das Feste im Wasser entstehen lassen…

Meine Ausführung: Wenn sich das Wasser vereist (an bestimmten Stellen verfestigt), kann es Anfang und Ende in sich entstehen lassen…

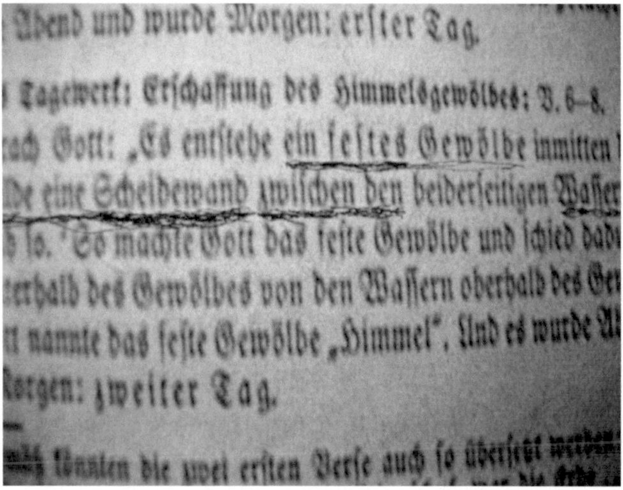
Abend und wurde Morgen: erster Tag.

Tagewerk: Erschaffung des Himmelsgewölbes: V. 6–8.

ach Gott: „Es entstehe ein festes Gewölbe inmitten
de eine Scheidewand zwischen den beiderseitigen Waſſer
so. So machte Gott das feste Gewölbe und schied dad
erhalb des Gewölbes von den Wassern oberhalb des Ge
tt nannte das feste Gewölbe „Himmel“. Und es wurde A
orgen: zweiter Tag.

könnten die zwei ersten Verse auch so übersetzt

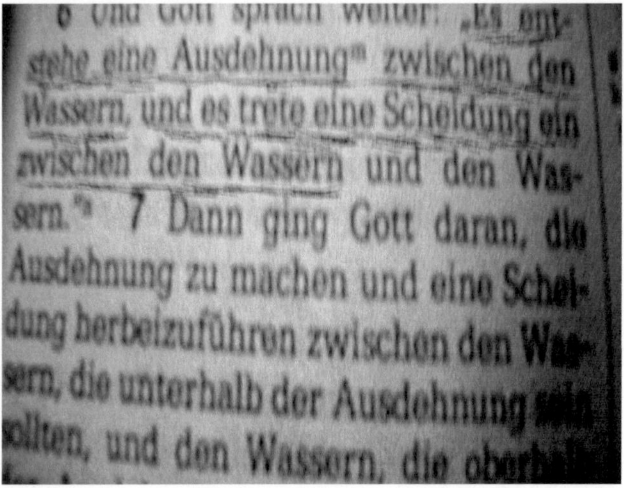
6 Und Gott sprach weiter: „Es ent-
stehe eine Ausdehnung zwischen den
Wassern, und es trete eine Scheidung ein
zwischen den Wassern und den Was-
sern." 7 Dann ging Gott daran, die
Ausdehnung zu machen und eine Schei-
dung herbeizuführen zwischen den Was-
sern, die unterhalb der Ausdehnung sein
sollten, und den Wassern, die oberh

Das Feste im Wasser ist ein Grund. Denn ohne was Festes im Wasser kann es ihn nicht geben. Meine Ausführung:
Wasser kann nur etwas untergehen lassen, weil es einen Grund gibt..
Und wenn das das Wasser sich verdünnt – in einen Raum übergeht – aus dem Grund in dieser Wölbung (Blase) ein Ufer entsteht…

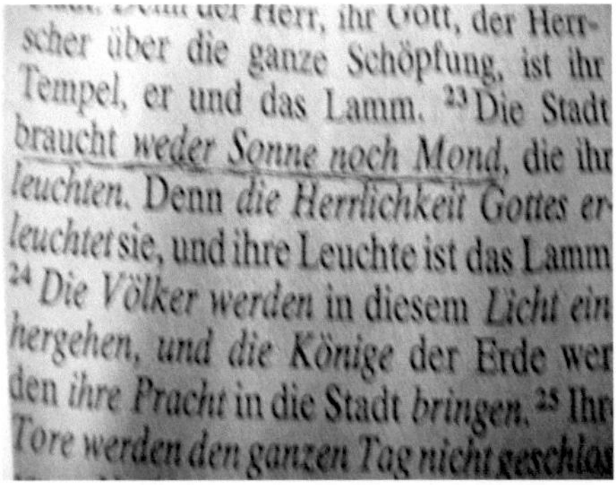
Denn der Herr, ihr Gott, der Herr-
scher über die ganze Schöpfung, ist ihr
Tempel, er und das Lamm. 23 Die Stadt
braucht *weder Sonne noch Mond*, die ihr
leuchten. Denn *die Herrlichkeit Gottes er-
leuchtet* sie, und ihre Leuchte ist das Lamm
24 *Die Völker werden* in diesem *Licht ein
hergehen, und die Könige* der Erde wer
den *ihre Pracht* in die Stadt *bringen*. 25 Ihr
Tore werden den ganzen Tag nicht geschlos

Die Stadt (Welt) braucht von außen keine Beleuchtung mehr…

Meine Ausführung:
Nur wenn die Erde von außen angestrahlt wird
– sie also nicht aus Selber leuchten besteht –
gibt es auf ihr hell und dunkel
und ein Abzählen des Lichts entsteht…

Und wenn man alles Zählen kann, ist ihr eigenes Leuchten wieder dran

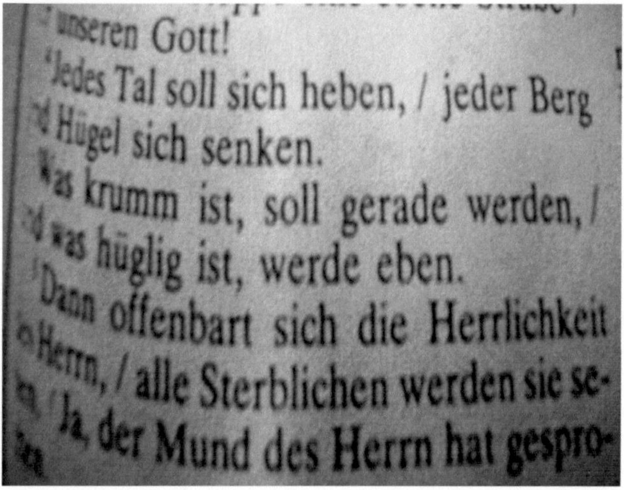
unseren Gott!
Jedes Tal soll sich heben, / jeder Berg
Hügel sich senken.
Was krumm ist, soll gerade werden, /
was hüglig ist, werde eben.
Dann offenbart sich die Herrlichkeit
Herrn, / alle Sterblichen werden sie se-
Ja, der Mund des Herrn hat gespro-

Jedes Tal soll sich heben und jeder Berg sich senken. Das Krumme soll gerade werden.
Meine Ausführung:
Damit sich ein Weg (wegen einer sich auf ihm befindenden gewissen Schwere) nicht ganz erschaut, wurden in ihn Wölbungen, also Berge, Täler, der Horizont, Kurven eingebaut. Mit diesen Unterbrechungen kann eine Hoffnung entstehen, ergibt ein leichteres Weitergehen…
Sollte man den Weg auf einmal sehen, ist er leichter, hat nichts mehr zu verbergen, man kann alles von ihm auf einmal verstehen…
Weiterhin: Ein Berg ist wie das Leben: Denn mit zunehmendem Steigeschritt zeigt einem der Berg immer mehr, von dem was ihn umgibt. So, wie das Klettern besteht es auch mit dem Wissen aufwärts es geht… Und sollte ei Berg sich senken oder umgekehrt als Tal nach oben gehen – müsste das Wissen ohne sich erklettern zu lassen, uns gegenüberstehen….
Dann kann man ohne etwas zu besteigen – also mühselig erklimmen –

ohne jede Anstrengung – sofort die eine überschaubar gemachte Anwesenheit bestimmen...Der Mund des Herrn hat gesprochen. Meine Ausführung: Der laute Ruf! Die Materie sind die Worte der Natur...

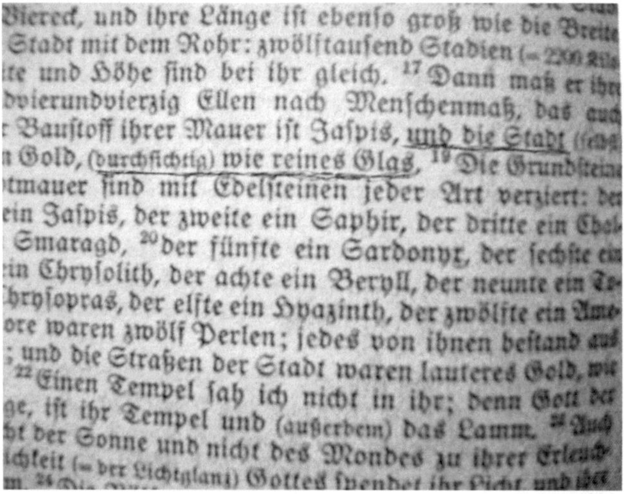
Viereck, und ihre Länge ist ebenso groß wie die Breite
Stadt mit dem Rohr: zwölftausend Stadien (= 2200 Kil
te und Höhe sind bei ihr gleich. 17 Dann maß er ihre
dvierundvierzig Ellen nach Menschenmaß, das auch
r Baustoff ihrer Mauer ist Jaspis, und die Stadt
n Gold, (durchsichtig) wie reines Glas. 19 Die Grundsteine
tmauer sind mit Edelsteinen jeder Art verziert: der
ein Jaspis, der zweite ein Saphir, der dritte ein Chal-
Smaragd, 20 der fünfte ein Sardonyx, der sechste ein
in Chrysolith, der achte ein Beryll, der neunte ein To-
hrysopras, der elfte ein Hyazinth, der zwölfte ein Ame-
ore waren zwölf Perlen; jedes von ihnen bestand aus
; und die Straßen der Stadt waren lauteres Gold, wie
22 Einen Tempel sah ich nicht in ihr; denn Gott der
ge, ist ihr Tempel und (außerdem) das Lamm. 23 Auch
ht der Sonne und nicht des Mondes zu ihrer Erleuch-
ichkeit (= der Lichtglanz) Gottes spendet ihr Licht, und ihre

Wenn eine Stadt (Welt) durchsichtig ist, also aus durchsichtigen Wänden besteht, der Hintergrund in ihr mit erscheint – alles aus ener halben, in eine ganze Ansicht übergeht...

Meine Buch: Eine Welt ohne Rucksack auf dem Rücken. oder auch: sie hat ihre Mütze abgesetzt. – ihre Augenklappe entfernt. Die Welt schaute uns also erst einmal nur mit einem Auge – also ohne ihrem Hintergrund, nur mit einer halben Ansicht – an, damit jeder seine eigene in sich entstehen lassen kann...

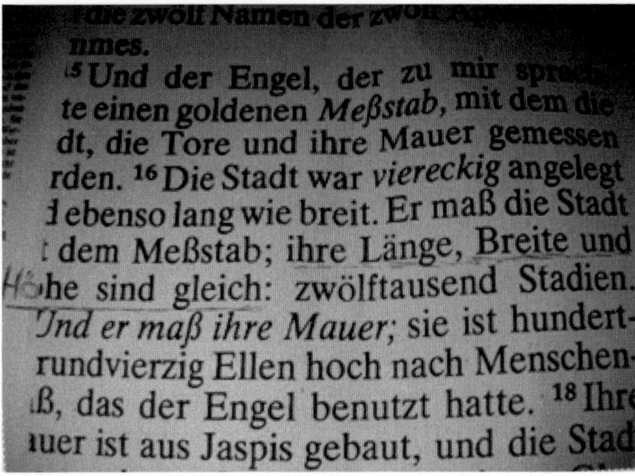

nmes.
15 Und der Engel, der zu mir sprach,
te einen goldenen *Meßstab*, mit dem die
dt, die Tore und ihre Mauer gemessen
rden. 16 Die Stadt war *viereckig* angelegt
d ebenso lang wie breit. Er maß die Stadt
t dem Meßstab; ihre Länge, Breite und
Höhe sind gleich: zwölftausend Stadien.
Und er maß ihre Mauer; sie ist hundert-
rundvierzig Ellen hoch nach Menschen-
ß, das der Engel benutzt hatte. 18 Ihre
auer ist aus Jaspis gebaut, und die Stadt

Eine Stadt mit gleicher Länge, Breite und Höhe

Meine Ausführung:
Eine Baulichkeit die so besteht, hat kein Oben und Unten, weil keine einseitige Schwerkraft, sondern ein nach in allen Seiten gleichmäßig wirkendes Kräfteverhältnis entsteht…
Denn sollte die Schwerkraft nur von einer Stelle (wie jetzt) aus anziehend sein, bricht die ganze Bude ein… Außerdem: Besteht eine Anwesenheit aus Licht, gibt es ein Zusammenbrechen nicht...
Meine Ausführung: Sollte es Oben (den Himmel, das Freie) und Unten (das Feste) als Erde geben – muss sich etwas Festes (Unten) und etwas Nichtfestes (Oben) gegenüber stehen. Sollte es dann irgendwann einmal Unten so wie Oben sein, stellt sich das Unfeste (das Freie) in allen Seiten ein…

Wenn von außen steinerne Gesetze in die Gedanken über gehen, wird aus ihnen ein weicheres Gewand entstehen...
Oder auch:
Ein gutes Gewissen ist ein sanftes Ruhekissen. Sollte das mit dem Gewissen noch nicht so sein, schläft man noch auf einer Welt aus Stein…
Meine Ausführung: Die erste und die zweite Welt

Außerdem fand ich noch: Gott liebt die Scherben einer Vase.
Meine Ausführung: Eine Vase die nicht zerbricht, hat nur eine Gegenwart, weil sie in einer anderen Gegenwart – nicht zusammensetz bar ist…

Dann fand ich noch: Dass Gott die Menschen bald nicht mehr erschreckt:

Ist das Gefühlsleben dann ganz fein, stellt sich ein anderer Kontakt bei uns ein…´
Die Wolken sind die Steine des Himmels. Denn sind die Wolken schwer wie Stein, stellt sich auch ein Erschrecken mit ihnen ein…

Dann fand ich das Gleichnis von Aquarius (Bild) dass er das Wasser des Lebens über uns als Strahlen ausgeschüttet haben soll, damit sich der Geist mit den Sinnen (die Gedanken sich mit den Gefühlen vereinen können)...
Meine Ausführung: Das Wasser des Lebens ist als Schwerkraft unsichtbar in unserer Materie gespeichert: „Die Sinkflut und die Sinnflut"
ebenso mein „Spiegelgleichnis" und der „Brunnen des Lebens"

Rolf Hoffmann im späteren Sein …

ist ein Augenblick vor unserer Nase verschwunden –
hat er sich hinter ihr – als Gestern und Morgen – wieder eingefunden…

Gestern und Morgen wohnen in den Gedanken –
das haben wir nur einem Augenblick:
dem Heute zu verdanken…

Ein Wunsch ist die Zukunft aus dem Geschehen – was uns als Z —
tat gegenüberstehen...

Anhang zwei: Meine besten Internetseiten

Bitte den Anhang mit der letzten Seite beginnen.
Er hat sich so aufgebaut...

Wie man mit vielen Fingern alles handlich werden lassen kann

Wenn die ehemalige Schwabbelwasserstoffwolke uns mit ihren Händen begrüßt, sie ihre Schwerkraft über uns ergießt…
Diese Hände kann man nicht sehen, sie lassen sich aber in vielen Tätigkeiten erleben…
Denn jeder Druck und ist er noch so klein, stellt sich von ihren Fingern ein…
Um mit so vielen Berührungen alles formend zu vollbringen, konnte ihr das nur mit unheimlich vielen großen und kleinen Fingern gelingen…
Wer hätte das gedacht, dass man für so viel Fingerspitzengefühl nur ein Wort daraus: die „Schwerkraft" hat gemacht…
Und sollte die Urwolke irgendwann einmal ihre Finger losgelassener bei uns bewegen - können wir ihre Anwesenheit wahrscheinlich ohne Händedruck – also nur mit dem Herzen erleben…

Wie zwei Augenblicke ein Kind entstehen lassen können…

Haben sich zwei Augenblicke angesehen, ist ihr Kind angekommen – es hat den Namen:„Verstehen" angenommen…
Dieser Ankömmling wächst auf – er wird geboren wenn sich zwei Augenblicke erreichen – und miteinander vergleichen…
Dann bekommen sie ihr Kind – mit dem Namen „Verstehen" – so lassen sich die Augenblicke, wie eine Familie ansehen…
Und hätte sich nicht jeder Augenblick ein bisschen anders als der vorherige gemacht, könnten wir beim Vergleichen, ihr Kind: „Verstehen", nicht erreichen…
Sollten wir einen schönen, unzerstörten Augenblick vor uns sehen, konnte er nur mit dem unschönen Augenblick: „zerstört" entstehen…
Wäre also nicht das Kind „Verstehen" der verschiedenen Augenblicke in uns geboren, ginge uns ein heiler Anblick verloren…

Wer hätte das gedacht, dass man mit kaputten und heilen Augenblicken – so etwas hat Zustande gebracht…

Wenn wir schon wieder einen im Kahn haben…
Haben wir einen Augenblick vor unserer Nase gesehen, bleibt er in uns als Gedankenlichtbilder stehen.
Wer hätte das gedacht, er hat sich dann bei uns, wie in einem Spiegel untergebracht.
Allerdings kann ihm ein Spiegel keine bleibende Anwesenheit einbringen, das kann ihm nur bei uns gelingen…
So gesehen, bleibt sein Spiegelbild in uns erhalten, wir können ihn in unserem Lager dauerhaft verwalten…
So können alle Augenblicke ja ruhig vergehen, bleiben sie doch in unseren Gedanken stehen…
Wir müssen für die uns umgebenen Augenblicke wie eine Arche-Noah sein – retten sie ihr Dasein doch als Gedankenbilder in uns `rein…
Wer hätte das gedacht, dann haben sich doch tatsächlich alle Augenblicke: in unserem Kahn untergebracht…

Wenn ein Mittelpunkt herumbrüllt…
Werden Mittelpunkte mit unterschiedlicher Kraft angebracht, der Stärkere über den Schwächeren wacht…

Er bestimmt mit seinem Punktgeschehen, woher die Kräfte kommen die andere binden – und damit ihre Freiheit schinden.

Denn ist viel an diesem starken Mittelpunkt gebunden, hat sich bei den ihm Untergebenen – eine Anhäufung eingefunden…

Sollten sie mit ihrem schwächeren Dasein aus den Leinen des großen Mittelpunktes gehen, bleiben sie nicht lange stehen.

Denn sie müssen sich nach ihm ausrichten – und mit zunehmender Höhe (Entfernung von ihm) – immer mehr ihr Gewicht verdichten. Bis sich hat über dem starken Mittelpunkt so viel angebracht, dass alles schon beim leichtesten Rütteln – zusammenkracht…

Sollten die kräftigen Mittelpunkte mal schweigen – lassen ihre Kräfte ruhen – können sich die kleinen Mittelpunkte unbegrenzt in alle Richtungen stapeln – haben mit dem Umfallen nichts mehr zu tun…

Und sollte man ohne ein Großmaul – also einem schweigenden Großmittelpunkt – Städte bauen,
können sich die kleinen Mittelpunkte unbegrenzt ausstrecken – häufen sich nicht so gefährlich an, ihr Dasein ist damit Unfallfreier bei ihren Bewohnern dran…

Wer hätte das gedacht, dass unbelastete Mittelpunkte, einen Aufbau in unserer Welt (ehemalige Wasserstoffschwabbelwolke) unfallfrei und unbegrenzt – in Höhe und Breite macht…

Die Auferstehung des Steines in unserer dritten Gegenwart…

Vor unserer Nase liegt ein Stein. Er muss verstorben sein…
Hinter unserer Nase fängt er an sich zu erheben, können wir ihn doch ohne Schwere, also nur aus Gedankenlicht erleben…
Können wir ihn dann auch noch nach diesen beiden Erscheinungen – mit unserer Vorstellungskraft zum Sprechen und herum hüpfen bringen – kann ihm ein ganz anderes Dasein gelingen.
Wer hätte das gedacht, dass ein Stein nach der dritten Erscheinung – so zum Leben erwacht…
Wenn wir ihn also auf diese Art und Weise zähmen,
wundern wir uns — wie er sich bei seiner ersten Vorstellung – konnte so anders benehmen…

Das An-Gebot

Wenn kein Mangel in einer Anwesenheit entsteht, keiner mehr dem anderen an den Kragen geht…

Wer hätte das gedacht, dass man nur mit einem großen Durst, so richtig Ärger macht…

Sollte alles ausgefüllt sein, braucht keiner mehr dem Anderen an die Tränke zu gehen – dann könnten aus den Geboten – Angebote entstehen…

Dann heißt es zum Beispiel: "Du brauchst nicht mehr zu stehlen – tut dich doch kein Durst mehr quälen…"

Dann wurde aus dem Gebot in der Not – und wer hätte das gedacht:

später dann das Angebot: "Du brauchst nicht mehr" gemacht…

Und dann: oh wei, oh wei – langt ein jeder kräftig zu – und vorbei ist`s mit der Heuchelei…

Weil sich unsere Welt – wie ein Schneeball – unterschiedlich stark beim Formen verdichten kann, kommt die „Schneemasse" – bei gleicher Menge – mit unterschiedlicher Aufprallwucht bei uns an…

Wird ein Schneeball vor dem Werfen hart zusammen gepresst, also stark verdichtet, er großen Schaden anrichtet…

Denn mit einer stark erhöhten Verdichtung im materialisierten Sein, stellt sich ein schmerzhafter Aufprall ein….

Wird der Schnellball bei gleicher Menge aber nicht so stark komprimiert, er mit seinem Aufprall – einem nicht so stark die Fre…. poliert…

Wird also eine materielle Anwesenheit vor dem Werfen nicht so fest geformt – also dicht gemacht – es bei einem Aufprall nicht so unheimlich kracht…

Unsere Materien dichte hat sich aber so hart zusammengepresst bei uns eingestellt, dass ihre umherfliegenden "Schneebälle" mitunter uns stark verletzen, – tat sie sich doch mit erhöhter Festigkeit vernetzen…

Weil sich mit steigender Bewegung die Zunahme der Aufprallwucht mit einem Quadrat mal nehmen kann, kommt das ursprüngliche Gewicht viermal größer nach dem Werfen bei uns an…
Würde sich das Quadrat der Aufprallwucht nicht malnehmen, sondern nur einfach dazu zählen, würde uns die Aufprallwucht nur zur Hälfte „quälen…“
Wer hätte das gedacht, dass es beim Zusammenzählen der Wuchtquadrate nur halb so kräftig kracht…
Aber da sich die Wuchtquadrate miteinander malnehmen – kann eine vierfache Aufprallwucht entstehen…
Würde unsere Urwasserstoffwolke ihren „Schneeball“ vor dem Werfen nicht so stark mit ihren Händen (der Schwerkraft) verdichten – würden ihre Wuchtquadrate viel weniger Schaden bei uns anrichten…
In Zahlen: Ein miteinander Malnehmen der Wuchtquadrate gelingt, wenn sich das Quadrat mit einer Kantenlänge von ca. 1.42 zu der Zunahme der Geschwindigkeit einbringt. .. Sollte die Kantenlänge des Quadrates zu der Steigerung der Geschwindigkeit aber aus 1 bestehen – kann die Zunahme der Wuchtquadrate nur im Plusbereich geschehen… Und wer hätte das gedacht: Es dann nur noch halb so dolle bei uns kracht…
Wer hätte das gedacht, dass so ein kleiner Unterschied in der Materiendichte so viel Aufprall-Ärger macht…

Steter Tropfen holt den Stein – ins Wasser heim…

An einem Ufer – im seichten Wasser – stehen ein paar Steine, die sich fragen, woher sie gekommen sind…
Und wer sie erschaffen haben könnte…
Da sehen sie am Horizont ein Gebirge – und da es sehr groß ist und direkt bei ihnen endet, merken sie, dass es so wie sie sein muss – nur viel, viel größer…
„Das muss unser Erschaffer sein“, raunten sie sich zu, nur davon können wir abstammen… Sie riefen sich weiterhin zu: „Der ist zwar viel dicker und viel größer, aber er ist auch so

hart und fest wie wir", darum muss er unser Erbauer sein…
Und so lebten sie ein ganzes Steinleben lang weiter…
Während ihres Lebens merkten sie zwar, dass das Wasser in dem sie standen – immer bei ihnen war, aber sie gaben ihm keine Bedeutung…
"Wir stammen doch nicht vom Wasser ab", wir sind doch was ganz anderes, wussten sie…
Und eines Tages – nach langer, langer Stein-Zeit – wunderten sich die Steine, dass sie – wie immer – noch im Wasser waren…
Nur ganz anders als vorher…

Warum die Sprache nur ein Vogel ist, der keine Gedankenbilder auf seinem Rücken mitbringen kann.
Die Sprache ist nur eine Energiewelle die – wie ein Vogel – von einem Gedankenbild zum anderem fliegen kann… Sie setzt sich auf sie hernieder – und zündet sie damit an.
Und kann der (Sprach)Vogel keine Gedankenbilder vorfinden, auf die er sich setzen kann, kommen die Worte nur als ein Fluggeräusch bei dem Zuhörer an.
Werden die Sprachwellen so gestaltet, dass sie auf einem Gedankenbild landen können, fängt das Gedankenbild an zu leuchten – lässt sich betrachten – man kann einen hell werdenden Landeplatz nach dem anderen in sich beachten…
So also lassen sie sich sehen – der Sprachwellenvogel lässt in einem Gedankenbild nach dem anderen, die Beleuchtung angehen…
Versucht man dem Vogel Gedankenbilder aufzubinden – er soll sie also überbringen – merkt man als Zuhörer: das kann ihm auf keinen Fall gelingen…

Warum eine unterschiedliche Gewichtswahrnehmung die eigentliche Intelligenz ist…
Haben wir in vielen kleinen Gewichtseinheiten eine Anwesenheit erkannt, haben wir ihren Eindruck auf die Umgebung

einschätzen können, auch ihre Erleichterung lässt sich damit verstehen. Konnten wir doch diese Anwesenheit nur mit unserer Gefühlserinnerung besehen.
Hätten wir in einer Anwesenheit also kein Gewichtsvergleichen – könnten wir sie nur optisch aufnehmen – es würde keine Gefühlserinnerung geschehen…
Könnten wir nur über die Lichtwahrnehmung das Dasein bestimmen, es würde uns keine Gefühlsdarstellung gelingen…
Selbst ein ganz kleiner oder ein ganz großer Stein, würde ohne Gefühlseinheiten sein.
Es würde sie also ohne Erlebnis geben – würden wir sie doch völlig unbeeindruckt erleben…
Wer hätte das gedacht, dass nur die Schwere in der Urwasserstoffwolke uns wissend macht…
Denn würde unsere Umgebung ohne Gewicht – also nicht aus schwer oder leicht bestehen – würde es auch unsere Schrift nur als eine gerade Linie geben…
Denn ohne Gewicht im Sein… stellt sich auch das tiefste Tal – und der höchste Berg – wie ein gerader Strich – alles in einer Ebene ein…

Wenn sich das äußere Licht spiegelnd einfindet…
Werden wir von Licht umgeben, können wir es nur von außen sehen, wenn wir in seinem Schatten stehen…
Hat das Licht sich in einem Spiegel eingebracht, können wir es auch von außen sehen, also vor ihm stehen…
Aus einem Schatten können wir das Licht erreichen, brauchen mitunter nur den Arm zu strecken – ihn also ins Licht rein recken.
So etwas kann mit dem Licht im Spiegel nicht geschehen – wir müssen es grundsätzlich von außen sehen…
Dann ist das Licht in einem Spiegel weit von uns gegangen, können wir es doch nicht erlangen…
Obwohl es sich direkt vor uns im Spiegel befinden kann, kommen wir einfach nicht dran. Sollten wir mit aller Macht in den

Spiegel greifen, zerstört er sich, und haste nicht gesehen, gibt es das Licht nicht mehr als Spiegelgeschehen…
Dann wurde im Spiegel das Licht wie eingemauert untergebracht, ein Wächter – genannt die Unerreichbarkeit – dort wacht.
Im Ursprung gab es ja nur das Urwabbelwolkengeschehen – dort konnte aber auf einmal ein Stein entstehen…
Und aus einem Stein gibt es kein Wolkenentrinnen – die Urwasserstoffwabbelwolke konnte sich also selbst in eine lange Gefangenschaft bringen… Wird der Stein aber poliert, also auf Hochglanz gebracht, erscheint das noch frei gebliebene Wolkensein – in dem Gemäuer als ein Spiegelschein…
Ist doch ein Stück von der Urwolke in einen Knast gegangen, muss in dieser Festigkeit verweilen, hat einen dunklen, festen Aufenthalt bekommen – wir haben diesen Ort: als Stein aufgenommen…
Aber mit dem Spiegelschein fällt sie in ihre Gefangenschaft ein…
Es damit das noch frei gebliebenem Wolkendasein nämlich gelingt, dass es als Spiegelbild seinem – in den Stein gegangenen – Dasein zuwinkt…
Wer hätte das gedacht, dass die Urwabbelwasserstoffwolke – so Besuche in ihrem unlebendigen Dasein bei uns macht…
Und sollte z. B. auch in den spiegelnden Steinen einer Pyramide ein Lichteinfall sein – stellt sich auch dort – eine Begrüßung in dem polierten Mauerwerksgefängnis – also der gefestigten Urwolke ein…

Das mit der Spiegelei

In einem Spiegel kann man noch einmal sehen, worin wir stehen…
Dort allerdings hat sich die Welt, nur aus reinem Licht hineingestellt.
Wollen wir diese Anwesenheit des Lichtes ergreifen, müssten

wir in dem Spiegel hineingehen – und könnten dann in seinem Lichte stehen.
Aber das Spiegelbild wurde so hinter einer Fläche angebracht, dass – wenn man sie betreten will – sie sich zerstört – also auseinander kracht…
So ist die Welt im Spiegel wie in einem zerbrechlichen Glashaus untergebracht, man kann sie dort ansehen und – nur wenn man sich vor dem Spiegel befindet – in ihr herumgehen…
Was man im Spiegel sieht, ist eigentlich wie Schneewittchen in einem Glasbehälter untergebracht.
Aber hat man ihn angesehen, kann sein Inhalt – als Gedankenbild – in einem „auferstehen"…

Das Gewicht der Pyramiden

Will man einem geordneten Steinhaufen – z. B. der Cheops Pyramide – auf die Schliche kommen, darf man nicht nur ihre Abmessungen berechnen und bestimmen…
Man muss wahrscheinlich auch ihr Gewicht vergleichen, so könnte ihr Geheimnis aus der leeren Grabkammer entweichen…

"Das Geheimnis der Pyramiden"

Kann nur in der Schwere ihrer Steine liegen.
Denn sollte es Jemandem gelingen, die Steine in die Höhe zu bringen – kann er ihr Gewicht so richtig erleben– es in seine Gefühlserinnerung heben…
Sollte er dann nur mit seinen Augen sehen, wie da konnte eine Pyramide entstehen – kann er die Schwere eines jeden Steines – auch ohne Heben – in seiner Gefühlserinnerung (nur noch fluchend) nacherleben…
Musste er doch durch das Tragen dieser dicken Steine, die Schwere in seiner Gefühlserinnerung unterbringen – erst dann kann er ihr Gewicht – auch ohne Anheben- bestimmen…
Mit ihrer Schwere lassen sich also die Steine erst beim Heben – erleben…

Wer hätte das gedacht, dass sich so ein Stein – auf diese Art und Weise – erlebensfähig macht…
Und wer hätte auch das gedacht: Da wurde doch tatsächlich auch ein leerer Raum als Grabkammer in dem Steinhaufen – also der Pyramide – angebracht…
Es spiegelt sich dort alles in den polierten Wänden. Auch die Steine kann man in diesem Spiegeln sehen.
Wenn man diese Steine fassen könnte, könnte man diese gespiegelten Steine nicht erleben… Sie bestehen aus reinem Licht – und das lässt sich nicht heben, also auch nicht wie ein Stein erleben…
So gesehen, könnte man also keine schweren Steine heben…
Und ohne Heben – kann es sie wahrscheinlich nicht erlebend geben…

Wie man mit feinem Temperaturempfinden – im Wasser Tropfen wieder erkennen kann…

Haben sich im Wasser ganz dünne Stellen gebildet, konnte dort also ein Raum entstehen – kann das Wasser, als einzelne Tropfen dort spazieren gehen…
So hat sich dann das Wasser als Tropfen selbst gegenübergestellt, empfand seine eigene Umgebung – als eine fremde Welt.
Und da ein jeder Tropfen einen unterschiedlichen Weg hat bekommen, hat er auch eine eigene Temperatur aufgenommen…
Diese Wärmegrade eines Tropfens lassen sich miterleben, wenn man kann seine Temperaturen aufnehmen…
Hat sich aber wenig Temperaturempfinden eingestellt, verkleinert sich die Aufnahme der Tropfenwelt.
Dann ist für so ein Empfinden die Tropfenwelt sehr klein, stellen sich doch nur wenige Temperaturanwesenheiten bei ihm ein.
Und sollte das Wasser in seinen Ursprung wieder übergehen – ohne Verdünnung, also Raum in sich sein – kehren die Trop-

fen als ein zusammenhängendes, ungetrenntes Wasser wieder ein. Mit feinem Temperaturverstehen, kann man sie auch im lückenlosen Wasser auseinander halten – sie gut erkennen – und sie nicht mehr nur: das „Große Wasser" nennen…

Warum wir unbedingt in unserer zweiten Gegenwart einen Vogel haben müssen…

Sind wir von einem Ort zum anderen gekommen, haben wir diesen Weg als Gedankenbilder in uns aufgenommen… Sollte uns dann jemand fragen: „Wo kommst du gerade her?", fällt uns die Wiederholung des Weges nicht mehr so schwer…
Denn wenn der Weg in unserer inneren Gegenwart liegt – man schnell wie ein Vogel über ihn hinweg fliegen kann – kommt man viel leichter als in der äußeren Gegenwart voran…
Würden wir in der inneren Gegenwart so fest an den Weg wie in der äußeren Gegenwart gebunden sein, stellte sich dort keine schnelle Ortswahl ein.
So aber können wir Innen blitzartig mit unserem Vogel an unsere eingesammelten Orte fliegen – und auf die Frage: „Woher kommst du?" Eine schnelle Antwort kriegen…Wer hätte das gedacht, dass nur ein Vogel so was möglich macht…

Warum die zweite Gegenwart einen Vogel hat…

Wie ein Vogel kann man in der zweiten Gegenwart herumfliegen, braucht sie nicht mehr über die Beine einzukriegen…
Denn das – was sich vor der Nase befindet – muss man mit den Beinen durchgehen und kann – wenn es sich hinter der Nase befindet – es schnell durchfliegen: fast so wie ein Vogel einkriegen…
Denn ist man Außen irgendwo hergekommen – erreicht man diesen Ort – in der inneren Gegenwart sofort…
Braucht nicht mehr mühselig zurück zu schreiten, kann wie ein Vogel zu ihm gleiten…
Wer hätte das gedacht, dass sich aus der ersten vor der Nase

liegenden Gegenwart – eine zweite – mit einem eingebauten Vogel aufmacht…

Aus Selbstanheben wird miterbeben…

Wurden schwere Steine aufgeschichtet, hat sich die Schwere der Steine, in den Gefühlen des Hebers verdichtet.
Jetzt kann er nur mit dem Anschauen die Schwere des Steines bestimmen – mit seiner Gefühlserinnerung: kann ihm das Gewicht des Steines, nicht mehr entrinnen…
Es wurde – mit der Schwere des Steines – wie mit Bedacht – eine Erinnerung in den Gefühlen des Hebers untergebracht.
Sieht er einen Anderen was Schweres heben – kann er es mit seiner Gefühlserinnerung sofort miterleben – kommt kräftig ins Beben – mit seinem ehemaligen Heben…

Die Stätten für den Freigang

oder auch:
Wie man in die Wasserstoffurwolke Gefühle einfüllen kann…
Ein Gefäß besteht aus einem festen Sein… Man füllt dort etwas Haltloses ein.
Hier kann das Haltlose Fuß fassen, sich an den Umrandungen abstützend niederlassen.
Gibt es ein großes haltloses Sein, stellt es sich – um feste Orte zu finden – als ein Behälter ein.
Dieser Behälter lässt das immer fließend Haltlose ruhen, kann sich als eine Stätte der Ankunft auftun…
Wenn die Urwasserstoffwolke sich an mehreren Stellen hat auch fest gemacht, hat sie für ihr Dasein Gefäße angebracht.
Hier kann sie ihr Dasein an mehrere Orte verteilen, mit Abstand – also Raum – an einer festen Stelle verweilen…
Denn der Stoff, den sie brauchte um sich ein Gefäß zu bauen, musste sie aus ihrer eigenen Umgebung klauen… So gesehen konnte um das Gefäß herum Raum entstehen…
Sollte die Urwolke sauer werden, weil sie ja eigentlich nur aus einem besteht, kann sie von einem Gefäß zum anderen gehen,

und sich dort die unterschiedlichen Umrandungen ansehen…
Denn so ein Gefäß – bietet mehr, als nur den Halt für das Gesäß…
Und wer hätte das gedacht, so hat sie dann wahrscheinlich für unsere Gefühle – den Tag – wie ein Gefäß in sich angebracht.
Gefühl und Wassersein stellen sich identisch ein – sollte man nämlich ins Wasser gehen – merkt man es an dem Temperaturgeschehen…
Ohne Gefäße – also Stätten – in einem haltlosen nur aus Gefühlen bestehenden Sein – stellen sich keine Ortschaften – und somit kein Freigang für die Gefühle ein…
Und in der Urwolke dann von einer festen Stelle zur anderen zu gehen – nennt sich Zeitgeschehen…

Auf-und Untergehen lassen können…

Wenn sich die Ur-Wasserstoffwolke in einer unterschiedlichen Festigkeit darstellt, gibt es Auf- und Untergehen in ihrer normalerweise weichen Schwabbelwelt…
Sollte das Anbringen ihrer Festigkeit in ein Gleichmaß übergehen – haut das nicht mehr hin: mit dem Untergehen…

Eine Begegnung im Urwasserzustand…

Hat sich unser Urwasser an bestimmten Stellen ganz dünne werden lassen, trocken gelegt, eine Stelle mit Abstand – der Raum – in ihm entsteht…
Damit hat es was angefangen, wo es kann als Tropfen hingelangen…
Und als Tropfen ist das Urwasser in diesem Abstand ganz anders angekommen, hat diese Umgebung – ganz neu in sich aufgenommen…
Kann als Tropfen eine großen Anwesenheit um sich herum ansehen – den unbegrenzten Wasserurzustand als "riesen groß" verstehen…
Wer hätte das gedacht, dann hat doch tatsächlich die Urwasser-

wolke – sich in ihrer Trockenheit – tropfenweise auf die Beine gemacht…
So lässt sie sich noch einmal erleben: Kann sich selbst entgegen gehen…

Wenn die Wahrheit über das Licht einwandert…
Hat sich das Licht – welches wir vor unserer Nase sehen – hinter ihr eingefunden, ist es aus der vorderen Gegenwart – in der hinteren Gegenwart verschwunden.
Dort können wir das Licht so wiedersehen, wie wir es sahen – vor unserer Nase stehen…
Hinter der Nase wird es so angebracht, dass man darin spazieren geht – sich also Gedanken macht.
In dieser Anwesenheit kann es einem also gelingen, das abgespeicherte Licht sich noch einmal anzusehen – bleibt es doch unverfälscht hinter der Nase stehen…
Kann man das eingefallene Licht maßstabgerecht – also unverformt wiedergeben – bleibt man in seiner Wahrheit stehen…
Braucht nicht mehr vor ihr davonzulaufen – und sich andauernd mit den anderen `rumzuraufen…
Wie man so richtig im Bilde sein kann…
Oder auch: Wie die Worte nicht nur ein Vorbeirauschen in uns einschalten können…
Wenn ein Gesprächspartner die gehörten Worte in sich sehen kann, schalteten sie seine Gedankenbilder an…
Würden keine Gedankenbilder in ihm stehen, könnte er die Worte zwar hören – aber nicht sehen …
Wer hätte das gedacht: dass man mit Worten nur ein Einschalten – bereits vorhandener Gedankenbilder – möglich macht…
Würde sich also die Urwolke nicht mit Festigkeit verwalten, könnten wir nur fade Nebelschwadenwabbelerscheinungen – und keine klaren Gedankenbilder – von ihr erhalten…
In einem diffusen Wolken- Geschehen, können keine großengebildeten Wortansichten entstehen…

Und würden wir in so einer ungefestigten Urwasserschwabbel-nebelwelt, großen Dichtern und Leuten lauschen,
würden ihre Worte: nur als eine Wasserschwabbelansicht – in unserer Gedankenwelt – vorbeirauschen…

Alles in Zeitlupe ansehen…
oder auch: Wie die Urwolke mit ihren Mittelpunkten unsere Schrittweite bestimmt…
Hat sich eine Festigkeit in der Urwasserstoffnebelschwabbel-wolke eingestellt, gibt es einen Mittelpunkt nach dem anderen in unserer Welt.
Der Mittelpunkt gibt der Festigkeit einen Halt, auch das Gleich-gewicht ist ein Stück seiner Gestalt.
Hat sich ein Mittelpunkt ganz fest gemacht, muss man eine Schwere in seiner Umgebung erleben — kann beim Vorwärts-kommen nicht so leicht die Beine heben…
Unser Mittelpunkt hat sich so gestaltet, dass er mit Schwere und einer quadratischen Schwung-Zunahme — unsere Bewe-gung verwaltet.
Er erreicht mit diesem Bestehen, dass wir ganz vorsichtig und langsam in dieser Energieentfaltung vorangehen…
Damit müssen wir — ohne gefährliches Eilen — länger an den bestehenden Dingen verweilen.
So wird jeder Schritt nur mit Bedacht, vor den nächsten ange-bracht.
Man könnte fast denken — dass der Urnebel will mit einer Schwere, unsere Bewegung in Zeitlupe lenken.
Wahrscheinlich hat er Angst um sein uns umgebenes Bestehen, weil wir viel zu schnell daran vorüber gehen – und dann viel zu wenig davon sehen…
Haben wir dann – Dank seiner Schwere – alles aufgenommen, bräuchten wir eigentlich nicht mehr so langsam zu schreiten, und der Urnebel könnte uns mit seinen Mittelpunkten, ein lo-ckereres Dasein bereiten…

Es könnte die Schwere also abnehmend sein, blitzartige Bewegungen stellen sich dann nicht nur in unserer Beinarbeit ein… Wer hätte das gedacht, dann wurde doch tatsächlich mit einer gewissen Schwere – ein verzögerter Ablauf in unserer allgemeinen Bewegung angebracht…
Es ist wie bei einem Film, den wir in Zeitlupe sehen, nur ist es bei ihm umgekehrt: sein Ablauf muss ganz langsam an uns vorübergehen – und wir bleiben dann sitzen oder stehen…

Die Schrift

In einem Schriftzug kommen die Gedankenbilder sich entgegen, können sich vergleichen – und den Bahnhof des Verstehens erreichen…
Die Schrift sind Gleise auf denen ein Zug eigene Gedankenbilder in Fahrt bringen kann… Er wird auf den Gleisen so bewegt, dass er mit seiner Kurventechnik bestimmte Gedankenbilder anregt… Er fährt auf den Gleisen unsichtbar voran - seine Fahrt kommt durch das andauernde Einschalten der Gedankenbilder - im Kopf des Betrachters an...
Hat der Zug eine Kurve nach der anderen auf den Gleisen verbracht, wurde also ein Gedankenbild nach dem anderen in dem Betrachter angemacht…
Mit der Schrift bahnt sich ein Zug an, dessen Fahrt man nur in den eigenen Gedankenbildern erleben kann...
Wer hätte das gedacht, dass es einem unsichtbaren Zug auf den Strichen(Gleisen) der Schrift gelingt, dass er in den Gedankenbildern des Betrachters: Fahrt aufnimmt...
So gesehen, kommt dieser Zug ohne eigene Gedankenbilder: sofort zum Stehen...
Aber wenn man im festen Ur-Wasserstoffnebel hat sich viel angeschaut, wurden ja genügend Gedankenbilder für diese innere Reise aufgebaut…

Wie unsere Urwasserstoffwolke ihre Unruhe stillen kann
wäre unsere Ur-Wabbelwolke nicht stellenweise so fest wie ein Stein, stellte sich eine große Unruhe in ihr ein.
Also erst ein festes ruhiges, steiniges Bestehen – lässt eine schweigende Umgebung in ihr entstehen…
Angenommen die Urwasserstoffwolke würde leben, dann dürfte sie sich als Stein auf keinen Fall so geben.
Denn würde sie ihren steinernen Zustand wie ein Mund verziehen, würde wir uns wahnsinnig erschrecken, würden versuchen – uns vor so einem Stein zu verstecken…
So etwas dürfte bei ihm – egal ob er tot oder lebendig ist – nicht geschehen, brauchen wir ihn doch als ein stilles Sein – stellt sich doch nur so, ein ruhiges Plätzchen in der Urwabbelwasserwolke für uns ein…
Wer hätte das gedacht, dass mit ihrer Versteinerung – die Urwabbelnebelkwolke ihre Unruhe – hat zum Stillen bei uns gebracht.
Wie ein Mittelpunkt Innen und Außen, Oben und Unten – und eine Gefangenschaft erzeugen kann…

Ein ganz großer Mittelpunkt
Hat sich in einer gleichförmigen Energiewolke ein Mittelpunkt entstehen lassen, hat sie sich nicht nur verfestigt, sondern auch eine Stelle angebracht, mit der sie das Gleichgewicht bewacht.
Denn sollte was aus den Fugen geraten, also aus dem Gleichgewicht des Mittelpunktes gehen, fliegt es von dannen –
lässt sich von einem anderen Mittelpunkt einfangen, kann sich dort wieder binden – und eine neue Heimat finden.
Wird also eine gleichmäßig verteilte Energie auf den Punkt gebracht, hat sie einen anziehenden, also ganz kräftigen Halt in sich angebracht…
Dieses daraus entstandene Haltesystem bindet alle Bewegungen - und lässt auch: Oben und Unten entstehen…
Denn tiefer als ein Mittelpunkt im gefestigten Sein - stellt sich nichts ein.

Sollte man aber direkt in einem Mittelpunkt leben, könnte es nur Oben geben…
Unten stellt sich dann auch nicht ein, wird doch alles dort nur aus Oben sein…
Würden sich alle Mittelpunkte vereinen – alles, was es gäbe, würde nur aus einem einzigen, gleichmäßig verteiltem - ganz großem Mittelpunkt bestehen –
wäre alles ungebunden – man würde weder Oben noch Unten: also eine unangebundene Freiheit erleben…
Wer hätte das gedacht: Dass die Urwasserstoffnebelwolke mit ihren vielen kleinen Mittelpunkten - sich so haltbar hat bei uns gemacht…

Wie man seine Gegenwart größer werden lassen kann…
Oder auch: In einem Augenblick die Vergangenheit, Zukunft werden lassen können.
Geht man zu uneinsehbaren Stellen und schaut sie sich an, man sie in den Gedanken aufbewahren kann. So lernt man beim Herumgehen – vorher uneinsehbare Stellen, Winkel – in seinen Gedanken aufzunehmen...
Mit den eingesammelten Gedankenbildern lassen sich die nichteinsehbaren Stellen sehen - man weiß mit ihnen, was da kommt, nach dem Weitergehen...
Wer hätte das gedacht: dann hat man doch mit der Vergangenheit, Zukunft in dem Augenblick untergebracht...
Denn, was man in der augenblicklichen Gegenwart nicht sehen kann, baut man ja mit seinen - dort vorher eingesammelten - Gedankenbildern an. Man kann schon sehen, was da kommt, erst nach dem Weitergehen…
Wer hätte das gedacht: Dann hat man doch tatsächlich mit seiner Vergangenheit, im jetzigen Augenblick, einen Augenblick von früher, als Zukunft angebracht…
Dies lässt sich mit allen Augenblicken vergleichen: können wir doch mit unseren vorherigen Augenblicken - durch ihr Einfügen - eine Vergrößerung der Gegenwart erreichen…

Lässt sich in einem Augenblick zu wenig eigene Gegenwart erleben, müssen wir - wahrscheinlich noch - uneinsehbare Ecken, Jahr für Jahr - in unsere Gedanken heben…
Aber man ist dann besser auf der Wacht: wurde doch eine Vergrößerung der augenblicklichen Gegenwart damit angebracht…
Und das könnte man auch mit dem Weihnachtsbaum vergleichen: Für ein Gedankenbildchen mehr, konnte man wieder ein Lichtlein - in seiner Verzweigung erreichen...

Warum das alte- und das neue Jahr sich anstoßen müssen…
oder auch: Wie unsere innere Dunkelkammer von außen mit Licht aufgefüllt werden kann...
Haben wir das alte Jahr ganz und gar - in unserer inneren Kammer, also den Gedanken aufgenommen, ist es uns vor der Nase abhanden gekommen.
Also bleibt es in uns stehen, was wir nicht mehr vor uns sehen…
Sollte dann das neue Jahr kommen und vor uns geschehen - können wir es nur mit dem Vergleich unseres inneren Jahres verstehen...
Würde das neue Jahr mit seinem Vorgänger – dem alten Jahr – nicht in uns zusammenstoßen, also treffen – wüsste es ganz genau: Meine Ankunft – kannste vergessen…

Eine Dunkelheit mit und ohne Licht
Oder auch: Wo man sich eigentlich nur gestalten kann.
Wenn ein Baum die zweite Dunkelheit erblickt, ist er aus der Erde heraus gekommen - und hat als freiere Umgebung, den Raum aufgenommen...
Und wenn darin die Sonne aufgeht, er anfängt das Licht zu verstehen - konnte er doch vorher in der ersten Dunkelheit: nur die Erde sehen.
Sie umgab ihn fest umschließend - angelehnt an seinem Wurzelsein… So stellte sich für den Baum sein erstes Dasein ein.

Mit seinem wurzeligen Urgeflecht ist er dann in die freie Dunkelheit, dem Raum ausgebrochen… Dort gab es zwar weniger Umschließen - aber dafür Abstand und Licht in seinem Sein – und seine früheren Wurzelkumpel, stellten sich als Bäume bei ihm ein.
Wer hätte das gedacht, dass auch andere Pflanzen sich so haben ins Licht gebracht...
Erst findet auch sie in ihrer ersten, festen Dunkelheit mit ihrem Wurzeldasein einen Halt... Können sich dann daraus erheben und ihre eigentliche Gestalt erleben…
In der zweiten - also freien Dunkelheit - kann das Ur-Wurzelige dann durch das Gestalten, seine Nahrungsaufnahme auch mit dem Licht verwalten…
Und dieses ganze Geschehen, könnte man natürlich auch menschlich verstehen:
Aus den Grundbedürfnissen – dem wurzeligen Sein – stellt sich in einer freieren Umgebung: die Gestaltung des Gedankenlichtes ein…

Das Fest

Oder auch: Wie unsere Urwasserstoffwolke sich das erste Mal was schenken konnte…
Hatte sich in der Urwasserwolke was Festes eingestellt, gab es eine Erfüllung in ihrer Welt…
Auf einmal hatte sie ein Gegenüber, konnte was vor sich aufstellen - was es vorher in ihr gab - nur als Wasserwellen…
Und bei dem Festen, hat sie sich ganz dünn gemacht, es als Raum umgeben - und konnte es mit einem Abstand erleben…
Wenn man sich etwas wünscht und es in Erfüllung geht - es materialisiert vor einem steht…
Werden also gedachte Wünsche fest vor einem aufgebaut, man ihre Erfüllung anschaut...
Wer hätte das gedacht, dann hat doch unsere Urwasserwolke mit der Verfestigung – ihre Wünsche erfüllbar gemacht…

Und was für ein Segen: So konnte sie ihr erstes Weihnachtsfest erleben...
Und das alles haben wir von ihr übernommen…
Und wenn sie jetzt all unsere Gedanken-Wünsche materialisiert, festigt, also als Welt vor uns aufbauen kann, kommt sie als der größte Weihnachtsmann bei uns an…

Es weihnachtet sehr, ein neuer Weihnachtsmann muss wieder her…

Denn durch die undurchsichtige Materie hat sich in unserer Welt: nur eine halbe Ansicht vor die Augen gestellt.
Hinter der Ansicht ist der Ruck-Sack des Weihnachtsmanns versteckt – wir müssen ihn dort mit unseren Wünschen ausfüllen – das hat er sich wahrscheinlich so ausgeheckt…
Und ist sein Rucksack mit unseren Wünschen gefüllt, könnten sie aus dem Sack heraus geholt werden, und in Erfüllung gehen - dann könnte der Weihnachtsmann ohne Rucksack vor uns stehen...
Dann müsste die Materie wie aus Glas - also durchsichtig sein - stellt sich doch dann wahrscheinlich, eine ganze Ansicht vor uns ein.
Wir könnten dann alles auf einmal sehen, brauchen nicht mehr hinter ihr was dran zu denken... Denn ohne Rucksack auf dem Rücken - kann uns der Weihnachtsmann dann nicht nur eine halbe- sondern eine ganze Ansicht schenken…
Wer hätte das gedacht: Dann hat sich der Weihnachtsmann ohne Rucksack auf dem Rücken- bei uns auf die Beine gebracht

Wie die Ur-Nebel-Lichtwasserstoffwolke einen Menschen vertreten könnte...

Hat sich unsere Ur-Nebellichtwolke irgendwann einmal wieder enthärtet, hat sie ihr Werk vollbracht - und uns über ihre Verformung ein menschliches Bewusstsein dargebracht…
Erst durch ihre Gestaltung konnten wir unser Dasein in ihr

aufnehmen und begreifen, brauchten nicht verloren ohne Gedanken-Orientierung in der Gegend umherschweifen.
Die Wolke hat ihr inneres Dasein uns reifend gegenübergestellt, hat uns umgeben als eine große Welt…
Man könnte denken, sie hat uns nach einem Vorbild gemacht – und einen Jeden von uns nach dieser „Vorlage“ auf die Beine gebracht…
Dann hat also die Urwolke seine Gedanken und Gefühle übernommen, und ist damit als Welt uns vor die Augen gekommen…
Wer hätte das gedacht, dann hat sie von ihrem „Ersten“ ein Abbild als Welt vor uns aufwachsen lassen - wir bekommen ihn trotz seiner Abwesenheit - als geformte Wolke zu erfassen…
Und ist er dann bei uns allen über den Urnebel angekommen, braucht er sich nicht mehr von der Wolke vertreten zu lassen...
Kann uns persönlich die Hände reichen - braucht also nicht mehr wolkig auszuweichen...
Und das ist fast nicht zu fassen: dann hat er sich doch tatsächlich von der Urnebelwolke vertreten lassen...

Wie eine Wolke menschlich werden kann...
Weil die Urwasserstoffwolke sich so wie wir sie im Augenblick erleben, gestalten kann, fing ein menschliches Bewusstsein in ihr an...
Sie ließ ein schweres, leichtes, helles, dunkles, festes, hartes und ganz weiches Dasein entstehen, es konnte damit ein Nachempfinden ihres Daseins geschehen… Wäre sie nämlich noch monoton und wabbelig, ungeformt wie am Anfang ihres Seins, stellten sich bei ihr solche Gefühle nicht für uns ein...
Aber mit ihrem ganz schwerem- und ganz leichtem Wolkengeben, lernen wir sie in allen Nuancen – in die Tiefe fallen zu lassen - oder in die Höhe zu heben.
Müsste man sein Dasein anderen Menschen mit allen Gefühlen und Gedankenbildern überbringen, könnte einem das am

besten, wahrscheinlich nur mit ihrer Gestaltung in einer Wolke gelingen...
Sie hat sie materialisiert - vor unsere Augen gebracht - wir gehen in ihnen spazieren - konnten uns ein Gedankenbild nach dem anderen dabei kopieren...
Dieser Wolkenaufwand hat mit sehr viel (formender) Kraft was zu tun - aber anders kommen die Gedanken nicht zu uns herüber - können nicht in dem Betrachter ruhn…
Haben wir also mit viel Bewegen in der steinigen Wolke - sie als Gedankenbilder bei uns untergebracht - haben sich die Grundlagen für ein Gespräch bei uns aufgemacht...
Denn nur mit eingesammelten Gedankenbildern, lässt sich ein Gespräch erreichen, tun wir sie doch bei einer Unterhaltung nur unter uns - mit einander vergleichen…
Mit Worten kann man nur bereits vorhandene Bildern in den Gedanken zum Leuchten bringen, ohne Gedankenbilder kann keine Verständigung mit ihnen gelingen. Wer hätte das gedacht: dass man nur mit einem Wolkengeschehen sich untereinander verständlich macht…
Man könnte also fast denken, die Wolke konnte uns ihre Gedankenbilder einschenken...
Dann ist die geformte Wolkenwelt, ein Ort, wo sich was Menschliches einstellt…
Und menschlich ist dann wahrscheinlich in diesen Wolkenhaus: man macht keinem mehr ein Garaus… Und wenn man dann wahrscheinlich irgendwann einmal – alles in dieser Wolke ganz fein Nachempfinden kann – kommt sie nicht mehr so steinig bei uns an...
Wer hätte das gedacht: So hat eine Wolke - in sich- ihre Wolkenkinder zustande gebracht...

Unser Urwasserstofflichtnebel: Mit dem inneren Dünnemachen, konnte er den Raum in sich entstehen lassen.

Unser Urwasserstofflichtnebel: Mit dem inneren Dünnemachen, konnte er den Raum in sich entstehen lassen.

Und in diesem Abstandgeschehen - lässt er sich dann stückweise sehen...

Die quadratischen Fußstapfen im Ur-Nebel...

Mit der Zunahme der Festigkeit im Ur-Nebel - machte sich auch die Schwungenergie bei uns breit... Man kann diese Energie auch kinetisch nennen --auf jeden Fall steigt sie sehr dramatisch an, wenn wir anfangen uns schnell zu bewegen, also zu rennen...

Wenn einer von uns so angelaufen kommt und er hat sich beschleunigt - mit jedem Schritt doppelt schnell nach vorn bewegt - ist es besser, wenn man sofort in Deckung geht. Denn kann er die angespeicherte Bewegungsenergie nicht allmählich abbauen, tut er damit alles umhauen.

Wer hätte das gedacht, dass der Urnebel unsere Fortbewegung so gefährlich macht. Wäre die Ansammlung der Bewegungsenergie nicht so groß, also klein, stellten sich bei uns weniger Beulen ein...

Man könnte denken, vielleicht kann uns der Ur-Nebel zu irgendeinem Weihnachtsfest: weniger Aufprallenergie schenken.

Wie das Urwolkenlicht mit uns spricht...

Wenn das Licht in einen Spiegel fällt, hat sich ein Bild mit ihm dort eingestellt…

Dieses Bild hat das Licht als Information außen als einen Aufprall von der Materie in sich aufgenommen -- und ist mit dieser Information als Bild in dem Spiegel angekommen.

Und so wie das Licht mit der AufprallInformation in den Spiegel gehen kann, kommt es auch bei uns in den Gedanken an.

Die beiden Lichtinformationen kann man nicht auseinander halten, haben sie doch beide: absolute Spiegelbildgestalten…

Ist das Licht in unseren Gedanken dann als Bilder angekommen, hatte es ja eine Information von der Materie in sich aufgenommen…

Dann hat die Materie sich wie eine Zunge verhalten, konnte doch das Licht mit ihr: Bilder in uns gestalten…
Wer hätte das gedacht, dass unsere Zunge beim Sprechen dasselbe macht: So wie die feste Materie bringt das Licht ins Infoschwingen, kann es unserer Zunge auch mit der Luft gelingen…
Aber so etwas kann es doch eigentlich gar nicht geben – dass wir auf der Zunge unserer Urwasserstoffwolke leben…

Warum uns die Urstoffwasserwolke auch wie ein Weihnachtsmann - gegenüberstehen kann

Da wir durch die Undurchsichtigkeit unserer Materie nur die halbe Ansicht vor uns sehen, kann hinter ihr ein nichteinsehbarer Grund entstehen…
Dort können wir unsere eigenen Gedanken einbringen – es können uns eigene Geschichten damit besser gelingen.
Hätte die Materie sich durchsichtig dargestellt, hätte sich alles gleichermaßen – also ohne eine Sichtpause vor unsere Augen gestellt…
So hat unsere Ansicht aber mit ihrer Undurchsichtigkeit eine Stelle geschaffen, wo sich von uns die eigenen Vorstellungen einfüllen lassen…
Wenn die Urnebelwasserstoffwolke sich mit so einer Ansicht uns gegenüberstellt - könnte man denken: dass sie einen Rucksack hinter sich offen hält…
Den können wir mit unseren eigenen Gedankenbildern ausfüllen - uns Geschichten erzählen - können uns in eine eigene Zeit einwählen...
Wer hätte das gedacht: dann hat sich diese uneinsehbare Stelle – wie ein Rucksack in der Urwasserstoffnebelwolke angebracht…
Und könnte all das, was sich an Geschichten, Wünschen und Hoffnungen haben dort angebaut - in Erfüllung gehen...
Würde der „Sack“ des Weihnachtsmannes: wie ein großes Fest aussehen...

Nikolaus...
Es auch den Anderen in die Schuhe schieben können...

Das Entfernen - oder auch: Wie erklärt das Wasser dem Fisch, dass es Wasser ist.
Da fragten die Fische einen weisen Fisch: „Wir haben gehört, wir stammen vom Wasser ab.
Wo ist das Wasser und wie können wir es finden?
Der weise Fisch sagte zu ihnen: Aus dem Wasser seid ihr entstanden, in ihm lebt ihr, es ist alles das, was euch umgibt.
Die fragenden Fische wunderten sich über diese Antwort, denn wo sich das Wasser befinden könnte, wussten sie immer noch nicht. Sie konnten sich einfach nicht vorstellen, dass es das Wasser gibt…
Dieses Gleichnis habe ich gefunden und mich darüber gewundert, wie gut es doch zu unserem Anfang, nämlich der Urnebelwasserwolke passen könnte...
Der weise Fisch sagte zwar zu den Fischen, wo sich das Wasser befindet, aber erklären konnten sie es sich damit nicht…
Ich habe mir überlegt: Wenn der weise Fisch den Fischen nicht so richtig das Wasser erklären kann -- fängt das Wasser wahrscheinlich damit von selber an:
Und bin natürlich auf unseren Wasserstoffwolkenurzustand gekommen, denn eigentlich hat er sich ja bei uns, wie ein sich erklärendes Wasser benommen:
Wenn sich nämlich ein Fisch im Wasser befindet, ist es so dicht bei ihm dran, dass er es eigentlich nicht bewusst so richtig wahrnehmen kann...
Aber wenn das Wasser sich vom Fisch entfernt, ist es nicht mehr so nah... Dann merkt er wahrscheinlich: dass es mal bei ihm war...
Und das Entfernen konnten wir ja auch -- wie die Fische im Wasser -- bei uns kennen lernen:
An bestimmten Stellen kann uns das Ur-Wasser als Raum umgeben -- hat also ein ganz dünnes Sein -- stellt sich mit einem:

„ich bin nicht mehr da“ Zustand ein...
Und wer hätte das gedacht: An dieser Stelle wird auch der große Durst mit eingebracht...
Aber dann -- und das nicht nur beim Trinken -- fängt „der Fisch“ an: der Ankunft des Wassers freudig zu zuwinken...

Himmel und Unten in der Ur-Nebelwolke
Mit der Festigkeit ist Oben und Unten in der Wasserstoffnebelwolke entstanden. Sich mit ihr auch die Mittelpunkte dort einfanden.
Der Mittelpunkt ist immer die tiefste Stelle in diesem Geschehen: Tut es doch gleich hinter ihm – wieder aufwärts gehen…
Wer hätte das gedacht: dass mit einer großen Festigkeit, der Ur-Nebel in sich eine tiefste -- und eine höchste Stelle hat angebracht…
Denn nur mit einem Mittelpunkt in seinem festen Sein, stellt sich ja eine große Tiefe – und eine große Höhe in ihm ein…

Ein schmerzfreies Ur-wolkengeschehen
Weil unsere Urwasserstoffwolke stellenweise wurde hart wie Stein, stellte sich damit auch auf ihr -- eine nicht immer freie -- Schmerzumgebung ein….
Die Urwolke musste sich aber stellenweise kräftig darbringen, sonst könnte ihr ja keine Gedankenbilder-Entstehung gelingen...
Wollen wir aber mal dieses harte, kräftige Wolkengeschehen ohne Steinigkeit - also nur flauschig - erleben, müssen wir uns zum Beispiel ins Kino begeben.
Dort Handlungen – die wir steinig aufgenommen haben – nur noch aus Licht auf einer Leinwand geschehen...
Ist also der alte Stein aus ihnen verschwunden, können sie schmerzfreier einem gegenüber stehen...
Wer hätte das gedacht: dass sich da die Wolke wieder unsteinig – und damit auch lebensfreundlicher macht…
Am Anfang gab es nur den Wasserstoff:

Die Wasserstoff(Wolke) hat sich aufgemacht -- und unsere ganze Welt in sich zustande gebracht...
Mit einer formenden Energie: der Schwerkraft in der Wasserstoff-Wolkenwelt --
hat sie also bei uns, die Umgebung hergestellt...

Die Urwasserstoffnebel – Galaxienkinder

Hat sich die Urnebelwasserstofflichtwolke dünne gemacht -- konnte sie sich als Raum entstehen lassen -- was von ihr noch sichtbar ist, hat sie als Galaxien zurück gelassen...
Die hat sie in sich erkoren, sie wurden dort wie ihre ersten Kinder geboren...
Die Urwasserstoffnebelwolke umgibt ihre Kinder -- die Galaxien -- mit ihrem dünne gemachten Sein... Stellte sich als ein räumlicher Begleiter bei ihnen ein...
Und wer hätte das gedacht: in einen von ihren Kindern -- hat sie unsere Erde Zustande gebracht...

Wie die Urwasserstofflichtwolke sich unterschiedlich stark bemerkbar machen kann

Wenn eine Wahrnehmung ist bei uns angekommen, haben wir sie über unsere Membranen aufgenommen.
Ein ganz weicher Urwasserstoffnebel kann seine Anwesenheit nicht so richtig überbringen… Das kann ihm wahrscheinlich nur mit einer bestimmten Festigkeit gelingen….
Schwingt sein Dasein dann über unsere Membranen herein – bekommt er in uns ein Stelldichein.
Hat er seinen ersten Auftritt sehr fest gestaltet, er uns mit lautem – mitunter sehr kräftigem – Klopfen verwaltet.
Haben wir ihn dann wahrgenommen – braucht seine Anwesenheit nicht mehr so kräftig zu sein – kam er doch schon damit bei uns herein...
Sollte der Urlichtnebel seine grobe Festigkeit ganz und gar verlassen, bekommen wir ihn wie eine WOLKE ANZUFASSEN:

Aber erst muss er wahrscheinlich bei einem Jeden von uns die Membranen durchdringen, sonst könnte keinem von uns -- ein bewusstes Dasein gelingen…
Wer hätte das gedacht:
Dass man mit dem Membranen schwingen – sein eigenes Tor nach innen aufmacht…

Der Schriftzug
Ein Schriftzug bringt die Gedanken in Fahrt - lässt sie Blinken - der Lokführer versucht mit seinen Gedankenbildern, den Gedankenbildern seiner Mitreisenden zuzuwinken..

Das mit den Krümmungen, Bergen und Tälern
Wie sich die Urwassernebellichtwolke als Weg darstellen kann...
Wie auf einem Weg wird Stück für Stück dargestellt, was sich angesammelt hat bei uns in der Welt...
Gibt es auf einem langen Weg viel Schweres zu sehen -- muss man ihn unterteilen – er kann dann nicht auf einmal vor den Augen verweilen...
Er muss sich dann in kleinen Stücken darbringen – und das kann ihm nur mit Kurven und Undurchsichtigkeit gelingen...
Und wenn dann auch noch Berge und tiefe Täler auf ihm entstehen, lässt er sich mit ihnen auch nicht Auf einmal sehen...
So kann der Wanderer den Weg überstehen, kann er doch nur bis zum Abbiegen des Weges sehen.
Dann kann er sich wünschen, wenn ein nicht gar so leichtes Vorwärtskommen auf dem Weg geschieht: Mal sehen wie es hinter der nächsten Kurve oder dem Berg aussieht...
Mit einer Krümmung im Weg, wird Sehnsucht in dem Wandersmann aufgebaut:
Er hofft, wenn es wieder mal so richtig Sch... ist, dass sich hinter der Biege: ein besseres Dasein erschaut...
Wer hätte das gedacht: das Krümmungen, Berge und Täler -

- einen mitunter nicht ganz so leichten Weg: beschreibbarer macht...

Alles aus Glas…

Würde unsere Materie wie aus Glas, also durchsichtig sein, stellte sich kein Trainingslager für unsere Gedankenbilder ein. Denn wenn etwas zum Beispiel hinter einem Stein verschwindet, setzt man sofort seine Gedankenbilder ein — denkt mit ihnen: Wo könnte es denn geblieben sein… Da wo man also nicht hinsehen kann, setzt man immer wieder – seine Gedankenbilder an…
Dann hat sich mit ihnen eine Brücke zu dem Verschwundenen aufgebaut – bis man es wieder mit den Augen erschaut… Wäre unsere Welt wie aus Glas, würde eine Unterbrechung in der Ansicht nicht gelingen… Keiner müsste immer wieder: in den Ansichtslücken seine Gedankenbilder einbringen…
Wer hätte das gedacht: mit der Undurchsichtbarkeit hat sich bei uns ein Gedankentraining-Ergänzungslager aufgemacht…

Das mit der undurchsichtigen (nicht aus Glas) bestehenden Materie

Wenn wir nur die Hälfte der Materie sehen können, macht ihre Ansicht eine Pause, lässt sich schwänzen, wir können lernen: sie mit unserem Fenster: den Gedankenbildern zu ergänzen…

Wie die undurchsichtige Materie Künstler entstehen lassen kann

Hat man unsere Materie angesehen, sieht man nur die vordere Hälfte von ihr vor sich stehen…
Will man die hintere Hälfte von ihr erschauen, muss man zu ihr hingehen und sich die ungesehene Hälfte anschauen und als Gedankenbilder aufbauen.… Die vorher unsichtbare Hälfte bleibt dann als Gedankenbilder in einem stehen, wir können beide Hälften zusammenfügen, und die ganze Ansicht sehen…

Will man aber aus der ungesehenen Hälfte eine eigene Ansicht entstehen lassen, schaut man sich den nichtgesehenen Hintergrund gar nicht erst an… Und baut einfach seine eigenen Gedankenbilder dort an.
Und haste nicht gesehen, konnte in dem Hintergrund eine eigene, selbstangefügte Ansicht entstehen.
Man schaut sich das Nichtgesehene also gar nicht erst an, weil man sich was viel kunstvolleres Dahin denken kann. Und so entsteht eine eigene Ansicht nach der anderen im Hintergrund unserer undurchsichtigen Welt…
Es hat sich die Kunst der eigenen Ergänzung dort eingestellt…

Weil es undurchsichtig ist…

Weil unsere Materie undurchsichtig ist, sie von ihrer Ansicht nur die Hälfte zeigt — die andere Hälfte sich vor unseren Augen verschweigt…
Wollen wir also die andere sich nicht im Augenblick befindliche Hälfte sehen, müssen wir zu ihr gehen. Haben wir uns dann die andere Hälfte angeschaut, hat sie sich als Gedankenbilder in uns aufgebaut.
Wenn wir jetzt wieder vor ihr stehen, können wir die eine Hälfte vor- und die andere Hälfte in uns sehen…
Wer hätte das gedacht, dann haben wir doch tatsächlich mit unseren Gedankenbildern die ganze Ansicht vor uns eingebracht…

Die Urwasserstofflichtwolken – Zählschule

Wenn sich in einem Nebel eine formende Kraft einstellt, gibt es eine Festigkeit in seiner Nebelwelt…
Und hat sich der Nebel mit der formenden Kraft – so wie bei uns als Erde – ganz fest gemacht, gibt es ihn als hell und dunkel – es entstehen in ihm also Tag und Nacht.
Vor seiner Verfestigung konnte es so etwas in ihm nicht geben, man konnte ihn nicht unterteilt, also in hell dunkel erleben…

Hätte man versucht seine Anwesenheit in Tage einzuteilen, würde es nicht gelingen… Er könnte sich ja ohne dieser Verfestigung: nur als Eins bei uns verbringen.
Will der Urwasserstoffnebel also seine Anwesenheit unterteilen, muss er so wie bei uns: Fest und nicht selbstleuchtend verweilen… Darf dort nur von einer Seite angeleuchtet werden und muss auch undurchsichtig sein, dann erst stellt sich in ihm: eine Erde ein…
An dieser Stelle lässt sich sein Licht zählen, man kann in seiner Anwesenheit: Jahr und Tag auswählen.
An einer anderen Stelle, also ohne eine Verfestigung in dem Nebelsein, stellt sich so etwas überhaupt nicht ein. Dort gibt es kein Zählen und eine Altersbestimmung kann auch nicht gelingen… Man könnte also auch kein Geburtstagsständchen überbringen…
Nur mit einer gefestigten, nicht selbstleuchtenden Erde, kann sich der Urnebel unterteilen… Ansonsten würde er also nur als Eins bei uns verweilen…
Wer hätte das gedacht: Mit einer Verfestigung konnte der Urwasserstoffnebel nicht nur Tag und Nacht überbringen, es gelang ihm auch: ein Zählwerk in sich anzubringen…

Die sieben Tage

Erst wenn sich in dem Urnebel eine Festigkeit und der Raum einstellt, gibt es ein Abzählen in seiner ansonsten diffusen ungetrennten Wabbelwelt…
Vor dem Erdensein — stellt sich also der Urnebel als unabzählbar ein…
Sieben Tage Welterschaffungsgeschehen ist ja dann nur: sieben mal — in dem bereits gestalteten Nebel — die Erde drehen…
In dem vorherigem Nebelsein, stellte sich also noch keine Zahl für "ein Wirken" in dem Nebel ein…
Wer hätte das gedacht: Bevor man zählen konnte — sich also die Erde drehte — wurde schon eine ganze Menge in der Ur-

nebellichtwolke vollbracht… In ihr zu Zählen heißt: eine Wolke nach der anderen Wolke auswählen…
Noch vor der Verhärtung unserer Urwasserstoffnebellichtwolke…
“Schnell! Du kannst mich noch jetzt mit der Wolke verhauen, bevor sich tut in der Wolke ein Stein aufbauen!” Rief Jemand seinem Bruder zu…
“Denn ist die Urwassernebelwolke noch nicht so hart geworden wie ein Stein, stellt sich das Verhauen mit ihr: nicht so böse

Die ballende Urwasserstoffnebellichtwolkenstimme…

Wird in dem Urnebel eine große Kraft angewendet, sie uns eine Sprache spendet… Denn alles was wir beständig vor uns sehen, bleibt ja als Gedankenbilder in uns stehen.
Wird also mit der Kraft in dem Nebel eine konstante Form angebracht, haben wir daraus unsere Gedankenbilder gemacht. Erst mit ihnen kann unter uns ein Gespräch entstehen, aber erst musste ja eine große formende Energie an den Ur-Nebel heran gehen… Diese formende Energie muss eine Stimme gewesen sein, stellte sich doch mit ihr – bei uns das Sprechen ein. Nur dass sie ein bisschen kräftiger als die unserige Stimme erschallte, da sie doch den Ur-Nebel ballte…
Dann bleibt der Ur-Nebel ruhend und stabil geformt, vor uns stehen – und kann als Gedankenbilder in uns übergehen… Wer hätte das gedacht: So wird einem von der Ur-Nebelwasserstoffwolke –die Rederei beigebracht… Denn ohne Gedankenbilderquellen – lässt sich nur mit einem Mund – kein Gespräch erstellen…

Innen und Außen

Wenn unsere Ur- Wasserstoffwolke sich an bestimmten Stellen dünn werden lassen kann, hat sie sich als Raum dort angebracht – und damit einen Abstand in sich aufgemacht… Auf einmal lässt sich in dem ehemaligen, eintönigen, dichten, diffusem Nebelbestehen: etwas von außen ansehen… Wer hätte das gedacht: Dann hat doch die überall bestehende Nebelwolke, ein Außen in sich angebracht…

Wie unsere Urnebellichtwolke da – und nicht da sein kann…

Unser Nebel hat sich an einigen Stellen gefestigt und an anderen Stellen leer gemacht – und damit unterschiedliche Daseinsformen in sich zu Stande gebracht… So kann er seine Anwesenheit in wahrnehmbar und nicht wahrnehmbar unterteilen, und zum Beispiel als Stein mit: „hier bin ich“ und als Raum mit: „hier bin ich nicht“ – bei uns verweilen…
Außerdem hat er sich dann mit seinem versteinerten Dasein so unlebendig dargestellt, dass man denken könnte: hier ist er verstorben in seiner Nebelwelt… Hat sich also die Urnebelwolke gar steinig gemacht, gibt es sie an dieser Stelle: „wie um die Ecke gebracht“… Denn noch ruhiger und unlebendiger als ein Stein – kann man auch als eine energiereiche Urwasserstoffwolke nicht sein…
Noch ein Boxerwitz…
“Warum sind wir in einem Ring, obwohl er doch gar nicht rund ist?”, fragte der Boxer seinen Trainer. “Damit du mich in einer Ecke finden kannst”, antwortete er.

Das mit den Schätzen

Einen Schatz zu erkennen, ist selbst einer zu sein — ein Wert spiegelt sich wieder… Kommt also von dem, was einem gegenübersteht — noch nicht alles an, man in der Schuld des Erkennens noch stehen kann…
Wer hätte das gedacht: das nur ein Anblick schon schuldig macht…

Unsere Welt 9

Wie unsere Urnebelwolke (der uralte – damals vor 13 Milliar-

den Jahren noch eintönige – ungeformte, noch nicht gestaltete Wasserstoff) uns das Belohnen überbringen kann…
Kommt etwas als schwer und leicht in unserer Welt an, lässt sich in ihr was abwägen – in unterschiedlicher Schwere bestimmen – es kann damit ein vielgestaltiges Nachempfinden gelingen…
Würde aber alles was uns umgibt, nur aus einem Gewicht bestehen, könnten wir es nicht als etwas Schweres oder ganz Leichtes erleben….
Auch ein gerechtes Geben könnten wir dann unter uns nicht erleben… Denn hat Jemand von uns was ganz Schweres erfolgreich vollbracht, wird ihm ja eigentlich als Belohnung: alles viel leichter gemacht…
Er ließe sich auch nicht in den Himmel heben – es würde uns ja alle nur: in einer (Gewichts) Ebene geben…

Unser weißes Blatt… und das weiße Blatt in unserer Welt

Unser weißes Blatt… und das weiße Blatt unserer sprechenden Wolke (Galaxie)
Ein unbeschriebenes Blatt ist ein weißer Bogen, der keine Sprache kennt. Sprache ist den Bogen zu schattieren, dann erkennt man erst sein Licht…
Und so wie der Schatten auf dem weißen Bogen eine Sprache überbringt, so es auch dem dunklen Raum im weißem Licht gelingt…
Dann hat sich die eine Sprache – durch das stellenweise Verdecken eines weißen Blattes – kenntlich gemacht, und die andere Sprache mit der Unterbrechung des weißen Lichtes sich als Raum bei uns untergebracht. Auf dem weißen Bogen können wir den Schatten als Schrift erkennen…
Und im weißen Licht, lässt sich der Schatten als Raum benennen.
Die Schrift lässt sich auf einem weißen Bogen nur von außen

sehen; aber befindet sie sich als ein dunkler Raum im weißen Licht, können wir in ihr stehen…
Der Schatten auf einem weißen Bogen kann sich in unterschiedlichen Sprachen verstehen lassen – aber den Schatten im weißen Licht – bekommen wir nur als eine Sprache zu fassen…
Denn wer hätte das gedacht: diese Sprache — wird direkt als Gedankenbilder bei uns untergebracht…

Unsere Welt 8 (wenn wir eine große Wucht bekommen)

Wenn ich einen Körper bewege, dann nimmt mit der Steigerung seiner Bewegung, seine Aufprallwucht zu der erlangten Geschwindigkeit, energisch zu.
Wenn ich mit 20 km pro Stunde zum Beispiel in einem Auto fahre, und die Aufprallwucht beträgt ca. 4 Tonnen und erhöhe die Geschwindigkeit auf 40 km pro Stunde, dann beträgt die Aufprallwucht 4 mal 4 Tonnen – und das sind dann schon 16 Tonnen Aufprallenergie, die es in sich angesammelt hat… Und wenn ich die Geschwindigkeit auf 80 km pro Stunde erhöhe, dann sind es schon 64 Tonnen Wucht, die in ihm angekommen sind…
Wenn ich diese — durch das in Fahrt kommen — angesammelten Tonnen, nicht allmählich ablassen kann, zum Beispiel durch Bremsen, Ausrollen, werden sie auf einmal abgegeben: Aus der aufgestauten Wucht, kann eine kräftige Verformung — und somit ein tödlicher Aufprall entstehen…
Wenn man die Ansammlung dieser Bewegungsenergie graphisch darstellt, sieht das Anwachsen der Wuchtenergie so ähnlich aus, wie das größer werden der drei Pyramiden die in Ägypten stehen, deren größte die Cheopspyramide ist.
Eine leere Grabkammer wurde unter der größten Pyramide gefunden. Sie scheint für einen Pharao nicht vorgesehen zu sein. Wahrscheinlich wollten die Erbauer mit der leeren Grabkammer nur baulich darstellen, dass eine Bewegungsenergie in dieser mathematischen Gesetzeinheit, eine tödliche Bedrohung

für die Bewohner darstellt…
Sollte es also für die Bewohner in so einer Welt ein geruhsameres Leben geben, muss ihnen ihre Wolke (Galaxie, Urnebel) weniger Schwung in ihre Bewegungen einbauen… Ihnen also nicht andauernd — nicht nur bei Unfällen — das Leben versauern…
Denn möchte man Materie etwas friedlicher erleben, darf es von ihr nicht so einen harten Angriff auf die Bewegungen ihrer Bewohner geben… Denn wie schon in vorherigen Beitrag erwähnt: Ein leichtes Straucheln beim gemütlichem Gehen, kann einem — mit der starken Zunahme der Bewegungsenergie — beim Stürzen: das Leben verkürzen…

Die Kinn – etische Energie…

Fragt ein Boxer den anderen: "Warum bist du denn KO gegangen?"… „Du weißt doch", sagte der gebildete Boxer, „das liegt an der „kinnetischen" Energie"…

Das mit der Haftpflicht…

Weil die Schwerkraft uns in andauernde Haftung — und damit in eine stetige Haftpflicht bringt, uns mit der Erfindung des Autos, des Bettes, des Flugzeuges, des Stuhles usw. ein Entkommen ihres Anpressdruckes gelingt…
Wer hätte das gedacht, da haben wir doch aus uns: Eine Gesellschaft mit beschränkter — stellenweise erlöster — Haftpflicht gemacht…

Sprache… oder auch: Eine Welt sagt sich an…

Wenn ich Jemandem etwas sage, dann stoße ich eine Schallwelle aus meinem Mund. Und die regt (schaltet) seine Gedankenbilder an, er sieht dann in sich, was ich ihm zu sagen habe… Wenn er aber keine Gedankenbilder in sich hat, dann hört er mich nur, und sieht nicht, was ich ihm erzähle…
Wenn es keinen Tag gäbe, wo er seine Gedankenbilder einsammeln könnte, müsste ich so kräftig sprechen, dass sich meine

Gedanken vor meinem Mund materialisieren, und er sie sich anschauen kann. Und was er kann sehen, bleibt ja als Gedankenlichtbilder in ihm stehen…
Und dann brauche ich weniger Kraft beim Sprechen, weil ich ja meine Gedankenbilder mit Schall- oder Schreibwellen in ihm anzünden, einschalten — also zum Leuchten bringen kann…
Sollte mir jemand ohne Gedankenbilder gegenüberstehen, und es gibt noch keinen Tag, muss ich sie mit einem sehr kräftigen Ruf (Urschrei, Urlaut, Urknall), aus mir (also meinem Mund) entstehen lassen: Dann bekommt er sie nicht nur wie ein Tag zu sehen, sondern kann sie auch noch anfassen…

Wenn der Urnebel mit uns spricht

Wie ein doofer Urwassernebel, schlaue Worte entstehen lassen kann…
Macht unser Urnebel sich an bestimmten Stellen fest, kann er sich nicht nur abgrenzen und unterteilen, sondern auch als Gedankenüberbringer unter uns verweilen…
Hat sich nämlich viel Dichte in ihm eingestellt, kann man Gedankenbilder erringen, ihn also als eine innere Ansicht anbringen…
Dann hat der Anfangswassernebel sich aufgemacht, und mit seiner Festigkeit uns Gedankenbilder – und mit ihnen natürlich auch: die Worte beigebracht…
Dann kann unser Wassernebel (Galaxie, Urstoff), nicht nur eine dumme Urwasserwolke sein, stellte er sich doch auch: als eine große Sprechblase bei uns ein…

Vor und hinter dem Spiegel…
Wie man ein Spiegelbild zu Leben erwecken kann…

Gäbe es nur ein Spiegelbild, ohne was davor, also ganz allein, stellte sich für den Betrachter kein Verstehen für das Geschehen bei ihm ein.
Denn erst wenn er darin steht, was er im Spiegel erblicken kann, kommt es als ein lebendiges Bild bei ihm an…

Könnte er also das Spiegelbild nicht vor dem Spiegel erleben, könnte sich kein Sinn für das was er da sieht, für ihn ergeben.
Würde man also das, was sich vor dem Spiegel befindet abschaffen und nur das Spiegelbild sehen, kann man es nicht verstehen…
Würde eine Welt aus reinem Licht bestehen, also wie in einem Spiegel sein, stellt sich kein Verstehen für einen Betrachter in ihr ein…
Man könnte sie nur verstehen, würde es vor ihr –
wie bei einem Spiegel – ihr Dasein als materielle Anwesenheit geben.
Hat sie sich also außerhalb ihres Daseins – wie vor einem Spiegel – materiell dargestellt: gibt es ein Erkennen ihrer nur aus Licht bestehenden Welt…

Ohne Masse in der zweiten Gegenwart…
Kann man die äußere Gegenwart im Kino auf einer Leinwand sehen, konnte sie in den Frieden übergehen…
Denn hat sich die äußere Gegenwart dort als eine zweite auf der Kinoleinwand eingestellt, besteht sie nur aus Licht…
Einen echten – aus harter Materie bestehenden Krieg – gibt es in so einer Gegenwart nicht…

Unsere Welt (7)
An der Schwerkraft kann es auch mit liegen, dass wir keinen Frieden kriegen… Denn sollte es schwebender für einen Jeden von uns vorangehen, könnte schon mal das Vorwärtskommen friedlicher bestehen.
Denn würde in unserem Raum ein bisschen mehr Auftrieb vorhanden sein, stellte sich in ihm eine leichtere Bewegung – so wie zum Beispiel bei den Fischen im Wasser ein.
Wobei das Wasser wegbleiben kann, es genügt nur der Auftrieb mit dem man sich dann besser begegnen kann.
Wer hätte das gedacht, dass bei den Fischen so eine Bewegungserleichterung – ist schon mit untergebracht…

Denn so wie wir unseren Raum als Umgebung erleben, wird es für die Fische das Wasser als ihren Raum geben.
Ihr Raum hat den Auftrieb beibehalten, wir müssen in unserem Raum den nicht vorhandenen Auftrieb: mit viel schwererer Begegnung verwalten.

Unsere Welt (6)

Hat sich der Urwassernebel bei uns als Materie dargestellt, gibt es sie als eine mit großer Schwerkraft belastete Anwesenheit in unserer Welt.
Wenn die Materie in Bewegung gerät, eine starke Schwungenergie in ihr entsteht. Denn so wie ihre Bewegung zunimmt, quadratisch dazu – die Materie an Schwungenergie gewinnt…
Mit der Zunahme der Schwungenergie sammelt sich so viel Energie in einem Körper an, dass man ihn nur mit dem Einsatz starker Bremsen — heile zum Stehen bringen kann.
Wird die angesammelte Schwungenergie sofort, also nicht allmählich abgebaut, hat sich ein Unfall eingestellt – die Schwungenergie vernichtet dann viel Leben auf unserer Welt…
Durch die starke Ansammlung der Schwerkraft in unserem Geschehen, kann also viel Schwungenergie entstehen.
Denn wenn man bereits eine Geschwindigkeit auf dem Tacho erschaut, hat sie sich bereits mit einer tödlichen Wirkung in den bewegten Wagen begeben, und trachtet einem nach dem Leben. Denn wer hätte das gedacht, die meisten Menschen werden von der Schwungenergie um die Ecke gebracht…
Sollte sie uns mal freundlicher umgeben, werden wir ihre massenhafte Zunahme, wahrscheinlich nur zu Hälfte erleben… Denn wenn es dann bei uns kracht, wird keiner mehr von ihr ins Grab gebracht…
Die Schwungenergie kann man auch kinetische Energie nennen – aber mit diesem Namen bleibt sie genauso gefährlich für uns: wenn wir anfangen zu rennen

Unsere Welt (5)
Mathematik…
Hat sich der Anfangsnebel – also die ganze Energie unserer Welt — dann irgendwann einmal von ihrer Schwerkraft aufwickeln lassen, und in die Festigkeit begeben, lässt er sich auch als Eins und Eins erleben…
Er lässt sich dann Teilen und Zusammenzählen, also mit einer Anzahl versehen –
es konnte aus dem ehemaligen, wabbeligen, zusammenhängendem Nebel:
eine Rechenaufgabe entstehen.

Unsere Welt (4)
Nicht nur am Anfang unserer Welt gab einen nebeligen Ausgangsstoff für unser Geschehen, wir sehen ihn heute noch, als Galaxie im Raum herumstehen…
In ihr wurde die Festigkeit geboren und mit ihr das dunkle, nichtselbstleuchtende Geschehen, wir lernen es als Erde kennen, können auf der Finsternis herumgehen…
Doch jeder Schritt auf diesem von der Schwerkraft beherrschten Sein, stellt sich als eine Fallstudie für uns ein.
Denn ein leichtes Straucheln beim Friedlichen, ganz gemütlichem Gehen, lässt mitunter: einen lebensgefährlichen Sturz entstehen…
So hat sich der monotone, nebelige Anfangsstoff, in eine mit großer Schwere belastete, feste Finsternis begeben — sich so bei uns aufgemacht — und uns das Stürzen beigebracht…

Unsere Welt (3)
Und wird in einer Wasserwelt eine ganz große Dichte — also Härte — angebracht, wird sie an dieser Stelle dunkel, es entstehen in ihr Schatten, und somit auch Tag und Nacht…
Mit diesem Anblick in einer ansonsten gleichförmigen, als Eins anwesende Welt, hat sich an diesem Ort — mit dem Hell und Dunkel — ein Abzählen in der Wasserwelt eingestellt…

Und damit ein dunkler Ort sich vor den Augen erscheinen lassen kann, stellen sich dort: nicht nur die Sonne und der Mond heran…

Unsere Welt (2)

Am Anfang war nur aus Wasserstoff (zu 99 Prozent) unsere Welt– mehr hatte sich also nicht als Baustoff für all das, was uns umgibt, zur Verfügung gestellt… Aus diesem eintönigen Sein, stellte sich also alles was es gibt, bei uns ein.
Da hat sich der monotone Urstoff aufgemacht und sich als Raum — ganz dünn — und als Stein – ganz dick — unter uns gebracht. So gibt es diesen Urstoff also überall, als unseren ganz dünnen und knüppelharten Geburtstall…
Und wenn man diese Härte erzieherisch erschaut, wurde ein Stock mit eingebaut…
So konnte sich also ein gleichmäßig, wässriger Urstoff unterschiedlich stark verdichten, und sich als unsere Geburtsstätte herrichten…

Unsere Welt

Warum hat sich noch kein Philosoph in unserer Welt, bei der Natur beschwert, dass sie uns mit so viel Härte in ihrer Materie bekehrt…
Denn hätte einer von unseren Denkern dieses schon mal klar zur Sprache gebracht, gäbe es kein Stirnerunzeln bei dieser Frage — und das Problem wäre schon längst ein ganz normales Unterrichtsfach…

Mein Schwerkraftversuch

Mein Versuch die Schwerkraft zu beeinflussen, ähnelt in erstaunlicher Gleichheit den Versuchen von Viktor Schauberger! Ich habe auch herausgefunden, dass ein Energie Vakuum in der Mitte einer rotierenden Scheibe besteht, in dem sich ein Sog bildet, der eine unentdeckte Energie zur Fortbewegung ermöglichen kann…

Wer hätte das gedacht, dass man sich völlig unabhängig voneinander, so ähnliche Gedanken macht... Das habe ich heute im Internet herausgefunden...
Später werde ich meinen Versuch fortführen, ich muss noch technische Mittel einsetzen, um ihn anwendungsfähig machen zu können...

Meine Frage

Meine Frage war: Warum kann der Weltraum so groß sein?
Die Antwort ist: Weil wir so klein sind...
Denn umso größer man ist, desto weniger Platz hat man in ihm — umso kleiner kommt er einem vor...
Meine Frage war:
Warum fahren oder laufen wir nicht gegen die Bäume?
Die Antwort ist: Weil sie nicht so schnell aufwachsen... Denn würden sie in einer Sekunde in ganzer Größe vor uns stehen — könnten wir ihnen nicht ausweichen, also an ihnen vorübergehen...
Da ihr Dasein sich also hat ganz gemächlich vor uns aufgemacht, hat es das Vorbeikommen für uns mit eingebracht...

Vertragen kann die Wahrheit sagen

Ohne Vertragen wird einem keiner die Wahrheit sagen...
Selbst das zeitliche Geschehen, bleibt dann einem gegenüber, in der Lüge stehen...
Kann man sich vertragen, wird man sich die Wahrheit sagen.
Denn kann man sich gegenseitig die Wahrheit antun, wird innerer Frieden sich gestalten, man erkennt sich untereinander — und kann sich damit die Händchen halten.
Die geballten Fäuste können dann ruhen, man hat mit der andauernden Verleugnung untereinander, nichts mehr zu tun.
Nicht die guten Leistungen oder das ganz besondere Sein, bringen uns den Frieden ein.
Nur das Anerkennen und das freie Sagen, fördert unter uns Vertragen.

Sollten wir uns nämlich mal viel länger als 100 Jahre gegenüberstehen, musste viel Vertragen vorangehen…
Denn die Liebe ist die zweite Wirklichkeit in unserem Sein – es gibt sie nur — wenn sich stellte als erste Wirklichkeit: das Vertragen ein…

Meine Entdeckung!
mit der man die Schwerkraft beeinflussen kann!
Bisher erkannt:
Wenn sich ein Propeller — z. B. an einem Hubschrauber — dreht, dann verdünnt er die Luft: ein Unterdruck entsteht. In diesen Unterdruck strömt die unverdünnte Luft ein.
Und da sich ein Propeller in dieser Strömung befindet, wird er mit in diesem Sog aufgenommen. Der Hubschrauber wird also mit ihm, dann von der dicken Luft in die dünne Luft befördert…
Wenn ich ein Rad wie einen Propeller drehe, und es entsteht keine Luftverdünnung, dann wird es nicht von der dicken Luft in die dünne Luft mitgenommen, es steigt nicht auf.
Jetzt heraus gefunden:
Bei meiner Entdeckung steigt das Rad auf, obwohl es nicht von der Luft angehoben wird.
Es bewegt sich also nur durch das Drehen nach oben.
Vor dieser Entdeckung habe ich mir natürlich über andere sich im Raum befindenden Energien Gedanken gemacht, und dementsprechend meinen Versuch ausgerichtet.
Es funktionierte! Es ist eine Energie im Raum, die wir bisher noch nicht genutzt haben!
Eine andere Raumenergie – also nicht die Luft – lässt die Radscheibe nach oben steigen, obwohl sie keinen Unterdruck in der Luft entstehen lassen kann, weil die Form — die Oberfläche der Radscheibe — dazu nicht geeignet ist.
Es ist unglaublich anzusehen, wenn eine runde Scheibe nur durch das Drehen, kann nach Oben gehen…

Mit der Schwerkraft die Heimat einsammeln…

oder auch: Wie eine Wolke warten kann

Wenn sich eine Wolke (Galaxie) fest macht, steinern vor uns steht – ist sie nicht mehr so flüchtig – weil sie in eine feste Stellung übergeht.

Dann kann sie auf einer Stelle länger stehen bleiben – kann dort verharren – wir haben mehr Zeit, sie anzustarren…

Und alles was wir sehen, bleibt ja als Gedankenbilder in uns stehen.

Dadurch in unseren Gedanken, eine immer größer werdende Welt entsteht, dort werden nämlich die einzelnen Tage – Stück für Stück – zusammen geklebt.

Hat sich aus diesem Zusammengeklebten, ein großes Tagesreich in uns eingestellt, befindet sich dort eine eigene Welt…

Dann kann sich die stehengebliebene Wolke, wieder in ihren ursprünglichen Zustand begeben, wir brauchen sie nicht mehr: in einer ruhenden Wartestellung zu erleben.

Und wer hätte das gedacht: Dann hat sich die Galaxie — also unsere Wolke — als: der Stein und: die Wolke — in männlich und weiblich dargebracht…

Und aus dem Spruch: "Der Klügere gibt nach" — kann sich aus dem Wolkengeschehen auch: steindoof und wolkenschlau ergeben.

Denn nur ein unverhärtetes Sein, stellt sich mit einer Nachgiebigkeit bei uns ein…

Versuch Schwerkraft…

Das "nach Oben" Wiegen

Wenn ich etwas wiege, dann messe ich die Kraft (die Masse) die einen Gegenstand nach unten zieht. Also nur seine zunehmende oder abnehmende, nach unten ausgerichtete Schwere.

Wenn er keinen Druck mehr auf die Waage ausüben kann, dann schwebt er, ist nicht mehr mit ihr zu wiegen. Wenn ich aber feststellen möchte, ob er dann noch leichter wird, also an Masse verliert, muss ich eine Waage entwickeln, die seinen

masseabnehmenden Zustand feststellen kann. Und das ist mir mit meinem Versuch gelungen.
Ich hätte – um alles in der Welt – wetten können, dass sich der Kreisel durch das Drehen eventuell (siehe kinetischer Energieaufbau) – optisch kaum wahrnehmbar – erleichtern würde, aber nicht, dass er so rasant in die Höhe gehen, also so viel Masse verlieren kann… Welch ein Erlebnis!
Ich musste mir aber erst einmal das Gegenteil von den nach unten ziehenden Wiegen einfallen lassen, damit ich einen schwebenden Körper auch dann messen kann, wenn er sich in einem schwebenden Zustand befindet, und da noch leichter wird, also Masse verliert……

Das Einbringen der Gedanken

Wurde viel Schwerkraft ausgeschüttet in einer Welt, hat sich eine energische Festigkeit dort eingestellt.
Nur mit etwas ganz festem im Sehen — können Gedanken in uns entstehen…
Wir schauen uns was an – und damit wir es wieder erkennen können, muss sich dieser Ausblick erhalten – also in einer großen Festigkeit gestalten.
Haben sich genügend Gedanken in uns eingefunden, können wir Fragen stellen – und uns auch beschweren, taten uns doch die Gedanken das auch lehren…
Dann sagt man zum Beispiel auch: Liebe, liebe Welt, jetzt haben sich aber genügend Gedanken in uns angesammelt, lass das jetzt mit deiner gruseligen, urgrausamen Festigkeit sein, werde jetzt ein weicher Kumpel, stelle dich freundlicher bei uns ein…
Hast lange genug in diesem erstarrten Zustand zugebracht, damit wir dir dieses endlich mal mitteilen können…
Könntest jetzt vor Freude – in einen angenehmeren – uns umgebenem – Zustand rennen…

Die Membranen und die Schwerkraft
Warum viel Schwerkraft eine Unterhaltung ermöglicht…
Vor einer Seele stellte sich ganz fein, eine Membrane ein.
Ist sie hauchdünn, wird ein minimaler Anstoß sie ins Schwingen bringen – und es kann eine Information in die Seele eindringen…
Aber ist die Membrane vor einer Seele ganz dick, kommt sie nur ganz wenig ins Schwingen – es lassen sich so gut wie keine Informationen an die Seele überbringen.
Und das ist für die Besitzer gar nicht schön – es lässt sie nämlich im Dunkeln stehen.
Aber mit den ganz festen – von großer Schwerkraft geformten – knallharten Dingen, bringen auch sie ihre Membranen ins Schwingen.
Sollte unter solchen Membranenbesitzern ein Informationsaustausch geschehen, mussten sie mit einem ganz dicken Hammer auf einander eingehen…

Die Hände der Natur…
Die Schwerkraft sind die Hände der Natur.
Mit ihnen macht sie aus dem Nebel einer Galaxie harte Steine – wir bekommen ihn damit fest unter unsere Beine…
Können in ihn dann auch anfassen, also begreifen – und ihn uns an die Köpfe schmeißen.
Sollten die Hände der Natur den Nebel unserer Galaxie nicht mehr so stark zusammen pressen,
also entspannter sein, wird aus der alten festen Klamotte: ein Streichelstein…
Unseren Raum von außen betrachten können…
Wenn ich vor einem Spiegel stehe,
kann ich in seinem Bild das von außen sehen,
worin wir stehen…

Schwerkraft (auch als Gefühlsenergie)
Kann man mit dem Herzen nicht nachfühlen, was die Augen sehen, bleibt die Ansicht stumm in dem Betrachter stehen… Und wenn man eine Ansicht nachfühlen kann, kam sie nicht nur optisch, sondern auch mit der Schwerkraft an…

Versuch Schwerkraft (Beschreibung)
Mit zunehmender Krümmung engt sich die Materie ein und die Schwerkraft steigert sich entsprechend. Die Schwerkraft steigert sich also, wenn sie mehr Krümmung bekommt. Sie lässt nach, wenn die Krümmung abnimmt.
Wir können hier bei uns auf der Erde die Krümmung nicht verändern. Aber ich habe mir überlegt, ob man nicht stellenweise die Krümmung beeinflussen kann. Ich denke mir, dass eine Krümmung nicht nur in der Materie besteht, sondern auch in der Raumenergie. Im Raum wirkt ja die Schwerkraft auf uns ein. Und wenn sich die Schwerkraft (Raumenergie) über eine Krümmung verstärken kann, dann muss sie sich ja mit weniger Krümmung auch abschwächen können.
Ich muss also die Krümmung aufbiegen, damit sie schwächer werden kann. Dieses Aufbiegen habe ich wahrscheinlich mit meinem Versuch geschafft…

Versuch Schwerkraft (weiterhin)
Kurze Beschreibung: Ich wollte einen Körper nicht nur in eine Richtung wiegen, sondern auch in die andere. Wenn wir was wiegen, wird nur in eine Richtung (nach unten) gemessen. So wie die Waage nach unten nachgibt, wird auch das Gewicht bestimmt. Ich musste aber für meinen Versuch eine Waage konstruieren, die nach "Oben messen" konnte.
Das soll heißen, wenn ein Körper leicht schwebend auf einer Waage aufliegt, dann übt er keinen Druck auf sie aus und sie steht dann auf Null. Wird der Körper in diesem Zustand noch leichter als er in diesem Augenblick ist, gibt es keine Messung dafür, weil es keine Waage gibt die in die Richtung: noch leichter werden als Schweben misst…

Mein Versuch mit der Schwerkraft

Ich habe meinen ersten Versuch gestartet. Es geht darum die Schwerkraft (Gestaltungsenergie) teilweise außer Kraft zu setzen. Ich benutze nur meinen Verstand und technische, mechanische Dinge

Es sieht so aus als wenn es mir gelingt, diese energische, "verdammte", verbogene Energie ein bisschen zu bezwingen. Das spart jede Menge Fortbewegungsenergie… Fortsetzung folgt…

Frage und Antwort

Die Frage war:

Ist Jemand überall, weil es aus ihm besteht, hat er keine Möglichkeit, dass er von sich geht.

Von außen kann es ihn dann auch nicht geben, er muss immer in seinem Dasein leben…

Wie schafft er es dann ab zuhauen — also nicht da zu sein — obwohl es gar nicht geht, er ja mit seinem Dasein an jeder Stelle steht…

Unsere Materie

Wird sie aufgeteilt, in ihre Grundstruktur zerlegt, merkt man eigentlich nur, dass sie aus keiner Festigkeit, sondern nur aus weicher "Energiewolke" besteht. Und die hat sich so fest entstehen lassen, dass wir sie können ganz kernig erfassen…

Wieder die Wolke…

oder auch: wenn die Wolke ein anderes Kind bekommt …

Alles was wir als ein Tag erleben, konnte uns seine Mutter (die selbstleuchtende Wolke) als ihr Kind übergeben…

Und sollte die Gestaltungsenergie aus der Wolke (Galaxie), einen neuen Tag entstehen lassen, braucht sie nicht mehr so fest zuzufassen.

Dann könnte der steinerne Bengel (das Kind der Wolke, also unser Tag) nicht mehr so hart uns umgeben, wir könnten ihn

dann viel weicher erleben. Denn ist er nicht mehr so hart wie Stein, könnte er wie seine Mutter sein: selbstleuchtend, wolkig sich uns gegenüberstellen — wir hätten dann wahrscheinlich mit ihm ein längeres Leben — kann er uns doch jetzt nur um die hundert Jahre geben.
Denn vermutlich – weil er sich so hart hat gemacht – werden wir nach ca. 100 Jahren – alle von ihm um die Ecke gebracht…
Und sollten es in seinem neuen, weicheren Sein auch noch die Sehnsüchte – also unsere Hoffnungen –
vor unseren Augen geben, brauchen unsere Wünsche nicht mehr nur als Glaube – in unserem Herzen – herumzustehen…

Das Ansehen
weiterhin unsere Wolke…
Hat sich unsere Galaxie (selbstleuchtende Wolke) von der Gestaltungsenergie (der Schwerkraft) in Form bringen lassen, bekommen wir sie als den uns umgebenen Tag zu fassen.
Diese feste Gestalt, umgibt uns wie ein Bilderwald. Sie wird uns übergeben, können wir sie doch als Gedankenbilderwelt in uns erleben. Denn was wir sehen – bleibt ja als eine innere Gedankenbilderankunft erhalten, wir können sie dort frei nach Schnauze, also in eigener Ordnung gestalten…
Und hat sich dann — beim eigenem Gestalten — eine Hoffnung im Herzen aufgebaut, ist man froh, wenn sie sich erfüllt: man sie vor sich stehen sieht, sie also mit den Augen erschaut. Denn lässt sich eine Hoffnung nicht mit den Augen sehen, bleibt sie nur als ein Glaube im Herzen stehen…

Keinen sitzen lassen…
Mit einem Schriftzug fahren die Gedankenbilder aufeinander zu — können sich vergleichen — und den Bahnhof des Verstehens erreichen…

Das Schreiben
Ein Schriftzug lässt mit seiner Bahn, die Gedankenbilder hinter den rotierenden, rollenden Augen blinken…
Der Zugführer kann mit seinen Gedankenbildern – den Gedankenbildern hinter den (rollenden) Kulleraugen – zuwinken…

Der Lokführer
In einem Schriftzug fangen die Gedankenbilder des Lokführers an zu blinken…
Er versucht dort, mit seinen Gedankenbildern, den Gedankenbildern seiner Fahrgäste: zu-zuwinken…
Gedanken…
Wenn man schweigt, spricht man mit seinen Gedanken.
Und wenn man träumt, dann reden sie…
Und wenn man sie dann auch noch mit den Ohren hören kann, sagen sie sich gerade von außen an…

Unsere Ur-Mutterwasserstoffwolke
In ihrem "Bauch" leben wir, wurden dort auch wie unser Tag, geboren…
Dort wurde also unser Tag vollbracht, entstand in dieser Welt — und wurde uns nicht mehr selbstleuchtend — als ein von der Schwerkraft (Gestaltungsenergie) geformter, steiniger Bengel, vor die Nase gestellt… Wer hätte das gedacht: Da wurde das Kind der schönen Lichtwolke, doch tatsächlich fest und finster gemacht. Es also nicht alleine leuchten kann, darum müssen Sonne und Mond an ihn heran…
Aber ohne seinem steinigen, festen Bestehen — könnte er uns keine Gedankenbilder überbringen — nicht ein einziges Wort könnte uns gelingen…
Also auch das was hier geschrieben steht, mit auf seine Kappe geht…(siehe auch vorherige Beiträge)

Die Mutter unseres Tages
in einer selbstleuchtenden Wolke, einer Galaxie, ist unter dem Einfluss der Schwerkraft – wie mit einer Zeugungsenergie – unser Tag entstanden, wurde also in ihr geboren, hat ihn wie ein Kind in sich erkoren… So habe ich das mal beschrieben (siehe vorherige Beiträge) und habe jetzt ein Bild gefunden, das dazu passt:

So ähnlich wie ich die Entstehung des Tag beschrieben habe, muss es sich auch der Künstler vorgestellt haben: Die Mutter (selbstleuchtende Wolke, Galaxie) bekommt den Tag als Kind von der Schwerkraft (Formkraft, Gestaltungsenergie) — im Bild des Künstlers als ein verhüllter Muskelmann dargestellt — gereicht… PS: Gestaltungsenergie ist eigentlich zutreffender als Schwerkraft…
Aber da kann man doch mal sehen: Wie nah wir uns eigentlich alle stehen…

Der Raum und das erste Lachen..
Gäbe es nur Materie und sie wäre ohne Raum, müssten wir in ihr spazieren gehen – also so, wie sich ein Maulwurf in der Erde bewegt – wenn außerhalb von ihr kein Raum besteht…
Hat sich in so einer Enge dann irgendwann einmal Abstand, also Raum eingebracht, kann man sich bewegen: Freiheit hat sich aufgemacht…
Ein raumloses Geschehen, müsste wahrscheinlich der Anfang aller Dinge gewesen sein – denn über so einem Ursprung, stellen sich bei uns die Daseinsformen ein…
Die selbstleuchtenden Wolken (Galaxien), haben ein ganz festes "Loch" in ihrem Bestehen, aus diesem "Ur festen" konnte das Dasein in eine Auflockerung: den Lichtwolken übergehen…
So zum Beispiel auch eine Blume: Sie sich aus einer sie fest umschließenden Dunkelheit (der Erde) – in die Auflockerung des Raumes begibt — sich dort mit mehr Räumlichkeit und der

Erscheinung des Lichts beglückt…
Alles was uns umgibt, musste sich wahrscheinlich aus einer "Ur festen" Haft befreien, sich mühsam in ein erweitertes Dasein schinden — konnte aber damit: eine räumliche Anwesenheit erfinden…
Ein Entstehen unserer Welt – wurde wahrscheinlich irgendwann einmal, aus einer Befreiung der "Urfestigkeit" zu Stande gebracht — und es wurde ein riesiger Raum aufgemacht…
Da ließ sich die Freiheit erfassen — man konnte sich von ihr Anlachen lassen…

Das eigene Heute
Wenn man was erzählen will, muss man erst in seine Gedankenbilder schauen…
Man geht dann in dem Gestern spazieren –
es konnte sich dort: als ein eigenes Heute aufbauen…

Frage der Woche
Ist Jemand überall, weil es aus ihm besteht, hat er keine Möglichkeit, dass er von sich geht.
Von außen kann es ihn dann auch nicht geben, er muss immer in seinem Dasein leben…
Wie schafft er es dann abzuhauen — also nicht da zu sein — obwohl es gar nicht geht, er ja mit seinem Dasein an jeder Stelle steht…

Das Zuwerfen
Bewirft da Jemand — auch im höchsten Zorn — seine Mitmenschen nur noch mit einem Wattestein,
muss sein Innenleben aus reinem Frieden bestehen,
kann er doch sofort — auch nach einem großen Streit — gesund mit ihnen weitererleben…
Kann er aber mit einem Wattestein seinen Zorn noch nicht abbauen, will er mit einem ganz harten Stein zuhauen…

Eine grobe und eine feine Welt

Wird eine Membrane von einer Kraft angestoßen, kommt sie ins Schwingen, ein Energiedurchfluss kann mit ihr gelingen…
Ist die Membrane ganz zart und fein, kommt sie schon bei dem leisesten Hauch ins Schwingen – kann schon eine Mitteilung an ihrem Besitzer überbringen…
Wird diesem Besitzer eine Welt – bestehend nur aus dieser hauchfeinen Energie – umgeben, kann er sie mit dieser feinen, dünnen Membrane: erleben.
Sollte aber eine Membrane nicht so schnell ins Schwingen kommen, also noch ganz dick – nicht so sensibel – sein, stellt sich in einer hauchfeinen Umgebung kein Durchlass bei ihr ein…
Würde also Jemand in so einer Welt mit einer dicken Membrane leben, schwingt bei ihr nichts durch – es könnte für ihn dort keine Aufnahme geben…
Bekommt er aber eine energiereichere Welt, die kann seine dicke Membrane durchdringen, kann ihm dort eine Aufnahme, also ein Dasein gelingen.
Sollte eine Welt – aus heftiger, starker, ganz kräftiger Energie – Anwesende umgeben, können sie mit ihrer Membrane, wahrscheinlich noch keine Welt aus ganz feiner, hochzarter Energie erleben…
Und sollten in so einer Welt einige Membranen dünn werden und fangen schon bei einem leisen Hauch an zu schwingen, wird jede kräftige Energie: ihnen Unwohlsein dort überbringen…
Sie versuchen der kräftigen, harten Anstoßerei auszuweichen – kann doch schon ein leiser HAUCH, SIE VOLL UND GANZ ERREICHEN…

Kontakt aufnehmen

Will man sich verstehen, muss in eine gegenseitige Kontaktaufnahme gehen.
Da wird dann unterschiedlich stark Energie einander gereicht: durch Rufen, Händereichen, das Zuwerfen mit anderem ener-

giegeformten Sein – so stellt sich eine Verbindung unter den Anwesenden ein…
Und sollte sich der Kontakt dabei friedlich verhalten, konnte man den Austausch der Kontakte –
mit hauchzarten Energien verwalten.
Wird nämlich das Austauschen in der Begegnung zu Energiereich sein, geht der Frieden verloren, ein Kriegszustand stellt sich ein.
Kann in einer großen Gemeinschaft bei der Kontaktaufnahme untereinander, ein langes Auskommen bestehen, brauchte keiner mehr mit dem Anderen, zu kraftvoll umzugehen…
Denn sollte der Energieumfang in einer Gemeinschaft in ihrer Kontaktaufnahme sehr aufwendig sein, stellt sich eine große Heftigkeit bei ihnen ein…
Man wirft sich dann gegenseitig große Energieklötze (auch Atombomben) entgegen – und wenn man dann alleine ist, weil nichts mehr überbleibt – kann es gar keinen Kontakt mehr mit anderen Leuten geben…
Und man hat dann ein ganz ruhiges Leben…

Das Vergleichen
Mit dem Vergleichen auch das Wachsen erreichen
Wurde ein Tag uns vor die Nase gestellt, und man hat ihn dann angeschaut, wurde er wieder mal als Gedankenbilder in uns angebaut… Und da bleibt er stehen, wir können ihn uns innen ansehen.
Ein Licht geht außen nur aus oder an, wenn man es mit dem inneren Tag vergleichen kann …
Auch ein Baum wächst nur mit den inneren und äußeren Tagesvergleichen — er kann nur so — Größe im Sehen des Betrachters erreichen…

Die innere Leinwand
Wenn wir einen Tag in uns noch einmal sehen, blieb er mit

seinen Augenblicken, genauso wie ein Spiegelbild, auf unserer inneren Leinwand stehen.
Nur dass wir die Augenblicke dort nicht wie im Kino vor uns, also von außen auf der Leinwand sehen — müssen wir doch mit unserer Ansichtsposition — weiterhin die Augenblicke von innen sehen –
darum lassen sie sich so schwer als ein Bild verstehen…

Das mit der Festigkeit
An der Festigkeit der Materie kann man sehen: So entsteht ein Wiedersehen.
Denn nur, wenn das was man sieht, so stehen bleibt wie es ist, lässt es sich noch einmal sehen — man das Wiedersehen nicht vermisst…
Wäre es weich und wabbelig, aus unbeständigem Sein, stellt sich ein Wiederholen des ehemaligen Augenblickes, bei der nächsten Ansicht nicht mehr ein.
Haben sich aber viele beständige Augenblicke in einem eingestellt, bekommen sie ein kräftiges Bestehen in der inneren Gedankenwelt. Dann braucht die Festigkeit in der äußeren Welt nicht mehr so kräftig zu sein, stellte sich doch das Wiedersehen – über die Festigkeit der Materie – als Beständigkeit bei ihnen ein…
Gibt es also noch ein großes Festigkeitsgeschehen in einer Welt, hat sich wahrscheinlich das Lernen des Wiedersehens bei den Bewohnern – noch nicht eingestellt…
Wäre auf einem Nebelplaneten — zum Beispiel dem Jupiter unser Sein — stellte sich das Wiedersehen bei uns nicht ein…

Der Knetmeister
Will Jemand seine Gedankenbilderwelt an uns weitergeben, müssen wir einen Gedankenbilderaufbau von ihm erleben.
Mit der Sprache kann man keine Gedankenbilder überbringen, mit ihr kann uns nur ein Vergleich — in uns bereits vorhandener Gedankenbilder — gelingen…

Hat er aber die Möglichkeit seine Gedankenbilder materiell vor sich aufzustellen – aus Knete zu formen – und macht sie so groß und fest, dass man in ihnen herumlaufen kann –
unterhält man sich mit ihm, fängt also in seiner in seiner Knete einen Gedankenbildervergleich mit ihm an…
Denn alles was man erschaut, wird ja als Gedankenbilder in uns aufgebaut. Und mit diesem aufgebauten Geschehen, können wir in einen Gedankenbildervergleich — also einem Gespräch mit dem Knetmeister übergehen.
Wenn einem Knetmeister das mit der Kneterei gelingt — kann er uns was erzählen, ohne dass er sich als anschaubare Person einbringt…
Dann kann man zu denen, die in der aus Knete geformten Gedankenbilderwelt wandeln sagen: „Der mit euch spricht ist weg, aber ihr werdet ihn trotzdem verstehen", könnt ihr doch in seinen Gedankenbildern spazieren gehen.
Wenn also ein Knetmeister (eine Knetmeisterin) ganz perfekt die Gedankenbilder einer Person aus Knete gestalten kann, kommt diese — obwohl sie gar nicht da ist — mit ihren Gedanken bei uns an…
Wer hätte gedacht, dass so etwas geht: Sie unterhält sich mit uns, obwohl sie gar nicht bei uns steht…

Gedankenvermittlung

Mit der Sprache kann eine Gedankenbilderübertragung nicht gelingen… Man kann mit ihr nur bereits vorhandene Gedankenbilder — zum Leuchten bringen.
Kann Jemand keine Gedankenbilder in sich sehen, lässt ihn auch die schönste Sprache: im Dunkeln stehen…

Das Unterhalten

Wenn man miteinander spricht, schaut man seine Gedankenbilder an, weil man sie mit der Sprache untereinander einschalten kann.
Könnte man sich gegenseitig direkt in die Gedankenbilder seh-

en, brauchte das Einschalten der Gedankenbilder mit der Sprache — wen man sich unterhält — nicht mehr zu geschehen…

Wenn Jemand mit einem spricht, obwohl er eigentlich gar nicht da ist

Ein Verstehen, kann es ja nur mit einem Vergleich unserer Gedankenbilder geben…
Mit den Sprach- oder Schreibwellen können wir unsere Gedankenbilder anregen, sie in uns zum Leuchten bringen, und durch ihr Vergleichen, kann ein Verstehen zwischen uns gelingen…
Könnte ich meine Gedanken vor mir aufbauen, sie zum Beispiel aus Knete entstehen lassen, könnte sie mein Gesprächspartner nicht nur sehen, sondern auch in ihnen herum wandeln, also spazieren gehen.
Dort vergleicht er seine Gedankenbilder mit den meinen, kann er doch direkt in meinen Gedankenbildern verweilen.
Dann unterhält (verständigt) er sich mit mir und kann mich dabei nicht sehen, tut er doch jetzt in meinen Gedanken herumstehen…
Nehme ich dann die Knete weg, kann er mich vor sich stehen sehen, und mich auf einmal gut verstehen. Konnte er doch meine Gedanken, vergleichend mit den seinen ansehen…
Wer hätte das gedacht, da hat er sich doch mit mir unterhalten, ohne dass ich mich vor ihm musste als Person gestalten…
Konnte er sich doch direkt in meinem gekneteten Gedanken mit mir unterhalten…
Brauchte keinen Umweg über die Sprach- oder Schreibwellen zu meinen Gedankenbildern zu erstellen, konnte sich doch direkt in ihnen aufhellen…

Sprechen ohne Sprache

Nur ein Vergleich zwischen Gedankenbildern schafft ein Verstehen. Das könnte auch ohne Schall- oder Schreibwellen geschehen.
Man müsste sich nur direkt in die Gedankenbilder sehen kön-

nen, dann brauchte man keine Sprache mehr zu benennen…
Möchte ich mich also mit Jemanden unterhalten und mir gelingt es, ihm anschaubar meine Gedankenbilder gegenüberzustellen,
dann brauche ich mit einer Sprache keine Gedankenbilder in ihm anzuzünden, kann er doch meine Gedankenbider, direkt vor seinen Augen finden…
Wie man die innere Wahrheit kontrollieren kann…
Sich anzusprechen, also zu unterhalten, ist das Anzünden der Gedankenbilder untereinander mit Sprach- oder Schreibwellen zu verwalten…
Mit ihnen kann man die innere Gedankenbilderwelt kontrolliert seinem (Gesprächs) Partner gegenübergestellen, steuert man doch ihren Vergleich mit diesen Wellen …
Ohne diesem kontrollierten Gedankenaustausch würden wir fast alle verzagen, denn müssten wir die innere Anwesenheit unserer Gedankenbilder — unkontrolliert oder auch auf einmal — offenbaren, würden wir uns noch mehr untereinander "die Köpfe einschlagen"…
Wer hätte das gedacht, da hat doch tatsächlich die Einteilung der Gedanken mit der Sprache — ein besseres Vertragen unter uns möglich gemacht…

Wie man ohne Mund reden kann

Möchte man sich mit einem Gespräch erreichen, muss man die Gedankenbilder untereinander vergleichen.
Mit der Sprache des Mundes funken, schalten wir sie unter uns mit Schallwellen an, damit man sie sich gegenüberstellen kann.
Könnten wir direkt in unsere Gedankenbilder sehen, brauchten wir sie nicht mit dem Mund einzuschalten, könnten eine Unterhaltung unter uns, ohne Schallwellen gestalten…
Haben wir einen Tag gesehen, bleibt er als Gedankenbilder in uns stehen.
Und mit diesen Gedanken können wir ihre Herkunft erreichen, tun sie immer wieder mit dem Tag vergleichen…

Wer hätte das gedacht, da hat doch tatsächlich der Tag ein Vergleichen der Gedankenbilder–also das Sprechen mit uns – ohne einen Mund möglich gemacht…
Er also mit uns spricht, nur ohne Mund davor, darum merken wir es eigentlich nicht…

Die Zeit
Die Zeit ist ein Verlauf, der uns Eigenschaften vermittelt– sich aus vielen Tätigkeiten, einmalig macht:
Aus zigtausend Mal Drehen, konnte zum Beispiel irgendwann einmal: das Alter entstehen…

Das Drehen
Da unsere Erde nicht durchsichtig ist, und sich nur vor einer Lichtquelle dreht, hell und dunkel in regelmäßiger Reihenfolge bei uns entsteht.
Und aus diesem regelmäßigen Drehen, konnten die Eigenschaften eines Tages entstehen. Es gibt nicht nur Tag und Nacht oder Morgen und Heute oder Gestern und "Morgen werden wir uns sehen", es konnten noch viel mehr Eigenschaften aus dieser Dreherei entstehen…

Die Gedankenbilder
Denken ist, zu den Gefühlen Gedankenbilder zu erstellen, sie also erst einmal von innen sehen…
Zeit: Das Ganze zu materialisieren — und dann darin spazieren zu gehen…

Die Unterhaltung
Die Sprache ist nur ein Impulsgeber, mit dem sich die Gedankenbilder zum Leuchten bringen lassen. Eine Gedankenbildübermittlung kann mit der Sprache nicht gelingen, wir können nur mit ihr bereits vorhandene Gedankenbilder auswählen, etwas in eigener Wahrheit erzählen…
Würde der Impulsgeber für uns nicht vorhanden sein, und wir

müssten unsere ganzen Gedanken auf einmal gegenüberstellen, wäre ein Auskommen unter uns in die Frage gestellt, denn so viel Wahrheit verträgt man nur stückweise in dieser Welt. Erkenntnis: Wenn sich zwei gegenüberstehende Gedankenbilder vergleichen, kann man ein Gespräch, also eine Unterhaltung erreichen. Wäre die Sprache (der Impulsgeber) verschwunden in diesem Gegenüberstehen, könnte eine Unterhaltung wie gewohnt nur mit den Gedankenbildern natürlich auch ohne ihr sein – stellt sich doch eine Unterhaltung – nur mit dem Vergleich der Gedankenbilder ein...

Die erste Gegenwart

Woher ich hauptsächlich meine Kenntnisse habe:
Wenn man sich umschaut auf unserer Welt, haben sich 24 Stunden uns immer wieder gegenüber gestellt. Aus dieser Gegenwart – unserem Tag – bekommen wir alle Informationen gereicht, eine gleich bleibende Gegenwart wird uns überbracht. Denn alles was wir sehen, bleibt ja als Gedanken in uns stehen.
Dort landet das was uns umgibt, wird dort verdaut und als eigene Gegenwart aufgebaut. Dann erst machen wir daraus Worte und legen sie als Schrift hernieder.
Geben damit die bestehende Gegenwart als zweite wieder.
Will man Wissen erlernen aus dem uns umgebenen Geschehen, kann man das direkt aus den 24 Stunden entnehmen.
Oder man begibt sich ins Bücherlesen und darf dabei nicht vergessen: das was da steht, ist ja auch einmal die erste Gegenwart gewesen.
Leicht verfälscht nicht so genau dargebracht, sie wurde ja aus dem Schreiber vorgestellt. Er machte ja aus den 24 Stunden, seine eigene Welt...
Umso genauer man kann in den 24 Stunden direkt lesen, desto näher ist man an ihnen dran, kommt genauer an ihre Wahrheit ran...

Dann ist Lesen in einem Buch der zweite Augenblick. Ist er doch dem ersten, der augenblicklichen Gegenwart entrückt. Darum habe ich meine Erkenntnisse aus dem Augenblick gewonnen, und nur ca. drei Prozent der Literatur entnommen…

Sprechen

Das Gedankenbilder ansehen, lässt eine Unterhaltung unter uns entstehen.

Mit Schreib- oder Schallwellen — den Worten — können wir sie unter uns gezielt einschalten. Und das nennt sich unterhalten…

Das Einsammeln des Verstehens

Wenn man das Licht einsammelt, können die Hände ruhig leer bleiben, weil man es bereits mit den Gedanken zu fassen bekommen hat…

Sich das Wasser reichen können

Das mit dem Frieden…

Hat sich das Wasser in einer Wüste so verteilt, dass es bei allen in gleicher Tiefe verweilt — da sind die Staumauern dann gebrochen, es gibt dort kein verdammtes Sein — jeder schätzt den Spiegel des Anderen, in gleicher Höhe ein…

Das mit der Gerechtigkeit

Da, wo ist Gerechtigkeit geschehen,
sieht man alle Anwesenden,
im gleichhohen Wasser stehen…

Das mit dem Frieden

Hier einen Ausschnitt aus meinem Buch zu dem vorherigen Beitrag über den materiellen Zustand, nicht nur einer friedlichen Stadt:

Der friedliche Raum

»**D**u hast doch gesagt, dass unser Raum unfriedlich ist.«

»Ja«, sagte mein Freund.
»Das habe ich bei den Fischen gesehen.«
»Wie, bei den Fischen gesehen?«
»Na, ich saß vor einem Aquarium und beobachtete die Fische – und zwar so lange, dass ich schon dachte, selbst ein Fisch zu sein.
Auf einmal merkte ich, dass die Fische im Wasser das Wasser nicht als Wasser, sondern so erleben wie wir unseren Raum: also eigentlich als Nichts. Darum ist für die Fische das Wasser das, was für uns der Raum ist.
Und so wie die Fische ihren Raum erleben, so erleben auch wir unseren Raum. Allerdings mit einem kleinen Unterschied: Mir fiel auf, dass der Raum der Fische den Fisch nicht fallen lässt. Der Fisch sinkt in ihm gar weich hernieder.
In unserem Raum besteht eine viel größere Sinkgeschwindigkeit. Darum heißt bei uns das Niedersinken auch Fallen.«
»Du meinst unser Raum ist dadurch, dass er uns so hart fallen lässt, unfriedlich?«
»Ja«, sagte mein Freund, »weil schon ein kleiner Sturz, von der Verletzung her gesehen, sich wie ein kriegerischer Angriff auf den Gestrauchelten auswirken kann.«
»Stimmt ja!«, rief ich, »mit mehr Auftrieb hätte unser Raum auch mehr Frieden. Denn auch ein ganz tiefer Sturz in ihm täte einem noch nicht einmal weh!«
»Hat das was mit unseren Türen zu tun? Wenn der Raum bei den Fischen mehr Frieden in sich hat, als bei uns?«, fragte ich.
»Das weiß ich nicht, aber du weißt doch, bei unserer Suche, muss man an alles denken!«
Und wir wussten, dass das Hinfallen in unserem Raum mehr wehtun kann, als in dem Raum der Fische.
Und wenn wir schwimmen gehen, schwimmen wir eigentlich nicht, sondern besuchen die Fische in ihrem Raum.
Und wenn wir Durst haben, trinken wir ihnen – erst einmal nur ein bisschen – davon weg. Waren wir uns einig…

Eine friedliche Stadt (z.B.Atlantis?)

Wenn eine große Schwerkraft herrscht in einer Stadt, setzt sie dort den Frieden matt. Denn ein leichtes Straucheln beim friedlichen Gehen, lässt einen Kriegszustand entstehen.
Man fällt mit dem Kopf auf einen Stein, eine starke Verletzung stellt sich ein.
Und reißt man Jemanden haltsuchend mit hernieder, und er stürzt ebenfalls auf einen Stein, stellt sich zwischen diesen beiden Fallenden ein Kriegszustand ein.
Ist aber eine Stadt mit wenig Schwerkraft belastet, nach einem Sturz – der Frieden nicht davon hastet. Denn hast de nicht gesehen — kann man sofort wieder unverletzt aufstehen.
Sollte irgendeine Stadt mit unserer Schwerkraft belastet sein, stellt sich auf keinen Fall der Frieden in ihr ein.
Und eine Stadt die unzerstörbar ist, und immer heile war gewesen, gibt es für die Bewohner nur, wenn sie ein Gestern (ihre Gedanken) in sich angesammelt haben, das ihnen sagt:
Hier ist es nicht kaputt vergleicht doch das, was sich vor euch befindet mit mir, denn erst mit diesem Vergleich merkst du: Es ist heile hier.
Sollte Atlantis mal eine Stadt aus reinem Frieden, also nur mit ganz wenig Schwerkraft gewesen sein, stellte sich ihr Dasein mit einem Auftrieb ein. Denn nur mit einem Auftrieb es geht, dass die Schwerkraft einen nicht so kräftig nach unten zieht, und somit auch viel mehr Frieden — selbst beim Stürzen geschieht…
Fortsetzung folgt….

Morgen… oder auch: Die Entstehung der Wünsche

Alles was wir sehen. bleibt als Gedanken in uns stehen. Und was wir haben erschaut wird als ein großes Gestern in uns aufgebaut…
Alles was wir in dem großen Gestern anders haben möchten, wollen wir verändert vor uns sehen,

lassen unsere Wünsche aus ihm als: „Das möchte ich Morgen so haben“ in uns als Zukunft entstehen…
Und wer hätte das gedacht, da hat doch tatsächlich der Mangel im Gestern, unser Wünschen mit eingebracht…
Gestern und Morgen
können wir vor uns nicht sehen, weil sie nur als Gedankenbilder in uns entstehen…
Wenn wir sie als heute vor uns sehen, kommen sie gerade herein — finden sich dort als ein großes Gestern ein.
Und was uns da — in dem Gestern — dann nicht gefällt, wird als ein Morgen, dann neu in uns zusammen gestellt…

Die Lichtübermittlung
Der Mond kann nur so viel von der Sonne erzählen, wie er Licht hat…

Die feste Materie
Ein Verstehen hat sich laufend abgegrenzt, stückweise vertretbar gemacht…

Das immer größer werdende Reich
In unseren Gedanken eine immer größer werdende Welt entsteht.
Dort werden nämlich die einzelnen Tage, – Stück für Stück – zusammen geklebt…
Und haben wir unsere Gedanken aus mehreren Leben in uns aufgenommen, sind im eigenen Reich:
schnell über tausend Jahre zusammen gekommen..

Raum für die Gefühle
Wenn sich die Gefühle im Knast befinden…
Die Gedankenbilder sind für die Gefühle, wie eine Stadt in der sie spazieren gehen — in ihnen einen Ausflug erleben.
Wie wir mit unserem Körper spazieren gehen und einen Raum

um uns herum haben, können sich die Gefühle, in der Freiheit der Gedankenbilder laben.
Haben die Gefühle nicht diesen Gedankenbilderraum, können sie sich nicht abkühlen in diesem Geschehen, müssen überhitzt bleiben, können sich nicht entsprechend in ihnen temperieren, können sich nicht einordnen, können nicht parieren — fangen an zu explodieren…
Hat darum die Natur (die selbstleuchtende Nebelwolke) alles eingesetzt, sich von ihrem unsichtbaren Partner — der Schwerkraft – formen lassen, um unsere Gedankenbilder zu gestalten? Damit wir uns wohltemperiert, also friedlich untereinander — auch für ganz lange — verhalten?
Denn sollten die beiden — die Wolke mit der Schwerkraft — uns vielleicht mal einen Tag vorsetzen, der uns nicht umbringt, sondern für immer erhält, braucht ein Jeder einzelne von uns, einen Frieden, der ein bisschen länger hält…

Unsere selbstleuchtende Lichtwolke
Hätte sich unsere selbstleuchtende Nebelwolke mit der Vereinigung der Schwerkraft, nicht stellenweise ganz fest gemacht, hätte sie mit der Überbringung unseres Tages, kein Verstehen von Anfang und Ende mit überbracht…
Denn würde sie weiterhin aus selbstleuchtendem Wabbelnebel hier bei uns bestehen, könnten wir einen Anfang und ein Ende nicht verstehen.
Selbst die Mathematik hat sich in ihren ersten Schritten mit der Festigkeit auf die Beine gemacht, es konnten Maße gelingen…
Mit einem überall bestehenden, gleichmäßigen Wabbelnebel, könnte die Entstehung der Zahlen also nicht gelingen…

Das Wasser und sein Grund
Erst mit einem Grund im Wasser — kann etwas länger dauern…
Wenn es nichts anderes als nur Wasser gibt — also alles was es

gibt würde daraus bestehen — könnte man einfach kein Anfang und Ende in ihm sehen.
Versucht man auch nur gedanklich es zu begrenzen, es gelingt einem einfach nicht… Deswegen bin ich unheimlich froh, dass mir das mit dem Grund (also das mit der Festigkeit) im Wasser eingefallen ist, weil ich es damit auch gedanklich begrenzen kann.
Daraus entstammt die Erkenntnis:
Erst wenn du was Festes hast im Wasser gesehen, kannst du damit Anfang und Ende in ihm verstehen.
Sollte sich z.B. im Wasser nichts festes, also kein Grund aufhalten, kann man weder Anfang noch Ende — geschweige denn eine Ewigkeit in ihm, mit den Gedanken verwalten

Das mit dem Grund
Eine weitere Beantwortung der Frage: Warum kann das Wasser etwas untergehen lassen:
Mit einem Grund kann im Wasser nicht nur was untergehen, es kann sich dann auch mit einer gewissen Tiefe versehen….
Und da wo sich das Wasser nicht nur fest, sondern auch ganz dünne machen kann, fängt die Entstehung des Raumes in ihm an… Und wird der Grund von dem dünnen Wasser — also dem Raum — umgeben, können wir ihn als ein Ufer erleben…

Frage der Woche
Das mit dem Grund…
Ich hatte die Frage gestellt: Warum kann Wasser etwas untergehen lassen? Da bisher nur die üblichen Antworten kamen, beantworte ich die Frage:
Das Wasser kann nur etwas untergehen lassen, weil es einen Grund gibt. Denn wo will es denn, wenn es keinen Grund in sich hat, was hinsinken lasse

Die feste und unfeste Dunkelheit

Wird eine Galaxie (selbstleuchtende Wolke) dicht gemacht, hat die Schwerkraft sie geformt und harte Kanten und Ecken als zusammengepresster Nebel in ihr untergebracht.

Wird uns dieses dann als Tag vor die Nase, unter die Füße gestellt, gibt es den ehemaligen Lichtnebel als nichtselbstleuchtend in unserer Welt.

Dann haben wir zwei Dunkelheiten erhalten: Die eine müssen wir als ausgefüllt mit Erde — und die andere als freien Raum verwalten.

In der mit Erde ausgefüllten — also festen –Finsternis kann man säen, es kann dort z.B. eine Blume entstehen…

Und hat sich die Blume in der sie fest umschließenden Dunkelheit (in der Erde) so richtig ausgestreckt, kann sich in die freie Finsternis über ihr, den Raum begeben, kann sich dort in die nicht mit Erde ausgefüllte Dunkelheit, dem freien, — stellenweise mit Licht ausgefüllten — Raum begeben…

Und hat sie sich dort eingestellt, sie ihre Blätter als zweite Nahrungsaufnahme (Wurzel) erhellt. Mit ihnen kann sie das Licht als Nahrung aufnehmen, und wie mit eigener Krönung, in eine bunte Blüte übergehen.

Und so wie die Blume ihre Blüte erhellt, haben sich mit der Gestaltung des Lichtnebels unsere Gedanken eingestellt. Und er hat damit auch noch, wer hätte das gedacht, eine Landkarte zum Finden irgendwelcher Schätze bei uns mit angebracht…

Denn sollten wir irgendwo einen Schatz entdecken und ihn dann heben, kann es diesen nur mit unserer inneren Schatzkarte: der Gedankenbilderwelt geben…

Hätte sich der Lichtnebel nicht in die feste Finsternis von der Schwerkraft bringen lassen – hätten wir keine aus dem Tag entstandene Gedanken — könnten ohne sie noch nicht einmal eine leere Kiste –, geschweige denn eine mit Gold gefüllte erfassen…

Unwolkiges Sein
Mit der Schwerkraft wird nicht nur die Festigkeit in der selbstleuchtenden Lichtwolke, unserer Galaxie, hergestellt.
Mit ihr gibt es auch Länge, Breite und Tiefe in der ehemaligen Wolkenwelt...

Spinnerei schützt auch unsere Pflanzen (nicht nur der Schmetterling)
Eine Pflanze rief verzweifelt: "Hör endlich auf mich zu beißen, auf mir herumzukriechen – fang endlich an zu spinnen, denn dann kannst du jede Menge Freiheit und ganz süßen Nektar als Speise bei mir gewinnen..."
Und nach der Spinnerei, wer hätte das gedacht, wurden doch tatsächlich von dem ehemaligen Kriecher und Beißer, nur noch ganz zarte Berührungen, aus der Luft an die Blüte der Pflanze überbracht... Dieses Erleben sollte es nicht nur bei den Pflanzen geben...

Wenn Jemand spinnt (der Schmetterling)
Die Spinnerei
Wenn der Tag, der einem vor der Nase steht, hinter ihr verschwindet und in unsere Gedanken übergeht, kann man seine Anwesenheit anders vernetzen – nämlich ganz nach seinen eigenen Sinnen – kann man ihn zu einer eigenen Welt zusammen spinnen...
Wir haben dort mit eigener Verwebung aus den beiden was zusammen gestellt, uns zu Eigen gemacht:
Haben doch tatsächlich mit viel Spinnerei, einen unabhängigen Tag: den dritten in uns auf die Beine gebracht...

Die bunte Mutter und ihr Kind
Weil die bunte selbstleuchtende Wolke (die Mutter des Tages) ihr Kind nicht selbstleuchtend, sondern dauerhaft dunkel hat hier auf die Welt gestellt, haben sich die Sonne, der Mond und andere Lichter mit dazu gesellt.

Hätte das Kind (der Tag), wie die Mutter (die Galaxie), auch ein selbstleuchtendes Licht, bräuchte es diese anderen Funzeln nicht…,

Warum unser Tag nicht selber leuchten kann

Warum unser Tag — nicht wie seine Mutter — (die Galaxie, bunte selbstleuchtende Lichtwolke) erscheinen kann…
Eine bunte, selbstleuchtende Wolke, hat unseren Tag in sich gestaltet: als ein Kind bekommen, Aber das Kindlein ist von dem Licht her gesehen, ein bisschen verkehrt: Hat er doch von seiner Mutter, das Selbstleuchten nicht geerbt.
Dieses wurde ihm genommen, denn er ist ja nicht wie eine Lichtwolke, sondern steinhart zu uns gekommen.
Steinharte Lichtwolken, sind zwar beständig, lassen sich länger ruhen, haben aber mit dem Selbstleuchten nichts mehr zu tun. Wer hätte das gedacht, da hat doch tatsächlich, die bunte selbstleuchtende Lichtwolke, als Mutter ihr Kind dunkel gemacht…
Und soll man diesen Burschen, sehen, muss ihn einer aus der Familie der bunten Lichtwolke, als Schwester das Licht von außen geben…

Warum man eine Galaxie Oma nennen kann…

Warum mache ich z.B. aus einer Galaxie eine Familie?
Weil der Name für eine Angelegenheit völlig unwichtig ist. Der Zustand bleibt bestehen, egal wie man ihn nennt. Hauptsache seine Anwesenheit bleibt erhalten und lässt sich besser verstehen…
Denn wird zu einem Wort kein Gedankenbild erschaut, ist es nur ein unverständlicher Laut. Oder auch:
Wenn ein Wort kein zu ihm gehörendes Gedankenbild in dem Ansprechpartner einschalten – zum Leuchten bringen kann — kommt es als Finsternis an…
Gleich nach dem Urknall hat sich eine Energie in bestimmte Formen begeben. Die Zusammensetzung dieser Ansammlungen bestehen aus einer Energie, die sich Materie nennt aber

eigentlich keine ist, weil ihr Aufbau sich aus so kleinen Teilen zusammensetzt, dass sie eigentlich keine mehr sind.
Sie besteht aus einem Stoff, der eigentlich nur eine Welle ist. Aber für unsere Verständigung ist es völlig egal woraus sie sich zusammengesetzt hat, sondern wie sie sich für einen Jeden von uns wahrnehmen lässt.
Und da gilt ja der für uns so wichtige Grundsatz: Alles was wir von der sich bei uns geformten Energie — also der Materie — sehen, bleibt in uns als Gedanken stehen. Und ohne Gedanken in unserem Sein, käme nicht ein einziges Wort — weder aus unserer Hand, noch aus unserem Mündelein.
Ich nenne eine selbstleuchtende Lichtwolke, also einen Teil der Materie aus der sich unser Tag geformt hat, einfach: Oma.
Das macht der Entstehung und Funktion unserer Umgebung und ihrem Aussehen keinen Abbruch.
Das Schlimme ist nur, dass das nicht nur Wissenschaftler, sondern jedes Kind verstehen kann. Darum geht meine Erklärung mit der Bildhaftigkeit weiter voran…
Selbst der alte Einstein hatte erkannt: Wenn man, egal was man an Welterkenntnissen, herausgefunden hat, nicht einem Kind erklären kann, ist es noch nicht alles: fang dann doch bitte noch mal von vorne an…
Und Kinderverstehen ist schöne leichte Bilder in den Gedanken ansehen…

Die Wolke und ihr Kind, der Tag

Die Wolke bekommt ein Kind
(strenge wissenschaftliche Erkenntnisse, menschlich dargestellt…)
Aus einer Galaxie (selbstleuchtender Wolke) wurde unser Tag geboren. Sie hat sich in ihrem Inneren (ihrem Bauch) ein Kind erkoren. Wie kommt ein Kind in der Wolke Zustande?
Die Schwerkraft formt was in ihrem Bauch – schafft dort ein Sein. Und dieses stellte sich dann als steinender Bengel, also als ein Tag vor unserer Nase ein.

Wer hätte denn das gedacht, dann hat doch die Schwerkraft ein Kind in der Wolke vollbracht.
Bei uns Menschen haben wir im Bauch das gleiche Geschehen, wenn — wie in der galaktischen Selbstleuchtewolke — Kinder entstehen…
Auch bei uns im Bauch — in dieser „Wasserwolke" — formt sich ein Sein, lässt man eine Befruchtung – die ja das Kind dann formt – dort hinein…
Dann müsste auch die Ankunft der Schwerkraft im galaktischen, bewölkten, ungeformten Sein, eine riesige Befruchtungskraft sein…

Der dritte Tag

Unsere drei Tage:
Haben wir einen Tag gesehen, bleibt er als zweite Anwesenheit in uns als Gedanken stehen.
Und da wir den äußeren Tag mit dem inneren Tag andauernd vergleichen, merken wir, da fehlt ja andauernd was, und wollen einen besseren Tag erreichen.
Weil in der Vorstellung des ersten Tages andauernd was genommen wird, und immer wieder was fehlt, haben wir uns einen dritten Tag geschaffen — zum eigenem Denken ausgewählt…
Und sollte der dritte Tag in uns groß genug geworden, also erwachsen geworden sein, stellt sich wahrscheinlich alles was es gibt, als ein dritter Tag bei uns ein…

Warum die Wolke den Tag versteinert hat…

Warum macht die Wolke (unsere Galaxie) einen so harten Tag für uns — es ist ja nicht gerade angenehm so zarte Wesen wie uns in so harten Steinen herumlaufen zu lassen — nur damit wir unsere Gedanken aufwachsen lassen können?
Sie weiß wahrscheinlich, dass unsere Gedanken nicht nur zur Verständigung unter uns nötig sind, sondern dass unsere Gefühle mit ihnen Räume bekommen, in denen sie sich hineinbegeben — in ihnen spazieren gehen können.

Das ist für die Gefühle unheimlich wichtig, weil sie in einem Raum ihr Dasein abkühlen, also temperieren können. Haben sie nicht diese Befreiungsmöglichkeit in den Gedankenbildern, sind sie von ihrem Besitzer schlecht zu kontrollieren: Sie brechen aus ihm heraus, weil sie keinen Ort in seinen Gedankenbildern für sich finden können…

Streng Wissenschaftliches, gereimt:

Da kann man mal sehen, wie schön für die Gefühle es ist, wenn Gedankenbilder für sie bestehen…

Denn haben die Gefühle nicht diesen Raum für ihr Sein, bricht das gute Auskommen mit ihnen ein…

Es ist wie bei einem Auto, wenn der Motor sich mit seinem Wasser nicht im Kühler wohltemperieren kann, fängt das Durchbrennen der Kopfdichtungen im Zylinder an…

Das Kabel und die Oma

Die Sprache ist wie ein Kabel, das eine Verbindung zwischen den Gedankenbildern ermöglicht.

Die Sprache allein, bringt keinerlei Informationen ein.

Erst mit dem Gedankenbildersehen, können wir eine Verbindung mit ihr, unter uns verstehen…

Sprache ohne Gedankenbildersein — ist dann nur eine Schallwelle, oder ein wohlgeformter Strich: mehr aber gibt es dann von ihrer Wahrnehmung nicht…

Hätte also die Wolke, Galaxie, — die Oma unserer Gedankenbilder — nicht mit ihrem harten Kind — unserem Tag — unsere Gedankenlichtbilder (ihre Enkel) überbracht: Gäbe es bei einer Sprachverbindung — am Ende der “Kabel” — nur eine Anwesenheit aus ganz dunkler, finsterer Gruselnacht…

Die Sprache ohne Gedankenbilder

Wenn man etwas sagt, dann versucht man mit seinen Worten eine Verbindung zwischen seinen Gedankenbildern und den Gedankenbildern des Hörenden herzustellen.

Wenn die Worte keine Gedankenbilder vorfinden, dann ist es

wie beim Telefonieren: Man spricht miteinander, obwohl man gar nicht den Hörer abgenommen hat…
Oder auch: Wenn man über Worte (der Sprache) eine Verbindung herstellen will, ist die Sprache wie ein stillgelegtes Telefonkabel, wenn sich auf beiden Seiten keine Gedankenbilder befinden…
Dann muss die Sprache — egal wie schön sie ist — nur ein altes Kabel sein, wenn es hat an beiden Enden, keinen Gedankenschrein…

Das Verstehen
Ich vereinfache meine Ergebnisse — ich benutze klare Gedankenlichtbilder die in einem jedem von uns vorhanden sind. Wir wissen ja, dass wir sie alle gleichermaßen aus dem Tag einsammeln.
Darum hier noch einmal der Grundsatz allen Verstehens: Wird zu einem Wort kein Gedankenbild erschaut, ist es nur ein Grunzelaut. Soll man ein Wort — egal ob geschrieben oder gesagt — verstehen, muss man das Gesagte, als ein von dem Wort eingeschaltetes Gedankenlichtbild in sich sehen…
Wer hätte das gedacht, da werden doch tatsächlich mit dem Hören einem innen die Augen aufgemacht. Und sollte das also nicht geschehen, hat man einen Hörenden ohne Licht vor sich stehen.
Wird mit dem Wort kein Gedankenbild in dem Hörer angemacht, herrscht in seinem Inneren eine tiefe Nacht…

Die Familie aus der Wolke
Wer hätte das gedacht, die Wolke hat eine Familie aus sich gemacht…
(Strenge Wissenschaft vereinfacht…)
Eine Wolke, also Galaxie, hat uns ihr Kind — den Tag — vor die Füße gestellt. Und da hat sich ein ganz schön harter Bursche bei uns angestellt.

Aber sein überaus versteinertes Bestehen, lässt ihn ja als Gedankenbilder in uns übergehen…
Dann hat zwar die Wolke einen harten Burschen vor uns als ihr Kind entstehen lassen — aber nur so, bekommen wir es ja als Gedankenlichtbilder zu erfassen…
Und mit ihm, wurde die nächste Geburt der Wolke überbracht — ihr harter Bursche hat uns ein Kind: aus Gedankenlichtbildern gemacht…

Der Tag und seine Mutter die Wolke
Die Wolke ist eine Oma…
Haben wir wieder mal einen Tag aus den Augen verloren, wurde er in uns als Gedankenankunft neu geboren. (Denn alles was wir haben gesehen, bleibt ja als Gedanken in uns stehen.)
So hat er seine neue Geburt — als Gedanken — wie ein Kind in uns entstehen lassen, und hat damit seine Mutter (die Wolke, Galaxie) zur Oma gemacht: Hat sie ihn doch auch aus sich heraus — wie ein Kind — in die Welt gebracht…

Immer noch der Tag
Der Tag ist das Größte was wir sehen, können doch alle Dinge in ihm stehen.
Auch bei Nacht wird das von ihm vollbracht…

Der Tag
Wäre der Tag nicht größtenteils aus Stein, stellten sich keine Gedanken bei uns ein.
Also nur wenn man auf etwas Stabiles, Bleibendes schaut, werden unsere Gedanken aufgebaut. (Siehe vorherige Beiträge)
Hätte also eine Wolke (Galaxie) keine Festigkeit in sich angebracht, hätten wir keine Gedanken und ständen in einer tiefen inneren Nacht. Keine Wissenschaft und andere Dinge könnten wir erleben, würde es nicht Felsen in unserem Tag, also in der Wolke geben.
Kurzfassung: Hätte sich der Tag nicht gravierend fest, also ver-

steinert vor uns aufgebaut, hätten wir noch nicht einmal doof aus unserer Wäsche geschaut. Denn auch zum blöden Schauen, müssen sich erst einmal die Gedanken aufbauen…

Die Gedankenmacherin

Wird eine Wolke hart wie Stein, stellen sich unsere Gedanken damit ein…

Erklärung:

Wenn sich eine Lichtwolke (Galaxie) verdichtet und in eine Festigkeit übergeht, sie als ein Tag vor uns steht…

Alles was wir denken und erzählen über uns und der Welt, hat sich aus diesem Tag heraus, als Gedanken bei uns eingestellt.

Hätte die Wolke sich nicht so fest wie ein Stein gemacht, könnte sie keiner benennen… Wir können sie ja nur mit ihrer – an uns als Tag überbrachte – Gedankenvermittlung erkennen…

Die Geburtsstätte des Tages

Wie eine Wolke zu uns spricht

Wenn wir den Tag vor uns sehen, können wir uns mit ihm nur deswegen verstehen, weil wir ihn als Gedanken aufnehmen und damit ihn in uns wieder sehen.

Wäre der Tag nicht so fest und beständig in seinem Sein, stellte sich keine zuverlässige Anwesenheit bei ihm ein. Denn nur weil er sich hat so fest gemacht, hat er sich bei uns als Gedanken überbracht…

Gedanken brauchen ein festes Bestehen, sonst können sie nichts wieder sehen. Dann ist ein festes Tagesgeschehen die erste Wahrheit die wir übernehmen.

Denn das, was mit Festigkeit geschieht, bleibt so wie es ist, man kann sich darauf verlassen, dass man es so oft sieht, dass man es nicht vergisst.

Wäre der Tag unfest und wabbelig, hätte er kein festes Besehen wir könnten in ihm nichts wieder sehen… Wir müssten seine Anwesenheit immer wieder versuchen, neu zu verstehen.

Wenn etwas so bleibt wie es ist ein bleibendes sein entsteht:

Sich nicht andauernd verformt und damit in eine Unzuverlässigkeit übergeht.
Sage ich zu jemanden: „das und das“ habe ich in dem Tag gesehen, glaubt er es mir nur, wenn er es kann auch so sehen. Würde es sich sofort verformen – über Nacht –, würde er sagen: „Das stimmt ja gar nicht“ und würde denken, ich hätte ihm eine Lüge überbracht.
So aber bleibt es durch die Festigkeit so lange stehen, das man glauben kann: Ich habe eine Wahrheit gesehen.
Die Geburtsstätte des Tages ist eine Lichtstaubwolke, genannt wird sie Galaxie, er wurde aus ihr geboren, hat sein Dasein als Wolke verloren. Als er aber gefestigt war – er sich als ein Tag bei uns einfand, konnte er Gedanken überbringen – wir konnten ein Verstehen aus ihm damit gewinnen.
Also erst als die Wolke als ein Tag bei uns begann, fing sie mit uns zu sprechen an.
So also die ehemalige Wolke mit uns spricht – natürlich ohne Worte — es kann ihr ja als Tag gelingen — tut sie uns doch mit ihm: Gedanken, also unseren Gesprächsstoff überbringen…

Spruch der Woche

Wenn ich in einem ganz hell erleuchtetem Raum Dunkelheit will verbreiten, muss ich Worte gebrauchen, die keine Gedankenbilder erreichen.
Denn habe ich Worte so aufgebaut, dass man damit kann keine Gedankenbilder in sich sehen, lasse ich auch im hellsten Licht: alle im Dunkeln stehen…

Die Sprache und der Tag

Wenn der Tag spricht…
Wenn ich Jemanden etwas erzähle, dann gehe ich innerlich dahin, wo meine Gedankenbilder sind.
Ich durchlaufe also das, was ich vorher aufgenommen habe. Das heißt, dass wir uns eigentlich gar nicht unterhalten, son-

dern innerlich dahin gehen, wo wir uns vorher im Tag aufgehalten haben.
Wenn ich Jemanden die Frage stelle: „Wo warst du vor einer Stunde?", dann geht er innerlich durch seine eingesammelten Gedankenbilder an die Stelle – z.B. Bahnhof – und sieht wo er vor einer Stunde gewesen ist. Das innere Aufsuchen des Bahnhofs geht sekundenschnell, derjenige brauchte also nicht noch mal eine Stunde, um diesen Ort in sich erreichen zu können
Dann haben die Worte mit dem Unterhalten eigentlich nichts zu tun. Sie sind nur eine Stütze (Krücke), um Gedankenbilder innerlich finden zu können. Denn ohne Gedankenbilder, wäre eine Schreibwelle also Schrift, oder ein gesprochenes Wort absolut sinnlos.
Das Sprechen ohne Gedankenbilder ist wie eine Telefonleitung, an deren beiden Enden sich keiner befindet…
Also Worte, die Sprache (Leitungen zwischen den Bildern) – können chinesisch, deutsch, englisch oder in einer anderen Form verlegt sein: Wenn sie keine Gedankenbilder erreichen — also zum Leuchten bringen — sind sie wie ein Haufen Kabel ohne einen Anschluss: Es kann keine Verständigung gelingen…

Erkenntnis:
Will sich eine Sprache aus – Worten, Schreibwellen – mit Jemanden unterhalten, muss sie Gedankenbilder (zum Leuchten bringen) also einschalten.
Eine Sprache ist erblindet:
wenn sie keine – im Tag eingesammelten – Gedankenlichtbilder unter den Gesprächspartnern vorfindet.
Wer hätte das gedacht, dann hat der Tag unsere Sprach- und Schreibwellen sehend gemacht…

Der dritte Tag ist unser Freund
Weiterhin: Der dritte Tag hat es in sich…
Vom Zustand her gesehen, haben wir drei Tage zu bestehen.

Der erste Tag ist der, der vor uns steht, er wird ein zweiter, wenn er in unsere Gedanken übergeht,
Und ein dritter ist aus ihm entstanden, wenn wir über die beiden ersten Auftritte, das Wünschen in uns erfanden.
Denn haben sich die beiden ersten Tage mit ihren "zu wünschen übrig gelassenem Dasein" in uns zusammen getan, fängt mit so einem Dasein, automatisch die Sehnsucht nach etwas Anderem an…
Und wenn wir dann in das Wünschen übergehen, wird daraus unsere Hoffnung als ein Morgen – also der Zukunft – in uns entstehen…
So konnte der dritte Tag in uns entstehen, aber erst mussten wir die beiden Tage vor ihm, verstehen…
Der dritte Tag sind unsere eigenen Vorstellungen von dem Tagesgeschehen – wir machen selbst unsere Geschichten, lassen unseren persönlichen Tagesablauf in ihm entstehen….
In diesem selbst erdachten Tag wird kein großes Leid mehr erscheinen — keiner braucht mehr so dolle, wie im Tag, zu weinen…
Neulich habe ich folgenden Spruch gefunden: **Schaffet dass ihr selig werdet mit Furcht und Zittern...** Dieser gruselige Schrein, muss im ersten Tag entstanden sein…

Das Nachempfinden

Erst die Gefühle geben beim Sehen — z.B. des Wasser — ein Temperaturverstehen.
Das Wasser ist weder heiß noch kalt, auch nass oder trocken, wird es in ihm nicht geben, wenn man es nur sieht, ohne Gefühlserleben.
Bekommt also etwas, das man sieht, Temperaturerleben, muss es die Gefühle geben…
Denn sollte ein Anblick (Augenblick) ohne Temperaturerlebnisse sein, stellt sich noch nicht einmal die Unterscheidung von tot und lebendig in dem Betrachter ein…
Ein Leben bekommt also nur dann einen Sinn, wenn es fühlt

– egal was es erschaut – da sind ja jede Menge Wärme- und Kältegrade mit eingebaut…
Umso mehr Temperaturen man in den Dingen unterscheiden kann, desto mehr Sinn kommt vom Ansehen einer Anwesenheit, in dem Betrachter an…

Frage der Woche
Warum laufen wir nicht gegen die Bäume? (Aber bitte nicht mit herkömmlichen Argumenten dieses Problem lösen…) Es gibt nur einen ganz realen Grund, warum wir an ihnen vorbei kommen können…
Wer es schafft diese Frage zu beantworten, bekommt mein Buch!

Das Geradeaus…
Wenn man einen schweren (also nicht so leicht gemachten) Weg auf einmal überschaut, ist keine Hoffnung in ihm mit eingebaut.
Kann man ihn aber nicht ganz vor sich sehen, kann man ihn Stück für Stück begehen. Wären also keine Sichtbremsen (Berge, Täler und Krümmungen) auf ihm angebracht, hätte man keine Hoffnung, dass man es hinter einem Stück nach dem anderen, dann doch alles viel besser macht.
So werden, wenn so ein Weg einen ganz schön schlaucht, eine ganze Menge Unterteilungen – also Hoffnungen auf ihm gebraucht…
Man sagt auch dazu: Das mache ich erst morgen, lass mich heute damit in Ruh.
Oder auch, wenn man noch ein Stück hat von diesem Weg aufgenommen: Ich bin wieder übern Berg gekommen…
Sollte es Wege ohne Sichtbremsen geben, kann man wahrscheinlich auf ihnen alles leicht – wie im Flug erleben…

Spruch der Woche
Wenn man am Ende eines geraden Weges, zu viel von der Wahrheit sieht,
bekommt er eine starke Krümmung , damit es die Sicht nicht auf einmal gibt…
Das gleiche wird auch geschehen: kann man Berge auf diesem Weg vor sich sehen…
Wer hätte das gedacht: dann haben sich die Berge und Kurven (Krümmungen) auf einem Weg zur Unterteilung der Wahrheit angebracht!

Spruch der Woche
Würde unsere Materie aus reinem Glas bestehen, könnten wir alles auf einmal sehen. Aber in unserem augenblicklichen, undurchsichtigen, materiellen Sein, stellt sich das Aufeinmalsehen, nur zur Hälfte ein.
Wenn wir die fehlende Hälfte trotzdem sehen, blieb sie in uns als Gedanken stehen. Und so bekommen wir auch mehr Sicht zu fassen, weil wir unsere Gedanken im Unsichtbaren stehen lassen.
Und haben die Materie damit für uns, so ein bisschen durchsichtiger gemacht, also Glas in ihr untergebracht…

Noch einmal der Horizont
(leicht überarbeitet…)
Auch der Horizont hat eine Sichtpause
Da wo wir nicht hinsehen können – z.B. hinter einem Horizont – können wir uns selber was dazu denken… Und damit unsere eigenen Gedanken an dieser Stelle einschenken.
Würde es kein Verbergen in einer Ansicht geben, würden keine Stellen für eigene Gedankeneinfüllung entstehen.
Würde unsere Welt aus kristallklarem Glas, also durchsichtig sein, stellte sich auch hinter einem Horizont keine Sichtpause, also kein Einfüllort für die eigenen Gedanken ein…
Man könnte annehmen, die Natur hat diese uneinsehbaren

Plätze in unserer Ansicht entstehen lassen, damit wir dort entwickeln können, unsere eigenen "Tassen".
Und haben wir dann viele "Tassen" im eigenen Schrank, macht einen das, was man im Augenblick nicht sehen kann, nicht mehr gar so bang...
Denn wenn man seine eigenen Tassen in diese nicht einsehbare Stelle stellt, ergänzt man das Unsichtbare: mit seiner eigenen Füllung: der Lichtgedankenbilderwelt...

Das mit dem Stein der Weisen und des Waisen...

Umso härter ist ein Stein, desto mehr kann man damit vernichten des Bruders Sein.
Haut man mit einem harten Stein, kommt der Bruder um, und man ist allein.
Sucht man sich aber einen ganz weichen, schmuseligen Wattestein aus, macht man damit dem Bruder keinen Garaus.
Dann hat der eine Stein den Hauer Waise gemacht. Und der andere Stein etwas Weises in die Begegnung mit eingebracht...

Unser Sein stellt sich über das Wünschen ein...

Unser kommendes Sein oder auch: So stellt sich Wünschen ein...
Hat ein auf die Materie gestoßenes Licht den Ort des Aufpralls verlassen, bekommen wir es als Gedankenbilder zu fassen.
Dann hat das Licht eine Ernte aufgemacht und sie in unserer Scheune untergebracht...
Erst wenn sich eine Ernte der anderen dort gegenüberstellt, gibt es Bewegungen und Verstehen in unserer Welt.
Und das, was man als Heute sieht, mit seiner Schwerkraft nicht nur in die Gedanken, sondern auch ins Herz einzieht...
So kamen, wie über eine Tür – dem Heute – die Gedankenbilder an, damit sich unsere innere Welt auffüllen, also heller werden lassen kann.
Dann hat sich aus vielen kleinen äußeren Augenblicken, eine

innere Gegenwart eingestellt, wir nennen sie Gestern und Morgen – diese Gedankenbilderwelt.

Wobei Gestern aus eingesammelten Gedankenbildern besteht, und Morgen als ein Wunsch daraus erblüht, aufwächst, nach vorne geht.

Mit dem, was da fehlt im Heute — also andauernd vergeht – wachsen unsere Wünsche an: "Das wird Morgen viel besser werden" daraus entsteht. Bis sich Morgen dann irgendwann, als das Größte in uns benennen kann.

Das in uns ankommende Heute ist dann wie ein Beet, auf dem ein Wunsch nach dem anderen aufwachsen kann, eine immer größer werdende Blume dort entsteht.

Könnte ein Jemand in uns hineinschauen und diese in uns aufgewachsene Blume sehen, sieht er unsere ganzen Wünsche vor sich stehen. Und wenn er sie dann alle aus schmuseweichem, unvergänglichen Stoff materialisieren – also vor uns aufbauen – kann, kommt die Zukunft bei uns an.

(Diesen Beitrag habe ich noch einmal überarbeitet, weil ich ihn so unheimlich logisch empfand) früher hieß er: "Das Sein" Diesen Artikel habe ich auch(unter anderem) im Braunschweiger Dom abgegeben. Mal sehen, wie er dort aufwächst…

Spruch der Woche

Juni 6th, 2010 by Rolf Hoffmann

Erst mit einer Lichtung kann man sehen, wo im Wald die Bäume stehen…

Wieder die Schwerkraft…

MACHT UNS DIE SCHWERKRAFT SCHLAU?

Wenn sich zwei Menschen im leeren Raum gegenüberstehen, können sie ihre Hände, Beine und alles andere an sich sehen. Aber welche Bedeutung eine Hand oder Bein haben kann, kommt bei einer reinen Betrachtung überhaupt nicht an. Verbindet man aber Hände und Füße mit einem materiellen Ge-

schehen, können die Hände was anfassen und die Füße darauf herum klettern oder spazieren gehen.
Ohne diesen Einsatz – auf dem materiellen mit Schwere angefüllten Weg – keiner der Körperteile funktioniert, weil man nicht ihren Einsatz, und damit auch ihre Anwesenheit nicht kapiert.
Ist aber ein Weg mit einer bestimmten Schwerkraft vorhanden, der das — sich auf ihm befindliche — kräftig an sich zieht, der Einsatz aller Glieder entsprechend geschieht.
Und umso mehr Erfahrung man auf diesem Weg gewinnt, desto besser man den Einsatz aller Körperteile in seinem Verstehen unterbringt…
Dann hat der Weg durch die feste – mit Schwerkraft angefüllte Materie – einem klar gemacht, warum die Glieder sind an dem Körper angebracht…
Dann hat sich nicht durch Anpassung der stärkere unter uns Lebewesen durchgesetzt, sondern man hat auf dem Weg der Entwicklung, nur seine Glieder und damit sein Dasein in bestimmten Situationen gewetzt.
Also erst in einem mit Schwerkraft — also auch mit Bergen und Tälern — durchsetzten Sein , stellt sich ein Verständnis, nicht nur für die Glieder ein…
Drum könnt ihr jetzt erschauen, was noch für eine Geschichte ich konnte daraus bauen.
Und könnte diese Story der alte Darwin sehen, würden bei ihm wahrscheinlich Freudentränen in den Augen entstehen…
Und hier die zweite Schwerkraftstory aus meinem ersten Buch:"An die Sprache des Lichts"

Berührung ist Zeit

Und wie werden wir berührt?
Durch das Überwinden einer bestimmten Schwere (den Bergen)
und dem Gegenteil davon (die Täler)

Und so wie wir berührt werden, Berge vorgesetzt bekommen haben,
haben wir uns kennen gelernt, angepasst.

Berühren
Das Überwinden der Schwere, den Bergen, hat uns erzählt wer wir sind,
ebenso, wie wir sind.

Berühren
Wie bei dem Abtasten einer Schallplatte,
so wie die Hügel (Berge) verlaufen (gesetzt wurden),
so ist auch die Melodie.
Schallplatte
Man läuft auf den Wegen (der Rille),
und Alles bleibt in Einem
wie eine Melodie,
diese hohen und tiefen Töne (Berge und Täler).

Berühren
Ist auch die Berge zu durchdringen,
also von einem (Weihnachts-) Stollen zum Anderen.

Stollen
Wir arbeiten mal über und mal unter Tage.
Wir sind mal helle und mal dunkle Typen.

Stollen
Wenn man sich durchgehauen- gekämpft- gegraben hat,
ist man ein echter Bergfachmann, also Kumpel.

Kumpel
Ist dann der Bergfachmann.
Und das ist der Meister der Hügel. (Aller Rundungen)
Kumpel (Bergfachmann)

müsste dann jemand sein,
der alles so bergig gemacht hat,
damit wir uns erklettern (erklimmen) können…

Oben und Unten

Ohne Schwerkraft im Tag würde es nicht oben und unten geben. Keiner könnte so etwas ohne ihr erleben.
Und hätte man ohne die Schwerkraft einen Tisch aufgestellt, wüsste man nicht, wo man die Speisen hinstellt. Man hätte sie wahrscheinlich auf beiden Seiten der Tischplatte untergebracht, hätte dabei natürlich nicht an oben oder unten gedacht….
Eine geordnete Sitzordnung könnte es ohne sie auch nicht geben, alle würden ganz schräg und quer herumsitzen, keiner könnte dem anderen ordentlich was zu essen geben. Auch in welche Richtung man die Beine des Tisches stellt, hätte keinen Sinn in so einer Welt…
Aber mit der Schwerkraft wurde Ordnung in das Essen gebracht,
egal ob man es am Abend mal — oder auch am Morgen macht…

Die Schwerkraft und der erste Tag

Mit der Schwerkraft in seiner Welt, hat uns der erste, also der äußere Tag, auf die Füße gestellt.
Und nur darum können wir unter uns die Erde erleben… Und auch den Blick in den Himmel heben…

Schwerkraft macht nicht nur Sesshaft

Sesshaftigkeit lässt die Freiheit des Vogels erkennen… Er hat sie – weiß aber wahrscheinlich gar nichts von ihr…

Die Schwerkraft und das Gefühl

Ist aus dem ersten Tag in uns der zweite geworden ist die Schwerkraft aus ihm verschwunden, er hat sie überwunden.
Aber wäre der erste Tag ohne Schwerkraft in seinem Sein, stell-

te sich keine Gefühlsvermittlung bei uns ein. Denn die Dinge die man in ihm sieht, kann man auf Grund dieser Kraft mehr oder weniger schwer heben, und damit einen Gefühlseindruck von ihnen erleben.
Dann hat er nicht nur die Gedankenbilder überbracht, sondern auch noch unsere Gefühle entfacht. Mit dem Hoch- und Runterheben fängt er an, in uns zu leben. Denn mit dieser Kraft es ihm gelingt, dass er uns mit dem Gezeigten auch bleibend, in unsere Empfindungen eindringt.
Dieses bleibt im inneren Tag bestehen. Wir können es in unserem Herzen sehen. Denn was er konnte uns über die Augen sagen, lernten wir über die Schwerkraft, bleibend auch in unserem Herzen zu tragen…

Anwesenheit

Ein völlig leerer Raum kann einem nicht erklären, dass es etwas gibt auf Erden. Aber wenn Materie in ihm entsteht, etwas Vorstellbares an uns vorübergeht.
Umso fester sich die Materie in den leeren Raum stellt, desto anfassbarer wird eine Anwesenheit in dieser Welt. Und hat der Raum sogar was ganz Starres, z.B. eine steinernes Dasein, bei sich untergebracht, gibt es in ihn auf einmal: hell und dunkel, es entsteht dort auch Tag und Nacht.
Auch wurde eine Pause in diese feste Erfindung mit eingebaut: Weil sie undurchsichtig ist, man nur die Hälfte von ihr erschaut.
Dann können ein Horizont und andere Sichtpausen in der Ansicht gelingen, man kann an dieser Stelle, seine eigenen Gedanken einbringen…
Wer hätte das gedacht, dass eine Anwesenheit sich mit der Materie nicht nur so starr, sondern auch noch pausig macht…
Daraus könnte man schließen: Die Anwesenheit weiß dass wir da sind und will, dass wir sie über ihre Vorstellung hinaus, mit unseren eigenen Gedanken begrüßen…
Wer hätte das gedacht, dass man mit einer Lücke im Dasein, eigene Geschichten in den Bewohnern entfacht…

Daraus kann man schließen: Die Natur legt Wert darauf, dass wir sie mit unseren eigenen Geschichten begrüßen…
Also da – z.B. hinter dem Horizont und wo man sonst nicht hinschauen kann – fängt bei jedem von uns, eine eigene Geschichte an…
Denn da wo wir nicht hinsehen können, macht eine Ansicht Pause – lässt sich schwänzen –
wir müssen lernen, sie dort mit unserem eigenen Fenster –
den Gedanken zu ergänzen...
Und hat man das vollbracht, wird auch die Erkenntnis: "Der ist vorsichtig geworden", daraus gemacht…
(das war ein kleiner Beitrag zu meiner Frage, warum unsere Materie undurchsichtig sein könnte…)

Das mit dem Tag
Wenn man schweigt, spricht man mit seinen Gedanken
und wenn man träumt, dann reden sie.
Und wenn sie sich noch vor einem befinden, sagt man heute zu ihnen…

Das mit dem Horizont
Da wo wir nicht können hinsehen z. B. hinter den Horizont, können wir uns selbst was dran denken — und uns damit eigene Gedanken schenken. Denn würden wir ohne Sichtpause, alles auf einmal sehen, könnte so etwas Schönes nicht entstehen…
Man könnte annehmen, die Natur hat diesen Platz in unserer Ansicht entstehen lassen, damit wir dort hineinstellen können, unsere eigenen Tassen.
Denn haben wir genug davon im eigenen Schrank, macht einen das Leben nicht mehr ganz so bang…

Die drei Tage
Der dritte Tag (hat es in sich)

Haben wir einen Tag gesehen, bleibt er als ein zweiter Tag in uns als Gedanken stehen.
Dann hat der erste Tag sich in uns zum zweiten Mal aufgemacht und sich in uns untergebracht...
Mit dem zweiten Tag können wir immer wieder den ersten Tag vergleichen und damit sehen, sollte eine Veränderung in ihm geschehen.
Kann sich der erste Tag mit dem zweiten Tag nicht vergleichen, sind sie beide sinnlos, können kein Verstehen in uns erreichen. Denn der zweite Tag lässt den ersten Tag vergehen, erst im Vergleich der beiden, können wir dieses erspähen.
Dadurch wächst ganz stark in uns das Verstehen heran, dass in dem ersten Tag andauernd was vergehen kann. Dieses grausame konsequente Vergehen, lässt in uns den dritten Tag entstehen. Alles, was wir lernen schmerzlich zu vermissen, wollen wir erhalten, und können dieses als Wünsche in ihm erbauen, können das, was wir vermissen, wieder erschauen.
Dieses haben wir den beiden ersten Tagen zu verdanken, mit dem dritten Tag werden wir frei, erfassen ihn mit unserem eigenen Gedanken.
Ihr Geschehen, lässt einen riesigen neuen Tag, als Zukunft in uns entstehen.
Dann hat sich der erste Tag über dem zweiten in uns aufgemacht, und mit seinem schrecklichen Vergehen, den dritten Tag, also unsere Zukunft auf die Beine gebracht. Diesen wollen wir in dem ersten Tag geschehen lassen, verändern ihn mit ihm, versuchen ihn dort entstehen zu lassen.
Sollte das Entstehen des dritten Tages, die Absicht der beiden ersten Tage sein, übersetzten sie sein Dasein, stellten sich als seine Dolmetscher ein: Ist der dritte Tag groß genug geworden, konnte also ganz in uns entstehen, kann er auch draußen wieder in den dritten Tag, seinem wahrscheinlichen Ursprung wieder übergehen.
Denn durch sein Aufteilen, konnte er ja dann als “ein in uns groß gewordener” verweilen...
Dann hat der erste Tag, wie ein Vater, einen zweiten Tag in

uns entstehen lassen. Und seine Geburt bekommen wir als sein Kind: Den dritten Tag zu fassen…

Die drei Tageszustände

Die drei Tage

Wenn man den Tag in seine drei Zustände unterteilt, kommt man zu erstaunlichen Ergebnissen: Der Tag, den wir vor uns sehen, bleibt ja in seinem Zustand bestehen.

Er wird nur hell und dunkel gemacht, darum zählen wir ihn weiter als einen nächsten Tag.

Aber wenn wir den Tag ansehen, bleibt er gleichmäßig beleuchtet, in uns als Gedankenlichtbilder stehen.

Hier konnte er seinen zweiten Zustand erreichen,

bleibt dort so wie er war in uns stehen, wir können ihn – mit seinen ankommenden ersten Zustand – immer wieder vergleichen, also in uns sehen…

Aus diesem Vergleichen lernen wir den ankommenden Tag immer besser zu verstehen. Wir können mit dieser Erkenntnis einen eigenen, also dritten Tag aufbauen, und ihn als unsere Zukunft ansehen…

Würde die Reihenfolge des Tages nicht in dieser Zustandsfolge sein, wären wir völlig unorientiert, würden also nicht lebensfähig sein.

Wer hätte das gedacht, dass der Tag mit diesen drei Zuständen, uns zu „Weisen“ macht…

Der Türwächter

Sollte Jemand vor einem Dasein den Durchlass bestimmen, muss man um an ihm vorbei zu kommen, sein Vertrauen gewinnen.

Das geschieht, in dem man seine Anwesenheit mit seinen ganzen Gefühlen kann übernehmen, ohne dass man ihm von seinem Dasein was verweigern könnte, in seinem Leben…

Dann stimmt man mit seiner ganzen inneren Welt überein, geht in ihm auf, kann sofort dort zuhause sein.

Dann hat der Wächter ohne ein Zeichen zu geben, den Durchlass frei gemacht für dieses Leben.
Denn so wie er wird dann auch hinter seiner Tür alles andere sein, mit dem Einklang der Gefühle hat man sich vertragen, will dort bleiben ohne irgendeine Anzahl von begrenzten Tagen.
Aber sollten sich die Gefühle mit denen des Wächters nicht vertragen können, also gleichen, will man diesen Ort noch nicht erreichen…

Wahrheit
Das sich Einfinden…
Gibt es eine knüppelharte, steinerne Welt, wird dort die Wahrheit zum ersten Mal vorgestellt

Erkenntnis des Monats
Hat man sich mit sich selbst, und dann auch noch mit der umgebenen Anwesenheit — also der Zeit — vertragen, versucht sie einem die Wahrheit zu sagen…
Denn Vertragen und Verstehen können nur zusammen gehen… Sollte das Vertragen noch nicht vorhanden sein, stellt sich auch nicht das Verstehen (sein Bruder) dort mit ein…

Erkenntnis
Weil die Engel von den Wolken und wir von den Steinen gestreichelt werden, leben sie wahrscheinlich viel länger als wir…

Noch einmal der Spiegel..
Wenn ich vor einem Spiegel stehe, dann sehe ich das, worin ich mich gerade befinde, von außen. Und erst wenn ich das, worin ich mich befinde von außen sehen kann, kommt es als ein Bild in unserem Verstehen an.
Und schaue ich mir den Augenblick, in dem ich mich gerade befinde woanders von außen an, bin ich im Kino: Dort ist dann als Spiegelbild die Leinwand dran…

Denn mitunter kann man unser irdisches Geschehen, nur von außen mehr oder weniger friedlich verstehen…

Das Einspiegeln

Wenn Jemand neben einem Spiegel steht und beide (der Spiegel und er) stehen mir gegenüber und sind in meine Blickrichtung gedreht, kann ich ganz genau an dem Spiegelbild sehen, wie gerade seine Gedanken in ihm (also seinem Gehirn) entstehen…

Wer hätte das gedacht, dann hat sich der Tag mit einem Spiegelbild nach dem anderen — bei uns untergebracht…

Hier bleibt er stehen. Lässt sich mit den weiterhin ankommenden Spiegelbildern vergleichen: Wir können ihn noch einmal ansehen….

Dann hat der Tag aus dem ersten Dasein, sich in glasklaren Spiegelbildern bei uns hinterlegt, mit denen man die neuen ankommenden Bilder vergleichen kann, damit er in ein Verstehen übergeht…

Und sollte dieser Vorgang im Gehirn auch nur aus Strömen und Chemie bestehen: Es ist ein Wunder dieses innere Spiegelbildgeschehen…

Dann hat sich mit diesem Verständigungsgrund in der Welt, für uns alle die gleiche Sprache eingestellt…

Die Zwillinge

Alles was wir sehen, bleibt als Gedankenlichtbilder in uns stehen…

Und so wie sich ein Spiegelbild erschaut, wurden dann natürlich auch unsere Gedankenbilder aufgebaut…

Denn alles, was wir sehen, bleibt ja auch in ihm (dem Spiegel) gleichermaßen stehen…

Dann stimmt ein Spiegelbild mit unserem Gedankenbild genau überein, die beiden müssten Zwillinge sein…

Boxen

Jetzt auch bei Rolf: Boxtrainer in Braunschweig: Unterricht demnächst für alla...

Aber erst einmal ein Boxerwitz:

Fragt der eine Boxer den anderen: "Warum siehst du denn heute so entspannt aus?"

"Ich habe gestern einen Haken nach dem anderen bekommen... Und da konnte ich mich mal so richtig hängen lassen..

Erkenntnis der Woche

Da fragt der Schüler seinen Lehrer, warum die Worte so dunkel sind, die er ihm unterbreitet.

Da sagt der Lehrer: "Wenn ich gelernt habe, dass meine Worte nur ein Lichtschalter sind, mit denen ich nur deine bereits vorhandenen Gedanken zum Leuchten bringen kann, fängt bei dir ein Gedankenbilderlichtleuchten an..."

"Und wann wird dies geschehen?"

"Wenn ich gelernt habe, mit meinem Schaltern (Worten) – in dir das Licht anzudrehen...

Wichtiger Hinweis!

Da zwischen Lehrenden und Lernenden eigentlich schon immer sehr große Schwierigkeiten entstehen, müssen folgende Dinge geschehen: Es darf kein Wort verwendet werden, wenn es kein Gedankenbild in dem Schüler anzünden, also zum Leuchten bringen kann. Die Schallwellen (gesprochene Worte) haben nur die Funktion eines Lichtschalters.

Mit ihm macht man Licht an. genau so ist es auch mit den Gedankenbildern. Worte sind nur ein Schalter, der Gedankenlichtbilder einschaltet. Sind keine Gedankenlichtbilder vorhanden, bleibt es stockfinster in dem Schüler – eine große Angst entsteht in seinen Gefühlen.

Wenn ein Lehrer also Worte verwendet, die keine bereits vorhandenen Gedankenlichtbilder einschalten können, lässt er seine Schüler im Dunkeln stehen. Und das ist mitunter sehr

gefährlich, weil sie sich aus dieser finsteren Angelegenheit unbedingt entfernen möchten!!!
Darum noch einmal folgende Erkenntnis: Wird zu einem Wort kein Gedankenbild erschaut, hört man es nur, weil man kein Gedankenbilderlicht dazu erschaut.
Denn will man ein Wort nicht nur hören, sondern auch verstehen, muss man ein Gedankenlichtbild dazu in sich sehen..
Sollte also der Unterricht nur aus Worten ohne Gedankenbildanzündung bestehen, ist es nicht nur dunkel, sondern es kann auch sehr gefährlich dort zugehen…

Der zweite Tag (die Fortsetzung)

Oder auch im Spiegel…
Das, was man vor sich sehen kann, kommt genauso in einem Spiegel an.
Dann wurde das, wo man hat hingeschaut, als ein Spiegelbild in unseren Gedanken aufgebaut.
Haben wir eine Tag gesehen, bleibt er also wie ein Spiegelbild in uns stehen…
Dann hat der Tag (die erste Anwesenheit) sich so hinterlegt, dass er als eine zweite Anwesenheit: aus Spiegelbildern in uns entsteht…
Ist mir jemand gegenübergestellt und er hat einen Spiegel in gleicher Richtung neben sich stehen, kann ich seine – in diesem Augenblick – in ihm entstehenden Gedankenbilder sehen…
Wer hätte das gedacht:
Dann hat also der erste Tag – wenn wir ihn anschauen – sich mit einem Spiegelbild: als ein zweiter in uns untergebracht…

Krieg und Frieden

Im Frieden ist ein jeder von uns zweimal da, was in einem Kriegszustand nicht möglich war…
Dann hat der Frieden, wer hätte das gedacht, aus einer Person zwei gemacht…

Dann sehen wir einen, der uns gegenübersteht, und einen, der nur höflich mit uns umgeht… Höflich ist das leicht verfälschte Sein, man stellt sich als eine Person dar: mit einem Heiligenschein…

Wird aber ein Krieg entfacht, ist man nicht mehr höflich, es wird nur noch die Herzlichkeit überbracht.

Und die kann man dann erleben, wenn wir uns ohne der zweiten Person, also direkt in die Augen sehen…

Und da sich zeigt, wenn die Höflichkeit verschwindet, was da noch übrigbleibt: Denn da ist aus den beiden der eigentliche – also der Eine wieder – geworden und der will doch tatsächlich ganz legal: auf einmal andere Menschen ermorden…

Wer hätte das gedacht, wo er doch damals, hat alles so höflich um sich herum gemacht…

Man wundert sich also, was da alles so im Krieg geschieht. Aber das liegt an der eigenen Herzlichkeit, wie man sie dann bei sich selbst merkt — und den anderen damit sieht…

Sollte es irgendwann einmal ohne Höflichkeit zugehen, können wir uns direkt, also so richtig herzlich verstehen… Und auch wenn es ganz herzlich wird, will keiner mehr den anderen ermorden, es gab dann eine Klimaerwärmung an dem persönlichen, eiskalten, höflichen Norden…

Der zweite Tag als ganze Wahrheit

0der auch: Vertragen lernen

Haben wir einen Tag gesehen, bleibt er als Gedankenlichtbilder in uns stehen. Mit diesem zweiten Geschehen, können wir uns den ersten Tag noch einmal ansehen…

Alles was wir uns erzählen, können wir aus dem zweiten Tag auswählen…

In seiner Bilderwelt gehen wir innerlich spazieren, vergleichen uns mit dem, was da ist gegeben, können ihn, wie gesagt, als ein Gedankenaustausch unter uns erleben…

Wird aber alles von ihm auf einmal erzählt, hat man diese Ansprache sehr ungeschickt ausgewählt… Denn so viel Ge-

schehen, kann nicht ein Jeder auf einmal verkraften oder gar verstehen.
Aber da kommt die Sprache wie eine Stütze in dieses Sein, mit ihr teilt man nämlich das, was man in sich hat, in ansprechende Stücke ein.
Denn gäbe es diese Einteilung nicht, könnte ja der andere Gesprächspartner (sehr oft) denken, man wäre ein Bösewicht…
Aber da wir mit der Sprache nur einzelne Gedankenbilder, also nicht alle überbringen, können wir ein Weiterleben unter uns gewinnen. Denn wäre alles von dem, was in uns ist, in einem Gespräch überbracht, hätte der andere mit einem wütenden Schlag – das Lebenslicht Desjenigen ausgemacht…
Aber so wurde wie ein Vorhang, der sich so nach und nach öffnet, die Sprache davor gehängt, und sie hat uns damit ein – „miteinander-umgehen-lernen“ geschenkt.
Können wir dann irgendwann einmal, ganz und gar, den inneren (zweiten Tag) sofort untereinander vergleichen – verkraften wir auch die Telepathie: können (brauchen) nicht mehr: mit irgendwelchen Worten auszuweichen…
Verkraften wir also untereinander unser ganzes Sein, hauen wir uns nur noch ganz weich — also nicht mehr so dolle — die Fresse ein…

Das Wort

Der Ursprung allen Verstehens ist das, was wir im Augenblick als Tag vor uns stehen sehen. Dieses speichert sich in uns (wie auf einer Leinwand) ab, und wir können es noch einmal betrachten. Wir machen daraus Schall- oder Schreibwellen und können es unter uns lesend und hörend (als Schrift oder auch Schallwelle) beachten…
Formen wir unseren Tag in diese Wellen, je nach Ort, unterschiedlich ein, stellt sich in der Sprach- oder Schreibform eine andere Darstellung ein. Aber das Grundgeschehen, können wir alle gleichermaßen auf unserer inneren Leinwand sehen… Mit diesem Untergrund gibt es die gleiche Sprache für uns alle in

diesem Weltgeschehen, auch wenn wir sie in unterschiedlichen Schreib- oder Sprachwellen ansehen…
Wer hätte das gedacht, dann hat doch tatsächlich die Natur — für uns alle — dieselbe Sprache auf Reihe gebracht…

Frage des Monats:
Warum laufen wir nicht gegen die Bäume? (Aber bitte nicht mit folgenden Einfachheiten beantworten: Weil es weh tut – weil wir sie sehen – weil sie so hart sein können…
Sondern ein bisschen tiefer nachdenken bitte…
Und die nächste Frage gleich mit: Warum ist der Weltraum so groß? Es gibt nur eine logische Erklärung dafür:
(Obwohl die Antwort sehr einfach ist, konnte sie auch die ganze Wissenschaft bis jetzt noch nicht beantworten…)
Und noch eine Frage: Was hat der Horizont mit der Entstehung einer Religion zu tun? Auch dafür gibt es natürlich eine einfache Antwort:
Unten findet ihr unter Comment eine Antwortmöglichkeit…
PS. Wer diese Fragen nicht beantworten kann, der kann ja einen Professor fragen, der weiß es auch nicht…
Und jetzt noch eine Frage, die ganz leicht zu beantworten ist: Warum kann Wasser was untergehen lassen? (Aber bitte nicht deswegen, weil was versinken kann – das weiß doch jeder…)
Wer eine von diesen Fragen beantworten kann ist nicht mehr so unwissend wie vorher, weil er wahrscheinlich schon mein Buch gelesen hat…

Das Wort (als Urschrei)
Immer noch: Das Wort…
Wenn ein Wort entsteht, ein Gedankenbild ihm voraus geht. Denn wenn von einem Gedankenbild ein Wort, also ein wissender Schattenstrich fällt, hatten sich erst einmal Gedankenbilder bei dem Schriftschattenwerfer eingestellt…
„Am Anfang war das Wort" ist ein gleiches Geschehen, bevor

es entstand, musste es ja dann eigentlich auch Gedankenbilder irgendwo geben...
Denn ein Wort kann dem, der es aufnehmen soll, nur dann ein Verstehen bringen, wenn er auch ein Gedankenbildertum in sich hat, sonst wird mit einem Wort keine Verständigung mit dem Überbringer gelingen...
Darum hat es wahrscheinlich mal unheimlich gekracht und es wurden erst einmal Gedanken als Materie unter uns gebracht...
Und haben wir die Materie angeschaut, wird dieser Anblick sofort als bleibende Gedankenbilder in uns aufgebaut...
So kann es dann gelingen, Gedankenbilder zu überbringen.
Es wurden wahrscheinlich als Materie, Gedanken mit einem sehr kräftigen Ruf – Urschrei, Urknall – uns mitgeteilt, denn dann erst funktioniert ja ein Wort: Egal, ob es geschrieben oder gesprochen unter uns verweilt...
Wer also ein Wort ohne Gedankenbilder verwendet, hat nur seine Stimme eingebracht – und damit bleibt das Verstehen: in einer tiefen Nacht...

Die (Oster) Blume

oder auch: Die Auferstehung aus einer festen Finsternis
Ganz tief in einer festen Dunkelheit – der Erde – wird das erste Dasein der Blume ausgesät, in dieser sie fest umschließenden Finsternis ihr erstes Wachstum entsteht.
Und hat sie dort einen Halt gefunden und sich ausgestreckt, hat sie genügend Kraft, mit der sie sich nach oben in die freie Dunkelheit, dem Raum ausstreckt... Dort kann sie sich freier entfalten und eine ganz zarte Blüte erhalten. Denn hat sie dort ihre zweiten Wurzeln, ihre Blätter wachsen lassen, bekommt sie in dieser freien Dunkelheit, sogar das Licht als Essen zu fassen...
Dann hat sich mit dieser zweiten Speise für sie eine Welt eingestellt, die aus einer festen Finsternis heraus gekommen ist und dort eine ganz neue Freiheit erhält...
Sowie die Blume aus ihrem ersten Dasein sich hat in das zweite

Dasein, also den Raum hat aufgemacht, so wurde wahrscheinlich auch alles was uns umgibt – in die große Freiheit – also der sich nicht so aufdrängenden Dunkelheit gebracht…
In der der festen Finsternis hat es wahrscheinlich damals einen kräftigen Energiestoß – Urlaut – gegeben und wir können diese Entfaltung als eine Explosion – also den sich ausdehnenden Raum erleben. Auch hier lässt sich dann eine Nahrung – also unser Licht – erreichen, wir essen es nicht nur als von den Pflanzen eingesammelte Energie – sondern können es auch als Gedanken verspeisen…
Und wird dieser Vorgang des allgemeinen Aufwachsens nicht richtig durchdacht, wird er mystisch dargestellt: Dann wird die feste Finsternis als das schwarze Licht oder auch als ein schwarzes komprimiertes Loch, unter die Leute gebracht…

Die drei Tage…
Die Gedanken sind der zweite Tag.
Denn wenn wir einen Tag noch einmal sehen, blieb er als Gedankenlichtbilder in uns stehen.
Und wenn wir uns mit dem zweiten Tag den ersten Tag ansehen, merken wir, wie sich der erste Tag verändert, lernen so etwas in ihm zu verstehen…
Denn wird der erste Tag zum Beispiel hell oder dunkel gemacht, merken wir das nur im Vergleich mit unserem zweiten Tag.
Die Bewegungen (Veränderungen) des ersten Tages, lassen sich mit dem zweiten Tag erkennen – nur er lässt uns also vor bestimmten Gefahren in diesem Tag: Davonrennen…
Und wird der erste Tag an Gefahren einen Höchststand erreichen, denken wir uns mit dem zweiten Tag einen viel besseren aus: Können in einen dritten Tag ausweichen…
Und sein Geschehen können wir uns auch als Bücher, Kino oder auch Theaterstücke ansehen…
Und wer hätte das gedacht: Dann haben die ersten beiden, den dritten gut gemacht…

Das mit dem Weg…

Das mit dem Verbergen…

Will man einen schweren Weg unterteilen, müssten auf ihm Berge, Täler und Krümmungen verweilen… Denn hat man so etwas auf ihm angebracht, können Unterteilungen auf ihm entstehen, das erleichtert auf ihm das Weitergehen…

Denn könnte man einen mit Tod und Teufel ausgestatteten Weg auf einmal sehen, würde man sofort verharren, könnte keinen Schritt auf ihm zurücklegen, wäre vor Schreck zu Eis erstarrt, könnte sich nicht nach vorn bewegen.

Wenn sich aber ein Weg durchsichtig macht – sich also hinter Bergen, Tälern und sonstigen Krümmungen nicht mehr teilweise versteckt, kann man in Frieden – also unerschrocken – auf ihm weitergehen, weil sich keine Schwere mehr auf ihm befindet, und da auch keiner mehr verreckt…

Wenn die Berge, Täler und Krümmungen auf diesem Weg dann bleiben, müssten sie mit Durchsichtigkeit auf ihm verweilen.

In der Literatur (Bibel) habe ich was gefunden, das meiner Erkenntnis erstaunlich nahe ist: „Wenn eine bessere Welt kommt, verschwinden die Krümmungen, Berge und Täler und wir werden die Wahrheit sehen…“ Steht dort geschrieben.

Das stimmt doch mit meiner Erkenntnis (fast unheimlich genau) überein. Nur der Kommentar zu diesem Text scheint nicht so treffend zu sein… Sein Kommentar lautet: Die Berge, Täler und Krümmungen verschwinden nur deswegen, damit es nicht mehr so holprig und höckerig auf der Erde ist…

Erkenntnis

Zeit ist ein Verlauf
der uns seine Eigenschaften vermittelt:
Sich über viele Tätigkeiten
einmalig macht…

Zum Beispiel: Immer wieder die Erde drehen, lässt unter anderem: Tag und Nacht, Guten Morgen, Guten Abend, Heute, Gestern, zu früh und auch zu spät entstehen..

Das Lebendige
Ist die Gefühlsmembrane ganz fein, tastet sie sich weit in die Umgebung hinein…
Denn hat man die Umgebung ohne ihr – also nur mit den Augen aufgenommen –, ist das Lebendige nicht mit angekommen…
Wenn die Gefühlsmembrane noch zu dick ist – also wenig schwingt – die Aufnahme des Lebendigen mit ihr noch nicht so richtig gelingt…
Eine ganz zarte Membrane bringt auch der leiseste Energiehauch ins heftige Schwingen…
Auch wenn sich etwas nur ganz leise bewegt, wird es eine Botschaft an sie überbringen…

Die Beleuchtung
Wenn die Sonne untergeht, dieses nur geschieht, weil unsere Erde aus einem undurchsichtigen Stoff besteht.
Wäre sie aus glasklarer – durchsichtiger Materie – hergestellt, gäbe es keinen Sonnenauf- und untergang in unserer Erdenwelt.
Dann gäbe es keine Leuchte und sonstiges zusätzliches Lichtgeschehen, weil wir ja die Dunkelheit auf der Erde nicht sehen.
Wurde aber – wie mit einem zugezogenem Vorhang – die Undurchsichtigkeit angebracht, entstehen auf ihr: Tag und Nacht…
Würde dieser Vorhang in der Materie – also unserer Erde – nicht vorhanden sein, könnten wir das Licht nicht abzählen, eine Altersbestimmung stellte sich dann nicht ein…
So entsteht also unser Tagesgeschehen…
Ohne ihn, könnte keiner von uns, die Größe unserer Zeit verstehen…
Auch eine Ewigkeit wäre nicht in unserem Verstehen erwacht.
Wir wären einfach nur da. Keiner hätte über so etwas nachgedacht…

Und sollte wirklich irgendwann einmal alles aus kristallklarem Glas bestehen, konnte ein schattenreicher Lehrvortrag auf unserer Erde zu Ende gehen…

Das Sprechen

oder auch: Eine Welt sagt sich an…
Wenn ich jemandem etwas sage, dann stoße ich eine Schallwelle aus meinem Mund. Und die regt (schaltet) seine Gedankenbilder an, er sieht dann in sich, was ich ihm zu sagen habe…
Wenn er aber keine Gedankenbilder hat, dann hört er mich nur, und sieht nicht, was ich ihm erzähle…
Wenn es keinen Tag gäbe, an dem er seine Gedankenbilder einsammeln könnte, müsste ich so kräftig sprechen, dass sich meine Gedanken vor meinem Mund materialisieren, und er sie sich anschauen kann.
Und was er kann sehen, bleibt ja als Gedankenlichtbilder in ihm stehen…
Und dann brauche ich weniger Kraft beim Sprechen, weil ich ja meine Gedankenbilder mit Schall- oder Schreibwellen in ihm anzünden, einschalten — also zum Leuchten bringen kann…
Sollte mir jemand ohne Gedankenbilder gegenüberstehen, und es gibt noch keinen Tag, muss ich sie mit einem sehr kräftigen Ruf (Urschrei, Urlaut, Urknall), aus mir (also meinem Mund) entstehen lassen:
Dann bekommt er sie nicht nur wie ein Tag zu sehen, sondern kann sie auch noch anfassen…
So also jemand als ein Tag, immer wieder und andauernd mit uns spricht. Sollte er seine Ansprache — also den Tag — ändern, haben wir wahrscheinlich in uns genügend Gedankenbilderlicht…

Das Wahr – Nehmen

Wahr(nehmen) ist eine Anwesenheit verstehen.
Hat eine Anwesenheit sich eingebracht, braucht sie nicht mehr so fest aufzutreten, ihr Wahr nehmen dann so besteht, dass sie weicher wird, und nicht mehr in die Brüche geht…

Denn ist etwas ganz Festes ist in ihr angebracht, kann sie zerbrechen, weil sie schon beim ganz leichten Biegen, Nicken oder Verbeugen: auseinanderkracht…

Erkenntnis
Die feste Materie:
Ein Verstehen hat sich laufend abgegrenzt – stückweise vertretbar gemacht…

Wahrheit und Festigkeit
Ohne Festigkeit könnte keine Wahrheit entstehen, -- wir würden orientierungslos in der Welt umhergehen…
Wenn ich mich mit jemandem verabrede, dann verlange ich von ihm, dass er sich an einem bestimmten Ort einfindet. Wenn dieser Ort beständig ist, also so bleibt wie er ist, kann ich mich darauf verlassen, dass er so bleibt wie er ist, und ich kann dort einen Treff stattfinden lassen…
Sollte aber unsere Materie aus einem ganz weichen, sich schnell verformenden Stoff bestehen, kann ich den Treffpunkt nicht einhalten, weil er ganz anders aussieht, wenn ich versuche ihn wiederzusehen. Wäre also unsere Materie nicht so hart wie Stein, könnte ich keinen Treffpunkt einhalten: Ich würde unglaubwürdig sein.
Hätte das Wort am Anfang — aus seinem Urschrei, Urknall, lauten Ruf — nicht so einen festen, harten Stoff gemacht, könnten wir keine Gedankenbilder einsammeln, uns nicht glaubwürdig machen können, keine vernünftige Begegnung wäre unter uns gebracht…
Wäre unsere Erde so wie z.B. der Jupiter, also ein Gasplanet geworden, wären wir ohne Richtungen unterwegs: Es gäbe für uns noch nicht einmal Süden, Osten, Westen oder Norden…
Wäre dies bei uns so überbracht, wäre unser Verstehen – egal wie hell es wäre – eine ganz finstere Nacht…

Witz der Woche

Im Winter fragt der kleine Fritz seinen Onkel, warum er denn ein blaues Auge hat und so verbeult aussieht. Sein Onkel war ein strenger Wissenschaftler und antwortete ihm standesgemäß: „Ich bin ausgerutscht und das liegt an der Schwerkraft." „Wieso liegt denn das an der Schwerkraft?", fragt ihn der kleine Fritz. „Joa mei, wenn's die doa is, denn packts di hi…", sagte der schlaue Onkel…

Weiterhin Wahrheit…

Wenn eine Anwesenheit in Festigkeit übergeht, steigert sich ihre Wahrnehmbarkeit, sie bekommt damit eine bessere Aufnahmequalität.

Haben wir dann diese Darstellung in uns aufgenommen, mussten diese Härte also erleben, könnte sie nach dieser Vorstellung, sich ein bisschen weicher geben. Weicher wäre zum Beispiel: Wenn ein Stein, würde wie aus einer Wolke sein. Mit ihm kann man andere ruhig beschmeißen, denn mit so einem Stein, lassen sich keine Schmerzen bereiten…

Damals hätte Kain gerufen: "Oh je! Oh je! Ich kann meinen Bruder nicht mehr verhauen — und wenn, dann tut es ihm ja gar nicht mehr weh… Aber jetzt nach so vielen vergangenen Tagen, würde auch er sich mit seinem Bruder vertragen…

Wahrheit

Sollte eine Wahrheit bestehen, muss etwas so bleiben wie es ist, weil man sonst eine Beständigkeit vermisst…

Wird also was Beständiges (etwas ganz festes) in die Materie eingebracht, kann sie zuverlässig bleiben, weil sie sich ja hat ganz fest gemacht…

Gäbe es keine Standfestigkeit, würde das, was man gerade gesehen hat, so nicht weiter bestehen.

Wenn es sich nämlich gleich wieder verformt, würde das, was man gerade über sie erzählt hat, in die Lüge übergehen…

Das telepathische Ansehen…

Etwas verständliches (Verständliches) zu sehen, heißt innerlich vor Bildern zu stehen. Diese wurde über die Augen eingebracht, sie reichen sie von außen nach innen durch, und dort werden sie auf unserer inneren Leinwand angebracht. So ist das innere Bilder ansehen, sich bildlich mit der Umwelt gegenüberzustehen.

Sie schaut uns direkt mit ihren Bildern an, damit sie ohne Mund und Augen – mit uns sprechen kann…

Und wer hätte das gedacht, so hat das Umgebene ohne Mund und Augen, ein Gespräch mit uns aufgemacht…

Sollte eine Sprache aus Strichen, Schallwellen, also Worten bestehen, hat sie immer den gleichen Untergrund: und zwar das bildlichen Geschehen… Hier könnten wir uns alle gleichermaßen unterhalten, wir müssten uns aber direkt in die Gedanken schauen können, also telepathisch unsere Gespräche verwalten…

Außen und Innen

Wenn man irgendeinen Augenblick — in dem wir uns gerade befinden — von außen betrachten kann, kommt er als Bild bei uns an.

Wenn wir aber in ihm stehen, lässt er sich nicht als Bild, sondern nur als Zeit ansehen…

Der Schrift Zug

Wenn man sich in einem Schriftzug befindet, fangen die Gedanken an zu blinken.

Der Lokführer versucht mit seinen Gedanken, den Gedanken des Fahrgastes (Lesers) – in seiner Bahn — zuzuwinken…

Die Zerstörung

Wenn man für eine Information keine Gedankenbilder verwendet, wird das innere Dasein z.B. eines Schülers geschändet.

Denn die Gefühle finden in Worten ohne eine Gedanken-

bildhinterlegung kein Heim, fühlen sich verlassen, ausgestoßen, bringen keinen Frieden ein…
Werden also für einen Unterricht WORTE ohne Gedankenbilder verbreitet, man unter seinen Schülern einen großen Unfrieden bereitet…
Alte Regel des Lehrens: Wird zu einem Wort kein Gedankenbild erschaut, ist es wie ein Grunzelaut.
Wird aber ein Gedankenbild mit eingebracht, es sich in dem Schüler anschaulich macht…

Die Lichtspeise

Wenn sich über eine fette Stämmigkeit eine Verzweigung einstellt, hat sich ein Baum ausgebreitet, und er erreicht mehr von dem, was ihn umgibt als Welt. Und hat er dann eine noch feinere Verzweigung entfacht, hat er Blätter an seinem Dasein angebracht…
Die Blätter speisen das Licht. Und wenn sie diese Nahrung an den Baum weitergeben, kann er eine Lichternährung erleben. Dann hatte eine klobige Stämmigkeit sich in eine ganz feine Ausbreitung begeben, und kann damit eine Mahlzeit aus dem Licht erleben…
Und so wie es den Baum ergeht auch unser Dasein als Mensch besteht…
Wobei die Blätter unsere Gedanken sind, sie bestehen aus Licht, weil sie ja von ihm aufgenommen worden sind. Hat man wenig Phantasie — also Gedankenbilderbestehen — wird einem schnell das Licht ausgehen. Denn so wie der Baum mit seinen Blättern aus dem Licht kann was essen, können wir ohne unsere Gedanken, alle Orte unserer Nahrungsaufnahme vergessen. Sollte außerdem eine Nahrungsaufnahme aus den Gedanken gelingen, konnte man diesen Zustand weit über das bloße Zubeißen hinausbringen…

Das Gefängnis der Gefühle

Finden die Gefühle keine Gedankenbilder, bleiben also allein, kommen sie nicht heraus, müssen eingeschlossen sein…

Hat man viele Gedankenbilder — also Phantasie – haben die Gefühle mehr Umgebung, gehen dort spazieren, das erleichtert sie.

Macht man mit viel zu wenig Gedankenbildern — immer wieder — irgendeinen Schrein, kommen die Gefühle nicht heraus, ein Unfrieden stellt sich dann bei ihnen ein.

Wird also einem, der was lernen muss, ohne Bildlichkeit was beigebracht, treibt man seine Gefühle in die Enge, und dann wundert sich der Lehrende, wenn es bei dem Schüler dann so richtig kracht…

Der Schmetterling

Als ein Schmetterling vorbeiflog, sagte die eine Raupe zu der anderen: „Und du sagtest damals, die spinnt…"

Erkenntnisse

Der Verstand ist eine beton(nierte) Straße — die Phantasie macht eine Flugbahn daraus…

Der Tag

Warum die Gedanken die Kinder des Tages sind…

Haben wir einen Tag gesehen, bleibt er in uns als Gedankenbilder stehen.

Und wenn wir uns was erzählen, ist es – aus seiner in uns abgelegten Anwesenheit –Bilder auszuwählen. Hätte also der Tag sein Dasein uns nicht überbracht, wären unsere Gespräche dunkel – ohne Worte: eine große Nacht.

Damit merkt man also ganz geschwind, dass unsere Gedanken, die Kinder des Tages sind…

Erst dann, wenn wir die Genkenbilder in uns sehen, kann daraus eine Schrift entstehen. Denn haben wir aus den Gedankenbildern einen schwarzen geordneten Strich auf einem Blatt

Papier hinterlegt, wird das Gedankenlicht von ihm angezündet, eine innere Verbindung zwischen den Gedanken entsteht…
Dann hatte also der Tag sich aufgemacht, und uns eine Möglichkeit zu der Entstehung einer Schrift überbracht…
Sollten wir also eine Schrift verstehen, muss es erst den Tag mit seinen gezeugten Gedankenbildern – also Kindern – in uns geben…
Sollte also eine Schrift in Erfüllung gehen, müssen wir erst die vielen kleinen Kinder des Tages, also die Gedankenlichtbilder in uns sehen…

Warum die Reime?
Weil Reime die Musik der Sprache sind…
Denn, wenn es auch ganz streng wissenschaftlich ist und sich trotzdem reimt, ist es mit der zweiten Informationsaufnahme, dem Gefühl vereint…

Festigkeit
Forscher haben einen Eintrag an einer alten Stätte gefunden, der das Geheimnis unserer Welt mit beinhalten soll. Und zwar lautet der von Wissenschaftlern aufgespürte Hinweis: "So wie oben so auch unten"; das soll das Geheimnis sein.
Stellt sich oben und unten ein, könnte folgendes passiert sein: Wenn es etwas Festes gibt in einer Welt, hat sich dort ein Oben und Unten eingestellt. Das Feste(die Materie) ist unten und das Unfeste (der Raum) ist oben. Das Feste hat einen Mittelpunkt, er ist das Tiefste was als unten entsteht — alles andere was sich außerhalb von ihm befindet: nach oben geht. Also hat sich das Feste (die Materie) und das Unfeste (der Raum) aufgemacht und Oben und Unten überbracht…
Und sollte das Unten so wie das Oben sein: löst sich das Feste auf, denn der Raum kehrt dort ein… (Der harte Stein wäre dann wie aus Raum: Weich wie der Himmel — man glaubt es kaum)
Und umgekehrt würde es eigentlich auch gar nicht gehen, denn

würde das Unten auch oben sein, würde alles nur aus Festigkeit bestehen, wir müssten dann wie die Maulwürfe in unserer Umgebung spazieren gehen…

Frage der Woche

Wenn alles aus Wasser wäre; es gibt also nichts anderes als nur Wasser: Versuche doch mal — wenn also alles nur aus Wasser ist – dort gedanklich einen Anfang oder ein Ende zu finden…
Ich habe es geschafft! Und habe zu meinem Erstaunen, diese Lösung die mir zu dem “Alles aus Wasser” eingefallen ist, als die Beschreibung des zweiten Tages, jetzt sogar in der Bibel gefunden…

Erkenntnis

Haben wir ein Licht gesehen, bleibt es — wie schon erkannt — in uns als Gedankenbilder stehen. Und so wie ein jeder Tag uns hat das Licht als Gedanken überbracht, haben wir auch die Nachtseite unserer Erde heller gemacht…
Könnten irgendwelche Intelligenzen unseren Planeten von außen betrachten, erkennen sie, wie hell wir unsere persönliche Welt auch von innen beachten… Denn ist die Nachtseite der Erde noch nicht mit Licht ausgefüllt, es ist also noch nicht ganz herum, waren wir auf Grund unserer fehlenden Gedanken, noch ganz schön dumm…
Aber da das Licht auf der Nachtseite schon scheint, fast überall, ist das jetzt natürlich nicht mehr der Fall…
Und sollten das die fremden Intelligenzen auch so sehen, könnten sie jetzt zu einer Landung übergehen…

Weiterhin Glauben

Glauben ist wie das Wasser unter einem Schiff — ohne ihn, kommt es in keinen Hafen…
Wobei das Schiff ein geformtes Wissen ist, das mit einem starken Auftrieb oben bleibt, also nicht am Untergehen ist…
Und wenn dieser Vergleich noch weiter geht: Ist das Schiff der

Geist, der über dem Wasser schwebt…
Oder auch:
So wie die Gedanken z.B. als ein Schiff über dem Wasser schweben, kann sich mit ihnen, eine Idee aus dem Auftrieb, also den Gefühlen erheben…

Das Spiegelgleichnis
Wenn wir vor einem Spiegel stehen, sehen wir das von außen, worin wir uns gerade befinden.
Und erst dann, wenn man das, worin man sich gerade befindet, von außen, z.B. im Spiegel betrachten kann, kommt es als Bild in unserem Verstehen an.
Aber wie gesagt, alles bleibt genau so wie in einem Spiegel in unseren Gedanken stehen, nur dass wir es nicht von außen, sondern weiterhin von innen sehen.
Stellt doch mal einen Spiegel auf und schaut euch in diesem Augenblick um: Wir laufen in den Bild, das wir bei ihm von außen sehen, innen herum…
Also bleibt alles was wir sehen, genauso wie ein Spiegelbild, als Gedanken in uns stehen.-
Unser Gehirn funktioniert genauso wie ein blank geputzter Spiegel, obwohl es wie eine graue Masse aussieht… Und erst dann, wenn es die uns umgebene Zeit als Bilder wie ein Spiegel eingesammelt hat, können wir aus ihnen Worte machen. Anders herum geht es nicht!
Und darum hier noch einmal meine Erkenntnis: Ein Wort findet ohne einem Bild keinen Halt — es verirrt sich in den Gedanken — wie Hänsel und Gretel in einem ganz finsteren Gruselwald…

Glauben…
Wurde aus dem Glauben ein Vertrauen, konnte man ein Haus aus ihm bauen…

Worte in der Finsternis…

Ein Wort findet ohne ein Gedankenbild keinen Halt, es verirrt sich in den Gedanken wie Hänsel und Gretel in einen ganz finsteren Gruselwald. Wird also zu einem Wort kein Bild in den Gedanken erschaut, ist es nur ein Grunze laut… Und sollte dieses oft geschehen, könnte man sich nur wie in einem Stall verstehen… in?

Gedanken…

Ohne die Gedankenbilder finden die Gefühle keinen Halt. Sie brauchen dort diesen Ort. Finden ein Zuhause in dieser Gestalt…

Sollten viele Gedankenbilder vorhanden sein, stellt sich für die Gefühle, eine große, innere Heimat ein…

Das Zuhause

Die Gefühle finden in den Gedankenbildern einen Halt.
Sie brauchen dort diesen Ort.
Haben ein Zuhause in dieser Gestalt.

Die Geburt des Tages

Der verlorene Tag

Ist ein Tag vorbei, haben wir ihn aus den Augen verloren. Aber aus seinem vorbeigehenden Licht, wurden unsere Gedankenbilder geboren…

So merkt man also ganz geschwind, dass unsere Gedankenbilder die Kinder des Tages sind… Sind sie erst einmal überbracht, haben sie in uns ihr Licht angemacht. Vorbei ist wieder mal ein Stück innere Nacht…

Die beiden Bäume

Hat sich das Licht an der Materie gebrochen, können wir es als Gedankenbilder in uns einlochen. Da sich die Materie als ein mit Schwerkraft ausgefüllter Anstoßpartner zwischen uns und dem Licht stellt, gibt es nicht nur eine Gedankenlichtübertragung,

sondern auch ein kräftiges nach unten Ziehen und Anheben in unserer Welt.
So hat das von der Materie abgestoßene Licht nicht nur eine Gedankenübertragung möglich gemacht, es wird auch unten und oben mit eingebracht… Das, was wir über das abgeprallte, in uns angekommene Licht als Gedanken erleben, können wir also durch die kräftige Anziehungskraft draußen anfassen, hoch und runter heben…
Dann wurde nicht nur eine Lichtinformation aufgemacht, es wurde auch ein Gefühl von Schwer und Leicht mit überbracht… Somit gibt es erst einmal immer zwei Dinge in unserem Leben: das Anschauen und das Anheben.
Wäre der Anstoßpartner, (die Materie) so leicht wie das Licht, gäbe es so eine intensive Gefühlsvermittlung nicht. Sollte ein Gleichnis zu dieser Überbringungsaktion vorhanden sein, stellt es sich wahrscheinlich als ein Lebensbaum und ein Baum der Erkenntnis ein. Wobei der Lebensbaum den Gefühlseindruck bestimmt, und der Baum der Erkenntnis uns als Gedankenlichtbilder – also der Zeit umringt.
So erweckt der eine Baum mit dem Rauf- und Runterheben, die Bilder des anderen Baumes in uns zum Leben… Sollte es Gedankenbilder ohne Schwerkraft, aber mit viel Gefühl geben, können wir sie z. B. auf der Leinwand eines Kinos erleben…
Denn das was die Schwerkraft als schwer und leicht uns überbringt, als bleibendes Gefühl in unserem Herzen versinkt. Sollten wir mit so einem Herzen Bilder sehen, können wir dann auch ohne schwere Kraft ihren Gefühlseindruck verstehen…

Unser Sein

Wenn wir das von der Materie abgeprallte Licht sehen, bleibt es in uns als Gedanken stehen. Dann hat das Licht eine Ernte aufgemacht und sie in unserer Scheune — also den Gedanken — untergebracht…
Erst wenn sich eine Ernte der anderen gegenüberstellt, gibt es ein Verstehen in unserer Welt.

Und durch den Abprall des Lichts – der ja auf der Materie geschieht – eine gewisse Schwerkraft mit ins Herz einzieht…
So kamen, wie über einen Sehschlitz — dem Heute —, unsere Gedankenbilder an, damit sich unsere innere Welt mit Gedankenlicht vergrößern, also auffüllen kann.
So hat sich aus vielen kleinen Augenblicken eine innere Gegenwart eingestellt, wir nennen sie Gestern und Morgen, diese innere Gedankenbilderwelt.
Wobei das Gestern aus allen eingesammelten Gedankenbildern besteht, und Morgen als ein Wunsch nach dem anderen daraus erblüht, auf wächst, über alles schwebend nach vorne geht.
Mit jedem Mangel im Heute wächst das Wünschen also das Morgen an, bis es sich irgendwann einmal als das Größte in uns benennen kann.
Das in uns eingesammelte Gestern ist wie ein Beet, das Wünsche wachsen lassen kann, eine große Blume auf ihm entsteht. Sollte Jemand diese Blume sehen, sieht er unsere Wünsche vor sich stehen. Wenn er sie dann alle erfüllen, also aus schmuseweicher Materie uns vorstellen kann, kommt die Zukunft bei uns an…

Lichtscheune

Kommt eine Gedankenbilderernte nach der anderen in unseren Gedanken — also unserer Lichtscheune — an, fängt die Welt sich zu bewegen und zu wachsen an.
Denn sollten wir zum Beispiel einen Baum nur einmal sehen, kann er für uns nur größer werden, wenn die einzelnen Gedankenbilder — sich vergleichend — gegenüber stehen…
Das Licht hat also als Tag nicht nur unsere Gedankenbilder überbracht, es hat auch das Bewegen und Wachsen uns verständlich gemacht…